我
思

敢于运用你的理智

湖北省公益学术著作
Hubei Special Funds 出版专项资金
for Academic and Public-interest
Publications

# 身体部署

## 梅洛－庞蒂与现象学之后

龚卓军　著

长江出版传媒｜崇文书局

图书在版编目（CIP）数据

身体部署：梅洛-庞蒂与现象学之后 / 龚卓军著
. -- 武汉：崇文书局，2024.1
（崇文学术文库·西方哲学）
ISBN 978-7-5403-7395-5

Ⅰ．①身… Ⅱ．①龚… Ⅲ．①梅劳·庞蒂（Merleau·
Ponty 1908-1961）－现象学－研究 Ⅳ．① B565.59

中国国家版本馆 CIP 数据核字（2023）第 126581 号

2023 年度湖北省公益学术著作出版专项资金项目

# 身 体 部 署
SHENTI BUSHU

出 版 人　韩　敏
出　品　崇文书局人文学术编辑部·我思
策 划 人　梅文辉（mwh902@163.com）
责任编辑　黄显深（bithxs@qq.com）　刘　丹
责任校对　李堂芳
装帧设计　甘淑媛
出版发行　长江出版传媒　崇文书局
地　　址　武汉市雄楚大街 268 号 C 座 11 层
电　　话　(027)87677133　邮政编码　430070
印　　刷　湖北新华印务有限公司
开　　本　880 mm×1230 mm　1/32
印　　张　9.25
字　　数　205 千
版　　次　2024 年 1 月第 1 版
印　　次　2024 年 1 月第 1 次印刷
定　　价　98.00 元

（读者服务电话：027－87679738）

我
思
敢于运用你的理智

ISBN 978-7-5403-7395-5

# 大陆版序

千百年来，从《庄子》的庖丁解牛到古希腊的"感觉学"（aesthesis），再从尼采的"身体是个大理性"，乃至上个世纪初的现象学，哲学跨洋越洲，环绕着身体的存在处境，反复思索着哲学理性的未思之处，"身体感"这个议题出现在哲学的边界上，召唤着千年思索。特别在东亚哲学中，伴随着现象学的发展，"身体感"这个议题的力度，百年来始终未减。这本《身体部署：梅洛－庞蒂与现象学之后》，属于1980年代末期台湾解严之后，自欧美学成归国的现象学者影响下，积极探索身体现象学议题的书写。

1990年代至2000年初的台湾哲学界，除了一股隐然的现象学运动正在酝酿，即将形成跨领域对话的沛然态势，现代与后现代的论争、美学的跨领域尝试，也支撑着更为广阔的哲学跨领域运动。在现象学快速发展的道路上，法国当代哲学所产生的作用，也显现在《身体部署》这本书的书写脉络中。"部署"这个带有时空与战略变化的语汇与议题，让梅洛－庞蒂思想在它的现象学影响之外，特别是他的晚期存有学思想发展，譬如交缠、肉、可反转性、皱褶这些语汇的深层意涵，更能够显现出它们与现当代法国哲学从柏格森、列维纳斯、福柯到德勒兹的交互影响关系。在2023年本书再版之时来看，《身体部署》颇能彰显上个世纪末至本世纪初之交，台湾现象学与当代哲学在社会文化剧烈变化、外来思想转译扎根之间的一个缩影。

《身体部署》这本书七个章节的潜台词与问题丛结，正是台湾现象学、当代法国哲学、本土心理学这几个思想板块，在上个世纪末与本世纪初的交互对话、激烈撞碰的结果。这些问题的外部根源，当然不能不扣连着解严后台湾身体文化的种种解构过程来理解：身体感的空间脱序、时间经验的扭转、真理话语的不稳定、关系距离的跳跃、自我状态的碎化、文化科技媒体的爆炸和审美标准的冲突，笔者在转化这些切身经验成为本书七个章节主题的同时，整个台湾社会冀望哲学提供崭新的概念工具箱、思想转译、论述实践行动，也隐隐催迫着这本书的作者，不敢或忘初心，面对接踵而来的文化转译、思想后殖民与哲学体制自我批判的挑战，必须要采取哲学的行动，或者说，某种现象学运动的实践态度。

正是在这样的背景下，《身体部署》在2006年下半年出版之后，我随即在来年带着这七个章节的议题，由台湾"中山大学"哲学研究所，转换至台南艺术大学艺术创作理论研究所任教，至今已逾十七载。回首这十七年，透过建筑、视觉艺术、科技艺术、装置、摄影、纪录片、电影、舞蹈、剧场、行为艺术与生态艺术的在场学习和评论，我深深感受到原本以为已经远离的现象学及其"之后"的思想力量，反而意外在如今回眸时得到了培厚的辽阔视野，以及更丰富的取样和变样；我发现，几乎每一个艺术部门都有其独特的现象学议题与著作，换句话说，走出了哲学圈的视野，反而发觉身体现象学的议题无所不在。当然，现象学的讨论方法与工具并不能穷尽所有相关身体现象的意涵，但至少它提供了许多描述与还原相关现象的实用哲学方法，即便是在艺术美学部门进行教研评写，我亦深受其惠。

回首来时路，藉此再版机缘，首先要深深感谢我的哲学启蒙老师蔡铮云教授。我在1990年代整个硕博士生阶段，在台湾政治大学与台湾大学从他学习现象学思想操作的方法，他的态度总是直切日常经验与对话，善巧提取纷杂现象中的本质成分，宛如良医，善于聆听转化，予以一一定位还原。整个过程温婉谦和，充满对现象本身的聆听尊重与关切之情，厚积薄发，从现象学以至后现代，打开了我的当代哲学视野格局。如今思之，犹然记得与蔡老师哲学对话引发的激动恍悟与清新之感，特别是他那种深度聆听引生的力量，不禁热泪盈眶而满怀感激。

这本书要感谢的另一位思想导师，便是台湾本土心理学运动中受现象学与诠释学方法影响颇深的余德慧教授。余教授引领我体验了现象学与诠释学方法在具体的文化心理学领域操作的潜能，书写可如现象本身那样，活泼而不受拘束，对话也务求经验范围上的确实指涉，而其中最引人之处，莫过于小说、电影与艺术的文本，反而成为文化心理学上的重要药引；概念的来源，可以出自哲学经典之外，随手拈来，自带深度。余老师的用语多新典，不拘一处，其实是佛学与西田几多郎哲学的灵光闪现，可惜我后知后觉，当初未能辨识。

最后，从1980年代末期我念硕士班阶段，最初由关永中教授开设的梅洛－庞蒂《知觉现象学》讨论课开始，一直到博士班时，由陈文团教授开立的傅柯《词与物》的讨论课，我很幸运得以有超过十年的时间，浸润在《身体部署》这本书讨论的种种文脉中，有效区隔着当时台湾社会充满身体冲撞与反叛的欲力氛围。这两位对我的论文先后进行指导的教授对我的大力栽培，我铭记于心，不敢或忘。而 2007 年以后，邀请我至台南艺术大学任教，让我在奔放多元的艺术场域中，得以从容验证这本书中诸种议题的艺术家薛保瑕教授与建筑师吕理煌教授，对我的宽厚大度、提携有加，我至今深感于心。

感谢我的妻子罗文岑，十七年前，她给了《身体部署》第一版的视觉与版型设计，也给了我一个温暖而疗愈的栖居的家，支持我不断前行。当时的台湾"清华大学"杨儒宾教授、心灵工坊出版社总编辑王桂花女士，慷慨应变，大力协助了这本书的顺利诞生。而十七年后，湖北崇文书局的编辑黄显深先生，为《身体部署》的再版提供了相当大的动力，加上十分专业而专注的编辑工作，终于催生了这本书的再版问世，在此深深致谢。

龚卓军

于台南官田

2023 年 7 月 31 日

# 目　录

# 导论
## 身体现象学及其阴影

哲学如何谈论身体？就身体经验所引生的种种感觉（sensation）和感受（affection）而言，如果不限制在一般心理学的理论思维中，而强调感觉本身作为事件与不透明状态来看，身体经验经常具有不受拘束、无法综合、流动不居的特质。诚如利奥塔（J-F. Lyotard）借用康德（I. Kant）第三批判谈论"崇高"（sublime）的问题时指出：崇高经验的特殊性之一，来自于它无法在感觉与感受上定位，它是一种感觉经验，相对于可说、可论述的日常经验来说，崇高是一种不可说、无可名状的经验状态。利奥塔特别强调，康德在讨论崇高感受时，给予这种特殊感受状态以先天（a priori）地位，或者，我们可以称之某种域外体验。①

其实，我们不难在这方面找到发人深省的阐释。我们注意到的是布朗修（M. Blanchot）《黑暗托马》（*Thomas l'obscur*）

---

① Jean-François Lyotard, *Leçons sur l'Analytique du sublime*, Galilée, 1991.

的第一章。游着泳的主角不知不觉游出了习惯的海域，游到了陌生、无规则、视线不明与巨浪升涌的海域，使得他连游泳的习惯都无法运作，接近死亡，主体隐遁，意识蒙昧，几乎完全与激烈涌动、冲击着身体的海水消泯了界限。主角无法说明这种感觉状态，因为，所有的感觉在此时都处于不受拘束、无法综合、流变不居的碎片中。[①]

利奥塔阅读下的康德，让这种无可名状的经验成为崇高审美判断得以发生的条件，并主张在此无法想象、无法透过知性理解的破碎身体经验中，却仍具有一种力量、一种强度，让主体停留在一个无法形成"自我"（Soi）的判断机能里面，在这个机能的条件底部，说明康德的主体性哲学里面，仍存有一个阴影式的主体状态，这种主体状态充其量只能说是一种主体隐遁的状态，也就是主体尚未构成或无法构成的特异流变状态，也可以说是感觉流变的结点。由于这个模糊结点是崇高审美判断的核心经验，如果我们强调崇高审美判断的确存在，而这种判断无法以合目的性来说明，其判断对象又超越了主体的想象与知性范围，无法藉由理性来限定，那么，这种特异的流变体验便成为主体性哲学、意识哲学范围之外的一个存有状态，换句话说，这种体验连"我思考"（Ich denke）这个主体性哲学最初步的门槛都跨越不了，而处于单纯的摄受（appréhension）状态中，此摄受之中虽蕴藏有诸多经验杂多，但这些杂多却处于彼此冲突不和的非思状态，所以，它谈不上能在想象中进行

---

① 莫里斯·布朗修（M. Blanchot），《黑暗托马》（*Thomas l'obscur*），林长杰译，台北：行人出版社，2005 年。

任何再生、复制（reproduction），当然也就谈不上跨入一般判断力的认取、确认（récognition）阶段，也就是说，这类特异的身体经验在根本上即与知性、知识状态遥遥相对，成为无法化为知识生产对象的异样他者。

无法否认，思考身体等于要面对这种否认思考的哲学困局。它拒绝哲学，要求其非哲学、非语言的"本然"面貌。然而，一旦这种"否认"在判断中发生，我们又悄悄透过思维上的否定判断，不期然踏上了重返哲学之途。一条不得不自我曲折以行上下进退之实的盘绕之路。我们思考身体经验，我们施行理论思维，我们的判断活动在此思考中几乎不可能不进行身体经验的概念化，即便利奥塔谈论崇高经验的无可名状，此一"无可名状"的说出，也是在施行一个概念化的动作。但是，如果对于身体经验的概念化所需要的条件并不只是哲学，也就是身体问题要求哲学从自己关起门来思考的状态中出走，回到杂多体验并存的当下，那么，在这种"当下性"里头，有很多经验并不是在已有语言道说的状态下被指称，而是如阴影、如魔法、如梦幻般的瞬间存在，艺术经验的存有状态于此阴影笼罩中，尤其突出。

哲学思考被要求绕道，绕道于非哲学、非思的他者之域。但是，这样一来，还有所谓的"思考"这件事吗？思考还能够以全然穿透式的理性状态存在吗？非哲学与非思迫使我们不得不重新思考"思考"本身：什么叫作思考？尤其，当代艺术多已不在"优美"（beau）这个范畴里面进行创作，哲学与创作行为本身都被光膜、画素、材质、运动这些千变万化的物质表现造成的身体感逼着提问：这些让人感到陌生、不适甚至不悦的作品或视觉经验，其意义为何？或是说，究竟什么叫创作？它究竟与哲学、思考能有什么关联？一旦这个问题被提出，现象学就产生了一种弱化（décadence），现象学有某些地方弱掉了。为什么呢？由于关于对象的具体造形（figure）在这种特异经验中仍处于暧昧、迷走、离散的状态，无法与话语论述勾联，我们因此会发觉依靠知觉来协调身体经验的重要性突然弱化掉了。

这里意指的当然是梅洛－庞蒂（M. Merleau-Ponty）《知觉现象学》（Phénoménologie de la perception）中身体现象学的弱化与阴影。如果"造形"本身的意义作用与用语言指称的意义作用基本上处于两种不同的秩序里面，相较于话语秩序，我们便可以在此间距中将"造形"经验孤立（isolé）出来。如同现象学的悬搁（épochè），本书把一个现象学的空间孤立出来，特别是身体与视觉的空间经验，这个非语言性的空间视知觉经验，我们引用了梅洛－庞蒂的身体知觉现象学来加以分析，透过身体运作的意向性，梅洛－庞蒂谈到身体知觉与世界交会中产生的韵律，也就是说，知觉本身会在身体经验中协调出一种韵律。比如说，对运动、武术、绘画、书法创作的人来讲，在创作状态中，他必须透过知觉去协调出一种韵律，甚至某种音乐节奏感，或是某种力度，某种速度，在这个状况下给出其创作。梅洛－庞蒂花了很多心思在描述这样的协调弥合（coïncidence）状态，这种协调状态也就产生了落实为身体习惯的所谓"身体意向性"，或身体图式。

笔者从"身体感"这个角度出发，讨论此种特异的身体知觉经验，因为对创作者来讲，此一创作状态的身体感其实是很暧昧的，就好像我们本来已有某种身体知觉习惯与准备状态，可是在创作的当下又必须要溢出、打破这个状态，所以，回到感觉本身作为"事件"与"不透明"状态来看，它究竟是不是一个知觉协调的工夫呢？利奥塔从现象学之后与崇高美学经验的角度主张，这种"美学时间"（temporalité esthétique）的重点不是协调，而是不协调，创作状态中必须要有某些东西溢出原来的知觉协调状态，而成为有某种能量或力量满出来的不协调状态。这个不协调，本身无法以《知觉现象学》来加以描述，因为从现象学的方法来说，《知觉现象学》所描述的是生活经历（vécu），或是已经历过的经验。的确，我们可以从已经历过的身体经验来讨论此经验中的协调韵律，但是，我们现在进一步问——这也是晚期梅洛－庞蒂的问题：那么这个身体习惯或经历当初在发生时，又是怎么样落实、怎么清楚浮现成为一种特定的"身体经验"的？为什么会有这种身体的特定经验被注意到，或是被强化、被语言标定出来？是不是有更多身体的习惯或经验，本身是以一种根本不是能够事先协调出来的方式发生的？

这时候，我们就不能用知觉上的协调去解释，因为这个协调本身必须有其动力来源，而这个动力如果不是一个主动性的操纵，而是一种事件状态，那么我们就无法按主动的意愿决定出知觉上的协调状态，这种非意愿性的直观、知觉调整与回忆，似乎需要一种更深的话语诠释。对利奥塔来说，这就是欲望或无意识的问题，然而，这也是一般现象学所不愿采用的语言：身体驱力的配置部署式语言。

这里涉及一种让我们的造形经验与话语经验源起的幻想母体，从欲望与无意识的动力观点来看，弗洛伊德（S. Freud）的教诲与胡塞尔（E. Husserl）的教诲在前进的脚步上可以说如出一辙。因为，胡塞尔中期之后在谈被动性（passivité）时，也提到了无意识的问题，或者说"非意识"的状态。这种无意识与欲望状态有任何哲学思考上的意义吗？如果说思考就是要把思考者带到一个本来没有想到的一个点、一个原本委身未明的非思状态中的话，那么涉及某种"无法论述"的强度感觉经验特质，首先就成为这里的论述要件。在这种崇高的感受里面，想象力跟知性这两种机能的关系，基本上处于不和谐的状态，但它仍不失为"审美反思判断"。知性与想象力在此完全失调、失能，反过来说，呈现这样一个失能、失语状态，反而变成这个崇高感的一个核心。这个核心开裂出一道深渊，在知性跟想象力之间。

有趣的是，这个深渊它同时排斥想象力，又同时吸引想象力。这个审美时刻让我们好像要想些什么，可是又想不出什么，想了半天好像在白想，但在体验上又充斥着五味杂陈的特异感觉与感受。康德崇高分析的吊诡之处，在此展现其只能作为一个寻找意义的动力、欲望或能量的运动状态，也就是说，在这个不和谐的状态里面，似乎有一种迹象不明的可能和谐状态，作为不确切境界的更高程度的和谐，但问题是，如果我们透过语言或其他接口把这种更高层的和谐加以捕捉、固置，让它变成典范或是某种套路的话，它便立即又化为和谐的存有，或是化为可操作的习惯，相反于此，崇高经验要求的是驻足于当下感觉的不和谐状态。可以说，这种身体感不是"非当下"（double no），而是"当下即是"（double yes），一种只能维持在一个动态、冲突的反思感受，一种无法脱离与物质杂多迫近的非物质状态，在此状态中，所谓的思考即是以感觉修正感觉，以感受"感受"感受。

在这种审美判断反思经验中，透过上述的双重否定，把想象力跟知性都加以解消、驱离，没有任何一方具有合法性，去主张想象力所想象的、知性所理解的对象内容具有客观性；反过来说，在崇高判断中，也没有任何一方有合法地位能够说任何一方的判断究竟是对还是不对，于是，这种反思判断又颠倒过来变成一个双重的肯定：理性在这边得到一种自由，这种自由允许我们可以用各种概念去尝试套用，但是，我们又了解对此经验套用概念是无效的，所以怎么去套用都只能呈现出无效性，而不得不发明新概念以求描述之，最后，这个套用概念或使用新概念亦无法说尽的经验，同时也在一系列动态过程中呈现了其不可呈现、无法名状的感受，这种自由度和概念上的松脱感，形成了对想象与知性自由运用的双重肯定。于是，这里不再可能有任何一个作为综合的、作为容纳一切的主体，或是作为崇高感受的先验主体，这儿的主体处于建立不起来的脱序状态。

回到"思考"的问题。如果身体思考就是这种崇高审美的反思判断状态，这种反思判断与任何确切判断对象的客观性完全无关，它的判断活动的对象其实就是这个特异感觉本身，它依据这个感觉本身、这个感觉的状态而去判断此一感觉自身，形成利奥塔在讨论康德第三批判时，运用"自成一格"（tautégorie）这个概念来阐述审美对象依感觉（sensation）而自我发现、自我建立、自我证明的相关感觉逻辑作用。[1] 在这种强度感觉的过程中，如果真的有什么韵律配对或构成的话，基

---

① Jean-François Lyotard, *Leçons sur l'Analytique du sublime*, Galilée, 1991, pp.21–29.

本上也很不稳定。或者，乍见之下，根本就是不存在、找不到任何我们习以为常的感知韵律。就此而言，崇高感基本上属于苦恼之域（angoisse），苦恼就是它的享受，我们在这种经验中苦无对策，不知该哭还是该笑，也没有办法立即解释它发生了什么，可是，这种强度感觉又给我们以强度感觉，这感觉好像一个间距，将我们带离日常时间与意义的经验模态，诱引、推促我们进入陌生、不安的他者之域。

如果上述关于审美判断反思经验的讨论，可以说明身体感知与驱力本身的"思考"状态的话，那么，本书所谓的"身体部署"就意味着这种非语言、非意义的驱力流布之经验。"身体部署"与其说是有意识的、主动的配置感觉和感受，朝向某种特定的感觉感受而操作着协调的身体，毋宁说它更接近康德崇高分析中的无限定感，某种被动综合的状态，如果我们不将崇高限定在自然经验中，那么，就当代艺术所暗示我们的崇高经验来说，身体部署可以说是感觉与感受的自由发生、冲突与无止境的调整状态，一种不协调的感觉自动配置运动，最后，我们会感觉到我们感觉本身的不协调带来的破碎感。

"身体部署"由驱力推动，现象学的意向性分析在此虽足以取其可能构成之构造，却也不得不承认现象学还原本身不可能完备，而必然留下残余，这种残余作为继续冲突的身体感觉与感受，必然刺激感受者依据它而想象着，重新试图协调，或一再陷入错乱。这就是身体驱力部署中产生的思考："身体对身体自身经验的探问与反思"，不论是透过语言还是其他表达形式来呈现对于此探问与反思的回答，我们犹如在身体现象学的阴暗面中泅泳。晚期梅洛—庞蒂的思想提醒我们，这种探问与反思注定没有完全自我弥合与闭合的一刻，而在福柯（M. Foucault）对现象学的批判思考，以及对图像与论述的存有学断裂间距，予以不断强化与置入"双引号"的外边思维下，我们看到了现象学的极限与法国当代哲学的出发点。

徘徊在这个现象学与现象学之后的思路分岔点上，我们有必要进一步指出"外边思维"的方法论特质，同时，从一篇导论的角度来看，我们也有必要在此向读者交代：何谓"部署"（dispositif）？其哲学意涵为何？除了精神分析的驱力流布的动态感觉论之意涵外，本书又为何要透过"身体部署"来面对身体现象学与现象学之后的身体哲学问题？

福柯在 1977 年的一篇访谈中，明确讨论了"部署"有别于《词与物》中所讨论的"知识型"（épistémè），亦即"部署"作为一种更广泛的方法论思考的三层意涵。[①] 首先，部署是"一种彻底异质的集合体，由话语（discours）、体制（institution）、建筑形制、规范性决策、法律、行政措施、科学陈述、哲学／道德／慈善式命题所组成，部署也就是在这些要素间可能建立的网络。"[②] 就此而言，身体部署包含了身体认识论与身体权力

---

① Michel Foucault, "Le jeu de Michel Foucault" (entretien avec D. Colas, A. Grosrichard, G. Le Gaufey, J. Livi, J. Miller, J.-A. Miller, C. Millot, G. Wajeman), *Ornicar? Bulletin périodique du champ freudien*, no. 10, juillet 1977, pp. 62–93. *Dits et écrits II, 1976–1988*, texte no. 206, Quarto Gallimard, 2001, pp.298–329. 英译文收于 Michel Foucault, *Power/Knowledge: Selected Interviews & Other Writings, 1972–1977*, ed. Colin Gordon, Brighton, Sussex: Harvester Press, 1980, pp.194–228.

② Michel Foucault, *Dits et écrits II, 1976–1988*, p. 299. 英文版见

施行在体制中形成分布、配属的规则机制。其次，"部署"也涉及话语与非话语之间的历史滑动与转移现象，换句话说，这些异质要素在不同的历史时期中，并不会保持其自身在网络关系中的相同位置，譬如，本来某些关于身体的话语可能是法律或制度的程序，但到了另一个时期却可能成为沉默身体实践的支持语言，因此，这里涉及了身体与相关话语的历史性流变问题。第三，"部署"也涉及了特定历史阶段的建制（formation），这些建制为了应付紧急的需要而诞生，这也就是我们一般从主导战略走向的功能，来了解"部署"这个概念的战略意涵，就此而言，身体部署也具有一种知识、权力与主体化过程中的身体战略历史的研究指向。如同后来德勒兹（G. Deleuze）指出，福柯自己也在1977年的这次访谈中承认自己在《词与物》（1966）中所使用的"知识型"概念在此时遇上了危机，无路可走，因此，他不得不寻找一个较"知识型"更为广泛的方法论概念，以便面对知识与权力研究之间的主体化战略位置问题。换句话说，与其说福柯在此用"结构"的观点来看待"部署"，毋宁说他更重视"部署"的发生状态：部署乃是一战略目标发生的配置影响，同时也是依此战略目标而构成的双重化的过程（double processus）。这种双重化过程一方面在作用上乃依多重条件决定，产生出各种社会区分与历史积淀，另一方面则令其自身不断处于战略拟订与再拟订的状态之中。[①] 于是，福柯早期所讨论

---

*Power/Knowledge*, p. 194.

　　[①] Michel Foucault, *Dits et écrits II, 1976–1988*, pp. 299–300. 英文版见 *Power/Knowledge*, pp. 194–195.

的"知识型",只不过是特定的话语"部署",而"部署"才是"知识型"的更普遍情况,换句话说,"部署"包含了话语与非话语的层面——因而也包含了身体与视觉的层面,它的组成要素较话语更具异质性。正因如此,从晚期福柯的思考脉络来看,"部署"也较"知识型"更具有批判存有学上的战略意涵。

这个战略位置,也就是德勒兹在1988年发表的《何谓部署？》[①]一文中罗列出的三条基本轴线所交错而生的位置:可见的对象／可提出的陈述、力量的施为、多维向量与张量的主体位置,用最简单的话来说,所谓的战略位置,不外是福柯所区分出来的三大向度:知识、权力、主体性之局,从整体思想轮廓来看时,仍必须寻绎出某种封包、围绕的思想线路,免得在打破既成思想线路的时候,无法找到当下的战略位置。因此,德勒兹强调,福柯晚期思想在声称要打破既有的知识／权力之轴时,更多的意思或许是越过、绕过这两条轴线。跨越了知识线与权力线之后,方法论意义下的"部署",或许更多是显现在主体转向自己、迂回绕路、走向地下的状态,这种主体性自我生产、转化的战略部署状态,乃是力量转向了自身、作用在自身或影响到自身的时节,而不是进入到与另一种力量形成线性关系的时候。从这个观点来看,"身体部署"在方法论

---

① G. Deleuze, "Qu'est-ce qu'un dispositif ?", in *Michel Foucault. Rencontre internationale*, Paris, 9, 10, 11 janvier 1988, Paris: Le Seuil, 1989. *Deux régimes de fous. Textes et entretiens 1975–1995*, ed. David Lapoujade, Paris: Minuit, 2003, pp. 316–325. 英译文见 G. Deleuze, "What Is a Dispositif?", in *Michel Foucault. Philosopher*, translated by T. J. Armstrong, New York: Routlege, 1992, pp. 159–168.

上也就不限于关注可见性身体与身体论述，不限于关注身体与权力轴线的议题，它更关注在当代法国哲学情境中，现象学式的构成与发生学的认识论观点之外，以及在逸出现象学后之知识／权力历史性研究之外，身体哲学在思考回返于主体化作用（subjectivation）的当下创造状态时，现象学与后现象学的思考能为我们的"当下"身体状态，特别是当代身体哲学的视觉问题脉络，给出什么样的崭新思考之线。就此而言，"身体部署"在关切既有的哲学历史话语之余，仍难以忘情于当代哲学在主体化这条路上，如何可能激发出崭新创造的可能。这是本书特别藉由梅洛–庞蒂对"艺术创作状态"的关注之情，所欲突显"身体部署"关于"当下主体状态"的另一层论题轴线——当代艺术与视觉文化隐含的身体战略部署——创造流变之身体部署。

本书收录了笔者 2002 至 2006 年写作的七篇论文。以梅洛–庞蒂晚期思想为发展线索，以福柯对现象学的批判为收束点，透过梅洛–庞蒂思想与胡塞尔、柏格森（H. Bergson）、列维纳斯（E. Lévinas）、福柯、德勒兹的哲学论辩系谱，将议题部署于三个思考平面上："身体现象学与身体感"（第一、二章）、"现象学之后的视觉存有学"（第三、四、五章）、"身体现象学与文化批判"（第六章与附录）。第一部分"身体现象学与身体感"包含两章，阐述胡塞尔到梅洛–庞蒂的身体现象学论题部署与过渡，集中于"身体感"的概念厘清，并在第二章宣示出作者针对身体论题的"当下"哲学立场；第二部分"现象学之后的视觉存有学"纳入三章，特别专注于身体现象学的重大转折点——视觉存有学问题，对比晚期梅洛–庞蒂面临的存有学难题与福柯晚期的"主体性"批判存有学部署；第三部分"身体现象学与文化批判"则倾向于将当代的"视觉文化"与"自我经营"问题，置入"美学轴线／自我转化"的生存美学问题化脉络里。就出版状况来说，本书第一、二、三、六章及附录为已经匿名审查发表的期刊论文，除标题与格式应本书编辑上的需要而略经修改外，内容未曾更动。导论、第四、五章为本书新作，但第四、五章曾以会议论文形式宣读，经匿名审查、按审查者重要意见修正后，首度发表于此书。以下是各章的重点：

第一章"身体感的构成与还原：胡塞尔对身体的构成分析与梅洛－庞蒂的病理学还原"，从身体现象学与现象学心理学的脉络，指出胡塞尔在《观念Ⅱ》与《笛卡儿沉思》中对身体的构成分析与基源发生学分析思想之间，我们可以读出一条回归身体具体存在的存在现象学或现象学心理学的描述之路，亦即透过身体感的基源存在条件，我们可以构成"自我"与"他者"的"共同世界"。换言之，如果有所谓"身体意向性"的话，就身体知觉作用／知觉内容的两重结构来说，身体感的知觉作用层面是实在的，隶属心理领域的"事实知觉"（factual perceptions），而身体感的知觉内容则形成"物质""自我""世界""他人"等非实在的"形相知觉"（eidos perceptions）——也就是"想象"领域。本章运用构成式的"病理学还原"与"基源分析"的平行对比，来彰显"身体感"的构成条件。梅洛－庞蒂后来在《知觉现象学》中所强调的"病理学还原"是由心理事实的领域出发，从存在层面去还原出身体的"本质结构"；而"基源分析"则是从主体际性的原初构成根源进行还原，去描述种种主体际"形相知觉"的构成过程。

第二章"身体感与时间性：梅洛－庞蒂、柏格森与感觉的逻辑"，顺着胡塞尔晚期的"被动综合"思想线索与本质现象学式的"身体记忆"概念出发，指出"身体感"与"时间性"涉及的问题层面，在本质现象学与发生现象学之间，在现象学发展范围之内与之外，具有高度的特殊性。这个问题丛结，在主动与被动、主观与客观、时间流动与结构化之间，触及了身体运作经验是否可能产生时间意识，或者反过来，身体感只是时间性差异化的存有运动中的一个特定展现。这一章首先透过福柯对现象学的质问，指出了现象学方法内在的问题张力，也就是本质／存在、先验／经验二元区分重新被建立的危险；第二节透过被动综合与身体记忆的阐述，概略描述晚期胡塞尔所主张的"被动综合"与《知觉现象学》时期梅洛－庞蒂思想的落差，在于本质现象学与发生现象学方法运用上的差异，同时设立起本文欲铺陈出"三个面貌的梅洛－庞蒂"的身体现象学内在裂隙，与导致梅洛－庞蒂解读出三种柏格森面貌的基本问题框架；到了第三节，我们发现梅洛－庞蒂早期先验主体的身体感与时间性论述中，对本质现象学构成方法的坚持，在他解读柏格森思想的过程里，展现的是他的身体主体本质思考与柏格森形上思想的距离；然而，跳脱出福柯所批判的主体性思维，第四节透过梅洛－庞蒂对于生活身体的共时韵律的"弥合"与"联觉"之强调，显示出对柏格森思想的构成现象学解读。当然这仍然在福柯所批判的"生活体验"分析的框架下思考，预设了有某些既成的生活体验；发生现象学与对现象学语言的超越，展现在第五节的论述中，透过晚期梅洛－庞蒂的"肉身存有学"脉络，这一章突显其运用柏格森思想的"身体感即时间之差异化作用"主张，这时的梅洛－庞蒂不仅将柏格森解读为一种间距、差异哲学，响应了发生现象学的思考路径，同时也大大逸出了现象学的既有语言和思考风格。

第三章"真理、魔法与表达：梅洛－庞蒂与列维纳斯论艺术与视觉的存有学"回应第二章的提问，推进"历史性"与"图像与论述的断裂性"两方面的论题。梅洛－庞蒂的艺术存有学思考，从早期的身体主体、身体意向性到晚期的肉身存有学之间，从1945年的《塞尚的疑惑》、1952年《间接语言与沉默之声》，到1961年的《眼与心》，呈现一种以视觉和绘画表达经验为基础的存有学思考，这种存有学将视觉视为既开显又遮蔽真理的活动；但对比于列维纳斯在1948年的《现实及其阴影》、1974年的《异于存有或超出本质之外》中所提出的存有学评论来看，显然列维纳斯认为艺术活动是一种遮蔽中的开显，是一种阴影与魔法式的存有。这种对比反显出列维纳斯的神学与伦理学关怀，寻求在此岸中的超越者（他者），艺术活动与作品的真理显然有赖哲学与伦理学的批评来彰显。本章的目的即在突显艺术作品与视觉经验的异样存在，并还原这两位思想家的艺术存有学对话基础。

第四章"两种间距存有学：梅洛－庞蒂与福柯论视觉与图像"，企图让梅洛－庞蒂与福柯思想进行初步的对质。针对梅洛－庞蒂关于视觉与图像之诞生的现代绘画体验讨论来说，福柯从《词与物》（1966）一直到《生命：体验与科学》（1984），其中对于现象学或梅洛－庞蒂的批判，隐然包含一种大论述的姿态，而无法自外于梅洛－庞蒂以现代绘画体验为基础的视觉微差之存有学。笔者的主张是，若以视觉体验与图像的存有学来看，福柯对梅洛－庞蒂的批判犯了一个范畴错置的错误：图像的历史性从来就与论述的历史性不同，当福柯在《古典时代疯狂史》（1961）之后，将视觉与图像问题单向地视为知识表象或权力技术问题时，他忽略了视觉体验与图像工夫亦可能作为他晚期所强调的自我技术、生存伦理的美学。易言之，在福柯晚期著作中强调的"伦理之轴"问题中，隐藏着一条暧昧的"美学之轴"与此"伦理之轴"的并联问题，视觉体验与图像分析的真理体验在此并联问题中并不是没有线索。如果依此线索，现代绘画中的视觉与图像体验方式可以视为一种现代绘画独有的自我修养工夫的话，那么，福柯与梅洛–庞蒂的存有学论争就有了重新评估的空隙与空间。笔者认为，一种强调概念话语之历史流变为主的论述批判存有学，不必然与一种强调视觉图像之历史流变的图像裂变存有学矛盾，因为，作为真理主体精神修养的主体转化资源，两者皆可能在其"说真话"与"画真画"的真理意志中成为工夫路径。

第五章"梦影像与释梦学：福柯系谱学对'经验'的双引号思考"，延展第四章所遗留的问题，将影像与意义、图像与论述的间距存有学问题，再做更细密的分疏。本章指出福柯在1954年为宾斯汪格（L. Binswanger）所作的《梦与存在导论》一文中，指出弗洛伊德的精神分析在面对做梦经验进行诠释工作时，也存在着类似美学判断中"影像与意义""图像与论述"间的断裂问题。如果梦的意义与梦的影像事实之间乃是断裂关系，或至少存在着重大的裂隙，那么弗洛伊德无异在操作一种由"欲望"（Désir）的古典形上学出发，进而延伸出的一套"意义神学"（théologie des significations）。梦的影像被化约为早年经验的欲望语意折射，梦影像的物质状态所具有的多元意义，被形构为乱伦欲望的梦、婴儿退行的梦或回转到自恋状态的梦。福柯认为："精神分析从来无法成功地让影像说话。"同样的，福柯透过胡塞尔《逻辑研究》中对"符号"（sign）与"征象"（indices）之间距的讨论，提出现象学的解决方法与精神分析同样将梦经验的"真理"导向与"外在脉络"脱勾，而只透过"内在性"的模式来掌握"表达行为"（梦亦属此非语言表达行为之一种）的意涵。于是，意义心理学成为中心，认知的问题成为真理问题的核心，心理病理学于是成为病理意义认知的问题，医病关系在此强调意义认知的人类学模式下，使伦理的行为被转换为客观认识的意义交换关系。

晚期福柯指出古代道德的主体的存在意志主要是在追寻一种存在的伦理（une éthique de l'existence），致力于确立自己的自由以便让自己的生命本身得到某种他人的认可，甚至确立为后代的典范。也就是说，他的生命本身变成了一种亲身的艺术作品（une oeuvre d'art personnelle），变成他的存在状态。这时候，释梦学成为存在美学的艺术创作，成为主体转化其自身的诠释活动。本章的目的在于完成上一章另一个未完成的论题：如果这个"自我技术"问题就是福柯所谓的"伦理之轴"的基本意涵的话，那么《梦与存在导论》的后半部，与《性经验史》第三卷《关注自我》（Le souci de soi）第一章"梦见他的种种快感"（Rêver de ses plaisirs）所选择的文本——公元 2 世纪占梦术士者阿尔泰米朵尔（Artémidore）的《梦想要诀》（La Clef des songes），就同时成为"美学之轴"的梦影像工作接口。梦经验在此被放入"双引号"来面对，一方面作为纯粹的梦影像经验，另一方面又作为用于主体转化的系谱学思考脉络中，成为主体自由取用的"影像与论述"交缠之经验。就此而言，现代心理学工作者的生命选择与自我技术，如同现代画家"画真画"的真理意志，亦可以纳入"伦理主体如何自我塑造为主体"这样的思考轴线来考虑，而现象学还原的内面化工作，被福柯扭转为外边化的思维，立基于影像与意义断裂的存有学间距之上。这种"双引号"思维，将"主体问题"和语言论述的意义置入历史系谱的存而不论中。

第六章"从文化肌肤到文化治疗：梅洛-庞蒂与德勒兹论媒体影像经验"，将问题拉向当代的影像媒体经验。本章首先透过梅洛-庞蒂的电影现象学，揭示一种崭新的完形心理学，说明科技媒介中介下的人类存在置身处境，并讨论隐含其中的梅洛-庞蒂晚期存有学中的"他者性"（alterity）问题与影像经验之间的关联。其次，透过德勒兹对梅洛-庞蒂电影现象学的批判，本文发现梅洛-庞蒂对电影的看法，并不止于将媒介体验视为相对于自然身体经验下的"二手体验"，而认为电影有其独立语言。但是，显然"完形"与"意向性"的分析并不足以从电影经验本身为其建立独特的哲学论述。第三，就电影现象学的不足之处而言，本文认为涉及了文化肌肤（cultural skin）下的科技心理学（techno-psychology）的内在问题，而不仅是"身体意向性"的问题；透过麦克鲁汉（M. McLuhan）对"文化肌肤"与"科技心理学"的论述，及詹明信（F. Jameson）与现象学家罗曼尼辛（R. Romanyshyn）、伊德（D. Ihde）的描述还原，本文检讨了隐藏其中的现代性视读经验与后现代风格的影像观看经验，在这两种不同心智与身体状态的经验当中，本文企图寻绎出一条当代文化肌肤经验中的文化心理治疗（cultural therapeutics）的可能道路，并且据以重新诠释梅洛－庞蒂晚期存有学的"他者性"意涵。

至于附录的《审美现代性之争：哈贝马斯与福柯论波德莱尔》一文，显示笔者对于现代性与后现代的争论中"审美现代性"这个论题的基本关怀。现代性的辩护者如哈贝马斯（J. Habermas），往往视审美现代性为后现代性、非理性、自恋心态的源头，无助于理性社会整体沟通计划的完成；法国哲学家福柯虽然为现代性辩护，却认同以波德莱尔（C. Baudelaire）为代表的审美现代性，视之为持续作历史批判，以发明另类自我存在方式的心态与气度。于是，两者对波德莱尔的诠释产生了落差，哈贝马斯视他为现代性中非理性、破坏性因素的滥觞，福柯则强调他代表了重视存在的艺术，可视之为一种存在美学。

本书呈现的是一位哲学工作者历经十年透过梅洛－庞蒂哲学的理解与批判，对于"身体"问题的哲学思考，历经2002年8月开始的"现象学论死亡（II-I）""时间、空间与欲望：媒体阅听的感知现象学研究（1/2）（2/2）""身体与自然——一个跨文化的论述—当代思潮中的自我陶养与身体论：身体与自我技术——梅洛－庞蒂与福柯"等台湾科学及技术委员会所支持的四个研究计划，在此谨致谢忱。另一方面，笔者自2000年以来，分别在淡江大学通识中心道德推理组、台北市立师范学院视觉艺术研究所（现更名为台北市立教育大学视觉艺术研究所）、南华大学生死学研究所、台南艺术大学造形艺术研究所、艺术创作理论研究所博士班，以及台湾中山大学哲学研究所的任教过程中，许多课堂上、会议过程中的讨论批评，对笔者的思考与写作帮助良多，在此感谢这些迎面而来的脸孔和话语。

　　或许，这种思考经验可以用梅尔维尔（H. Melville）小说里钓鱼线的部署状态来比喻。一方面，杨凯麟、何乏笔、余德慧不断激发我对福柯和德勒兹哲学的猛烈研究兴趣，让那条没入水中的思考鱼线强力向下拉扯，远远拉出了现象学之外，几至无人（称）之境；另一方面，黄冠闵、林耀盛、利瓦伊伦、杨儒宾、蔡铮云又不断协助我做某种思想上的折返，要把这条线拉向福柯与德勒兹以外的思想线路，联结至某种原本我以为熟悉却蓦然转为陌生的问题场域。至此，哲学思考对我而言，竟成了拉扯与挣扎的追寻过程，一种当下苦恼，事后却不一定有"烦恼即菩提"之了悟的漫漫长路。这本书，只是这条路的起站。

　　最后，特别感谢杨儒宾教授的热诚提醒与台湾"清华大学"出版社的慷慨协助，及时完成了本书的审查程序。同时，两位匿名审查者的宝贵意见，也让笔者有机会再次进行思路的整理与修饰，并对相关的概念与体例进行多处的修正与补充。另外，心灵工坊总编辑王桂花小姐、主编周旻君小姐的耐心与包容，美编罗文岑小姐任劳任怨的配合与充满创意的封面设计，台湾中山大学哲学研究所专任助理潘怡帆小姐百忙中协调人力，以及研究生董皓云、吴尚前、林耀秋、杨运弘、谈明轩、古智佑、张钰芳、唐守志协助校阅原稿，也都是这本书得以顺利诞生的重要助力。然而，本书必定还有许多思虑未尽成熟或缺漏之处，期待各方不吝提出批评与指正，当然，如有任何错误，应该由笔者自行负责。

# 第一章
## 身体感的构成与还原

——胡塞尔对身体的构成分析与梅洛-庞蒂的病理学还原<sup>*</sup>

## 一、自由想象与身体感

胡塞尔在 20 世纪之初，试图以现象学的构成分析（constitutional analysis）来描述身体现象如何一步步被构成出来，又如何反过来构成心理与他者的世界，在身体的哲学探索上，获得了不同凡响的成果。所谓的不同凡响，特别是指现象学批判当时流行的实证科学（positivism）和心理学主义（psychologism）<sup>①</sup>，并反思被实证科学和心理学主义的"自然主

---

＊ 本文修改自笔者所发表的论文《身体感：胡塞尔对身体的形构分析》，《应用心理研究》，2006 年春季号，页 157-181。原本改写自笔者的博士论文《身体与想象的辩证：尼采 胡塞尔 梅洛－庞蒂》（台湾大学哲学研究所，1998 年，未出版）第三章与第四章，尤其是第四章。但原文所不存在的"身体感"这个词汇的修正提出，则是对当前正在讨论的身体人类学问题呈现一个现象学心理学的可能响应与阐述，作为进一步跨领域、跨文化讨论的基础范畴思考。

① 心理主义是指各种意义活动或真理言说——包括数学、哲学，都

义态度"（naturalistic attitude）所忽略的真实体验的先验基础，寻求真实经验的明证性。

胡塞尔在这条道路上以自我学（egology）为出发点，采取先验态度（transcendental attitude），以有效搁置自然态度或自然主义态度，来描述现象构成的本质条件、主体与他者之间具有什么客观的沟通基础，以及主体与主体际的客观真理显现条件。于是，看似心理现象的"想象"在这样本质研究的领域中，便显出了重要性。因为，不论是对现象学抑或是对各门科学的研究来说，"想象"一方面是直观现象本质的先验条件之一，一方面又是对相关本质进行理解时的重要方法。至于"身体感"（corporeality）论题的需要，则是因为如果只有中性而自由的"想象"方法，所可能给出的存有领域极为庞大且难以完全落实，因此，"想象"需要主体际落实客观认识的存有学基础，这个问题领域，在现象学上一般被称为主体际性（intersubjectivity）的问题。

胡塞尔认为只有以"身体感"为起点，在对他者身体的显现和运动获得移情（empathy）了解的基础上，才能落实客观认识。本文关心的重点是："从身体哲学到哲学的肉身化"途中，

---

是心理机制或外在历史因素造成的假象。而心理主义最大的问题是，它自己的言说是否亦在它的批评范围之列？如果是的话，心理主义不过是一种极端的怀疑论。参见 Maurice Merleau-Ponty, "Phenomenology and the Sciences of Man", in *The Primacy of Perception*, Evanston: Northwestern University Press, 1964, p. 48。梅洛-庞蒂指出，对胡塞尔来说，"社会学主义""历史主义"亦必须面对相同的怀疑论、虚无主义后果。

透过"身体感"的构成分析，胡塞尔现象学之路可以带给现象学心理学领域什么样的反思？或者反过来说，胡塞尔分析"身体感"现象的现象学之路，从现象学心理学的角度来看，可以为"身体论题"进入哲学思考的范畴中做出什么样的贡献？

不过，事实上胡塞尔并没有对"身体感"进行系统研究，本文所引用的文本将限于以胡塞尔"先验现象学"时期的著作为主，也就是从《现象学观念》（1907）[①]、《观念 I》（1913）[②]、《观念 II》（1912—1928）[③]到《笛卡儿沉思》（1928—1931）[④]，而不处理之前的《逻辑研究》（*Logical Investigations*，1900—1901）时期，或之后的《欧洲科学危机与超越现象学》（*Crisis of European Sciences and Transcendental Phenomenology*，

---

[①]　Edmund Husserl, *The Idea of Phenomenology*, Walter Biemel ed., translated by William P. Alston and George Nakhnikian, The Hague: Nijhoff, 1964. 本文引用倪梁康译，《现象学观念》，台北：学英，1987 年。

[②]　Edmund Husserl, *Ideas Pertaining to a Pure Phenomenology and to a Phenomenological Philosophy. Book 1: General Introduction to a Pure Phenomenology*, Karl Schuhmann ed., translated by F. Kersten, The Hague: Nijhoff, 1982. 本文参考李幼蒸译，《纯粹现象学通论》，台北：桂冠，1994 年。简称 *Ideas I*，《观念 I》。

[③]　Edmund Husserl, *Ideas Pertaining to a Pure Phenomenology and to a Phenomenological Philosophy. Book 2: Studies in the Phenomenology of Constitution*, translated by Richard Rojcewicz and André Schuwer, London: Kluwer Academic Publishers, 1989. 简称 *Ideas II*，《观念 II》。

[④]　Edmund Husserl, *Cartesian Meditations: An Introduction to Phenomenology*, translated by Dorion Cairns, The Hague: Nijhoff, 1973. 简称 *CM*。

1935）时期<sup>①</sup>。

在进入"身体感"的构成分析之前，笔者认为我们有必要对胡塞尔在此时期处理"想象"的论题做一个概观，以了解"身体感"论题的必要性。胡塞尔对"想象"的现象学还原有两个层次，第一个层次的想象，与知觉、记忆并列，并且三者相互流入，但是想象可以进一步透过其中性变样，修饰知觉和记忆，并生产出"恍若"的存有状态，因而想象在本质上具有另一个层次的意识意向活动；而第二个层次的想象，是想象可以跳离知觉和记忆的现实脉络，对非现实事物进行自由想象，这股意识流指向一个超验的、纯虚构的意识对象，使我们可通向日常生活中无法通向的本质直观。这两个层次的想象，又以后者的自由想象更直接突显了想象活动的"中性化"自由变样的本质，因此，就现象学的观点来看，自由想象在严格科学理想中的地位，要优于知觉。

虽然自由想象的虚构更接近本质领域，但是，这种特性也使得"想象"可能产生"独我论"问题：如果想象是自由而创造的超越，我们要如何保证想象的结果不会脱离现实，成为超

---

① 本文采取的是 Eugen Fink 的三段分期，将《观念》视为胡塞尔由第二阶段的哥廷根时期转向最后阶段的弗莱堡时期的转折之作。这方面的文献可参考 Joseph J. Kockelmans, *Edmund Husserl's Phenomenology*, Indiana: Purdue University Press, 1994, pp. 7–26. Rudolf Bernet, Iso Kern, Eduard Marbach, *An Introduction to Husserlian Phenomenology*, Evanston: Northwestern University Press, pp. 130–165. P. Ricoeur, *Husserl: An Analysis of His Phenomenology*, translated by Edward G. Ballard and Lester E. Embree, Evanston: Northwestern University Press, 1967, p. 35.

验自我一厢情愿、一意孤行的任意抉择？换句话说，因为自由想象的领域过于巨大，加上胡塞尔对欧洲科学的基本关怀，使得他面对想象的存有领域不无犹豫，而只能承认，我们不能随意接受"所有对知觉之物、被想象之物、被虚构之物、符号性地被想象之物，所有虚构和荒谬都是'明证地给出的'；而是只应指出，这里有着巨大的困难。"[①]什么样的困难呢？胡塞尔说，困难在于，如何确定"在明证性中什么是真实地被给予的，什么不是。"也就是现象学必须让我们了解"被给予性的本质和各种对象样式的自身构造活动"，这是一个构成现象学（constitutive phenomenology）的问题，也涉及了现象的存有学问题。

　　然而，颇具辩证意味的是，胡塞尔在《笛卡儿沉思》第四沉思中又认为想象离开了事实性之后，给出的是纯粹的"形相知觉"（eidos perception）——"它的'观念上的'（ideal）范围由所有观念上可能的知觉所组成，乃是纯粹可幻想的（phantasiable）过程"[②]，在这里，"知觉"的范围和意涵都被想象扩展了。同时，在《观念I》七十节，胡塞尔又颇有"奠基论"（Fundierung）意味地指出"事实知觉"所提供的丰富原初直观，其实又是要自由想象的"形相知觉"能够施展得开来的必要材料——而"事实知觉"当然只是充作材料基础而不是"形相知觉"

---

　　① Edmund Husserl, *The Idea of Phenomenology*, Walter Biemel ed., translated by William P. Alston and George Nakhnikian, The Hague: Nijhoff, 1964. 本文引用倪梁康译，《现象学观念》，台北：学英，1987年，页52。

　　② Husserl, *CM*, IV, § 34.

的根源。所以在方法学上，"想象"虽然超越了"知觉"范围而具有优位，能给出更大可能的本质直观或形相直观，但是在存有学上，"想象"却必须以"知觉"为依凭，才能产生具体效应，证明"想象"对"知觉"的超越，同时，"想象"虽超越了"知觉"，却仍然必须回到"知觉"层面寻求落实，所以，在存有学上具优位的是"知觉"。

在本文中，我们将透过胡塞尔对"身体感"问题的探索，来说明他如何在"身体感"现象中找到"主体际知觉"的原初给出领域，在身体的存有学上，落实想象的存有学基础。换句话说，自由想象并不是一种毫无基础条件的自由，它对本质的自由变异，必须奠基于身体知觉，同时这种基础并不"决定"想象内容，但却要求想象内容的"肉身化"，也就是要求想象内容成为具体可感的表达。于是，就存有学而言，不再有纯粹自由的想象，也没有纯粹蒙昧的身体，身体知觉总是保有超越事实层面的"形相知觉"想象活动，而自由想象总是需要援用身体知觉来落实（embodiment）。

## 二、身体问题与独我论的困难

在现代艺术和现代科学的活动中，独我论的困难可以说是常态，艺术家虽有了真实体验与想象直观，但是，在他没有创作出成熟作品前，包括创作者自己，没有人能证明他有没有相关的真实体验与想象直观；而科学研究也必须通过同样的考验。反过来说，只停留在体验状态中的现代艺术或科学研究，在无法成就具体作品，落实为知觉上的形象表达或具体概念表达之前，我们不能说它真确或不真确，只能说它因为还没有在历史中落实下来，所以我们不能随意接受它，同时，我们也不能随意拒绝它，因为，它是纯粹的可能（possibility），一种冒险[①]。

从现象学心理学成为一门科学的可能性来看，胡塞尔晚期追求的是"欧洲科学精神"的内在历史目的论，致力于指出"科学"在"欧洲精神形象"流变中所扮演的角色和内在问题。胡塞尔在《哲学与欧洲人的危机》中指出，欧洲精神科学的重大内在困境，就是"精神性"与"身体感"之间的联系问题：

> 不幸的是，精神科学中方法论的局面就大大不同了……这是出于一种内在的原因。的确，人的精神（Spirituality/Geistigkeit）基于人的质料（Physis），而每一个个体的人的灵魂生活都建立在他的身体感（corporeality）之上，因而每一个共同体都建立在个体人类存在的身体上，这些个体存在是共同体的成员。因而，如果要与在自然领域中一样，一种真正精密的解释及由之而来的广泛科学实践的应用，对于属于精神科学的那些现象也要成为可能的，那么精神科学的实践者就不仅要考虑作为精神的精神，而且要追根溯源地寻求精神的身体基础，并且通过使用物理学和化学这样的精密科学来贯彻自己的解释。然而这种尝试是不成功的（而且在可预见的未来也没有补救），这是由

---

① 这就是为什么胡塞尔在《现象学观念》中认为面对"可能性"的存有领域，是一个巨大的难题。见本书第 21 页注 1。而梅洛－庞蒂在《塞尚的疑惑》中，透过绘画现代主义的宗师塞尚，将这种对自由想象可能性的疑虑表达得淋漓尽致。参见 Maurice Merleau-Ponty, "Le Doute de Cézanne", in *Sens et non-sens*, Paris: Nagel, 1966.

于人的个体存在情况中需要的心理—物理学研究的复杂，就更别提巨大的历史共同体了。[①]

精神与身体之间的联系问题，特别显现在欧洲人文学科的方法论格局上，也就是各种精神性的身体基础，并不是现代人文学科本身能够处理的，换句话说，如果各种科学理论，包括自然科学的理论，都是基于身体（Leib, living body）是人类精神现象的显现，那么对"身体感"的严肃看待，就不只是单纯"肉身"（Körper, inanimate physical body）[②]的解剖学、神经生理学的个别学科问题，而是涉及各门科学在客观基础上是否对身体或物质条件有谛当的思考和面对。如果没有对身体现象的本质加以缜密思考，遑论能够进一步对"欧洲人精神"的历史目的论做出公允的想象和推论，于是，理论问题的"肉身化"要求再次浮现出来，在胡塞尔的思路当中，"身体感"与精神的联系，正站在精神科学客观基础的起点上向我们招手。

## 三、身体透过触觉和痛觉而成为我的身体

在胡塞尔的方法学中，造成其"独我论"疑虑的原因之一，是他的方法学在起点上就认为"独我论"式的"自我学"必然

---

① Edmund Husserl, "Philosophy and the Crisis of European Man", in *Phenomenology and the Crisis of Philosophy*, translated by Quentin Lauer, New York: Harper & Row, 1965, p. 152.

② 参见《欧洲科学危机与超越现象学》，§ 9，注 15 的区分，"Körper 意谓几何学或物理学意义下的身体；Leib 指涉了人或动物的身体"。而后者特别指生活中鲜活自如的身体。

是所有现象还原或构成的起点。在《观念 II》的现象学构成分析之中，胡塞尔对于整个存在世界如何在我们的体验当中展开、构成，做了详细的构成分析，其中针对"身体感"的构成，胡塞尔亦不例外地要先试试"我们能以独我论的考虑推进得多远"。

胡塞尔特别区分了视觉与触觉在构成身体本身时的不同角色，他认为触觉在这方面比视觉来得更根本，尤其在身体的某个部分触、捏、挤、抓、推、压另一个身体部位时，例如左手握右手时，会让我们明了"身体感"本身是如何构成出来的：

> 感觉在身体的这两个部位双重化（doubled）了，因为个别部位对另一部位来说都是外在事物，是触摸或其他动作作用于其上的对象，但个别部位同时又属于同个身体。所有这样产生的感觉，都有它们的区位化作用（localization），换句话说，它们透过它们在显现中的身体感上的位置而得到区分，而在现象上它们从属于这身体感。因此，身体原初地以双重方式被构成出来：首先，它是物理事物，是质料（matter）；它具有其广延，它在广延性当中包含了它的现实性质，它的色彩、柔软度、硬度、温暖度，和其他可能有的物质性质。其次，我在身体上发现，也在身体"上"和身体"中"感觉到：手背上的温暖、脚底的冰冷、指尖的触碰感。①

基本上，身体的"身体感"或"肉身感"是透过双重作用

---

① *Ideas II*, § 36.

构成出来的，身体的第一重构成是它作为物理事实，可以像一般物理材料那样具有客观的空间广延，也有一般物理材料的种种性质；其次，身体的第二重构成是这种"物质"还能对自己建立感觉，这种感觉在身体的表面和内部不断发生，因此，当我，

> 移动我的手指，我有了动觉，这些动觉是透过在我手指表面不断改变和延伸的感觉而形成的，但是，在这感觉丛结的内部同时具有一种内涵，它在内在的数位空间中拥有了它的区位化作用。①

这种"区位化作用"可以从所感觉的对象事物，拉回焦点，集中注意于在身体本身所发生的当下感觉（sensings），当我们把注意力做这种转移时，便可以直观到身体在构成其"身体感"时，有这种"反身的区位化作用"，我们用身体碰触任何外在事物，我们用以接触的身体部位都会有具体的感觉，这使得身体不只是物理的"物质"，而是为物理物质给出"感觉"的身体。而这种区位化作用的根本发生是透过触觉，而非视觉。

视觉的构成活动不同于触觉。虽然纯粹的视觉也将眼光投注于外在对象，而构成外在对象，但是眼睛本身却不在视觉当中显现自身，视觉中出现的色彩也不会像触觉在身体部位上产生的对象化感觉一样，在眼睛上成为区位化的感觉，同时两眼也不可能像两手那样相擦、相抚，形成双重化的感觉，而被看的事物也不可能滑行在眼睛的表面上，像触摸时的状况，持续地与眼睛贴身接触，所以，我触摸我自己的身体与我看我自己身体的方式迥然不同。胡塞尔说，"被看的身体不等于正在看被

---

① *Ideas II*, § 36.

看身体的那个东西，而我的身体被触摸时，触摸和被触摸的却是同一样东西。"①

基本上，因为在触觉中，外物展现为物质及其相关的空间广延性质，而处于物当中的身体亦展现了同样的相关性质，同时，身体本身因为感觉的双重结构，可以构成自我反射的区位化空间，因而外物可以通过模拟，与身体空间形成定位关系；而视觉之中，外物所展现的表象当中，并没有包含发生视觉的眼睛本身，眼睛本身不处于外物的包围当中，因而视觉并没有在接触外在对象时同时展露其自身。眼睛本身也可以被触摸，同时也具有动觉，它也隶属于触觉的区位化领域的一部分，因此，眼睛可以统觉为身体的一部分，而不是反过来，身体被统觉为视觉的一部分。同样的，听觉也透过耳朵而涉入对世界的感性直观当中，但对所听声音的根本定位，也不是在耳朵里构成出来，因为听觉跟视觉一样，用来看外物的眼睛、用来听外物的耳朵，在感受外物时，并没有把自身放进这个外物的世界中，但触觉却有所不同，透过它，我们对外物可以在轮构中构成感觉图式（sensuous schema），但触觉本身的流动、发用状态却不是轮构出来的感觉图式，胡塞尔说：

> 触觉不属于物质事物的状态，手掌，特别是手掌自身，对我们来说，比单纯的物质多了些什么，它是我的，而这蕴含了我——"这个身体的主体"——可说属于物质层面的东西是它的，而非我的。②

---

① *Ideas II*, § 37.

② *Ideas II*, § 37.

我们想一想，如果我们的身体只有视觉而无触动觉的话，那会是一个什么样的世界？我们的身体会在视觉的引导下，像外物一样被操弄，而没有真实被触碰的感觉或自己跟自己身体的亲近驱动感（kinetic sensation）——也就是身体的"本体感受"（proprioception）。胡塞尔提醒我们，在这种状况下，我们的身体不会成为我们的身体（Leib, living body），因为，我们虽然可能保有部分客观的动觉驱动，可以自由运动，但身体仍不是"我们的"，它仍然属于物质之列。因此，胡塞尔认为，动觉也不是使身体成为身体的根本要素，只有触觉和与触觉同属的痛觉，才是使身体成其为身体的根本要素。①

## 四、触觉和痛觉如何构成我的身体：病理学还原

胡塞尔对身体的构成分析，似乎欠缺某种更广阔的展开，譬如他在《观念 II》第三章不断提到身体的常态／非常态将影响到我们的态度和意义活动，但却没有指出所谓常态／非常态的意涵，使得我们并不能直接了解，为什么触觉和痛觉在身体本身的构成上，要优先于视觉、听觉和动觉。因此，我们希望

---

① 这里的诠释涉及"触觉"与"动觉"在胡塞尔空间建构理论上的关系。一般论者（如 L. Landgrebe）都认为胡塞尔的空间建构理论是由主体身体的"动感意识"出发，但笔者认为如果要更细致地区分的话，主体身体的内外触觉（即痛觉）的"区位化作用""定位作用"，在空间建构上较"动感意识"更具基源地位，当然，笔者认为，"动感意识"对外在空间的建构具有明显的重要性。参见汪文圣：《胡塞尔与海德格尔》，台北：远流，1995 年，页 95-97。

在这一节延伸胡塞尔《观念 II》的文本脉络，提供一些病理学的案例，来说明"触觉和痛觉如何使身体成为我的身体"这个基本的构成命题。

我们在日常生活如骑脚踏车、游泳、用筷子吃饭这些习惯行为中，常常是不必经过理智设想，就可以立刻由身体的默会之知（tacit knowledge）①，实践出许多看似简单，实则精巧复杂的动作。反过来说，如果是生手学骑车开车、学游泳跳舞、学习用筷子吃饭、甚至学习语言，我们便可以看到，这些身体知识或技巧的学习，都必须经由身体感知、透过他人身体运作风格的提示，来进入情境的想象、来养成习惯。

而更彻底的一种对比，就是透过病理身体的病态运作，反而可以向我们透露，日常的常态身体所运作的寓于身体本身的运作意向性，究竟以什么样精巧复杂的风格运作自如。这就是著名的病理学还原（pathological reduction）。这种方法的代表性著作便是《知觉现象学》（*Phénoménologie de la perception*），梅洛－庞蒂在这本书中以病理学还原，从具体的心理学病例来反显日常生活的身体经验及身体运作。我们接下来就是要运用这种方法，说明胡塞尔为什么以触觉和痛觉当作吾人身体构成

---

① 波兰尼在《意义》一书中，提到"默会之知"时指出，"知觉藉之形构了外在事实的观测，而无须回溯形式论证，甚至根本无须任何对后果的明白陈述"。或许这段话可以作为"默会之知"的最简单定义。当然，从身体的观点来看，波兰尼的描述是站在理智的观点去看"身体之知"，因为，"身体之知"本来就不是透过论证来呈显，而是在情境想象中发用出来的运作。参见 Michael Polanyi and Harry Prosch, *Meaning*, Chicago: University of Chicago Press, 1975, p. 34.

时的根本要素。

首先，我们可以看到失去了身体触觉，却仍旧保有视觉和身体动觉的病例，其身体感受跟我们日常第一人称意味下的"我的身体"有什么样的感受差距。我们可以引用萨克斯（Oliver Sacks）医师在《错把太太当帽子的人》一书中所举的"灵体分离的女士"的病理经验描述。萨克斯以夏律敦（Sherrington）的"本体感受"来称呼身体触觉感受所产生出来的意向性：

> 持续而不自觉的感应，不断地由我们身体的活动部位（肌肉、肌腱、关节）流出；藉此，身体的定位、节奏和动作，持续受到监控和调整，但我们看不见这一切，因为它们是自发而无意识的。……"本体感受"……是让我们感到"自己"存在的不可或缺的条件；也就是说，因为有本体感受，我们才能感觉自己的肉体是如此的有条不紊，如同自己的"财产"，是属于我们自己。[①]

胡塞尔在描述触觉构成我们自己的身体的"身体感"时，很明白地将身体的自反触觉跟它的对外物触觉区分开来，显然，这里所说的"本体感受"指的是触觉的自反活动，触觉在常态上保持对自体的感应状态，这种自我感应使身体的定位、节奏和动作都在我们"身体的主体"的掌握之中，这也就是为什么这种身体的意向性会成为我们日常生活中视为理所当然的默会之知。然而，失去"本体感受"的患者的身体动作却不再是默会之知，而是必须完全有意识地"操作"陌生的身体知识：

---

① Oliver Sacks, *The Man Who Mistook His Wife for a Hat*, 1985. 孙秀惠译，《错把太太当帽子的人》，台北：天下文化，1996年，页71。

如果有人要求这些病人移动双脚，他们很可能会回答说："好的，医生，等我找到它们。""我的双手还会不见，我以为它们在某处，却在另一处找到它们。这个'本体感受'就像是身体的眼睛，身体借着这条管道看见自己。"（病人自白）……她得一开始就用视觉监视自己，小心翼翼地看着身体每个要移动的部位，如临深渊、如履薄冰。……她的动作在刻意的监视与导正之下，起初显得极度笨拙又不自然。

但三个月后，我（按：指萨克斯医生）吓了一跳，看见她好端端地坐着——完美极了……但很快我就明了，她的坐姿事实上是一种故意或断然采取与维持的姿势，那是逼迫自己、顽强硬装出来的姿势，用以弥补那欠缺真实与自然的姿势。……声音也是装出来的，如同从舞台上对观众讲话一般。它是一种夸大、像演戏似的声音……由于缺乏具本体感受性的面部调节和态势，她的面部表情也遭受波及：平板呆滞、了无生气（虽然内心仍然充满感情），得要刻意才能挤出表情来（如同失语症病人会采用夸张的重读和音调变化）。[①]

在上述的病理描述中，我们看到病人的视觉、听觉、动觉意识都处在正常的运作状态，但由于病人身体失去了自反触觉，所以她只能有意识地透过视觉、听觉和动觉来控制她的身体姿势，她的身体与她不再是身体与身体主体的关系，她的身体本身失去了某种自发性的处境转换的投射能力，她再也不能依赖

---

① Oliver Sacks，《错把太太当帽子的人》，页 77–81。

身体的自发想象与调整，她必须让自己透过朗现的意识去调整自己的身体驱动和姿势，除了"风吹拂过皮肤的微微感觉"之外，她完全活在没有处境投射的想象，而只有意识的想象和身体调控之中。很明显的，如果我们自己的身体缺乏触觉，就无法成为日常意识下默识心通、表情自如的"自己的身体"。

第二个神经学上的病例，可以继续为胡塞尔的身体构成分析提供活生生的例子，而这个例子特别表现了触觉和痛觉是身体构成的根本要素。这个有趣而可怖的例子，是关于彻底失去触觉和痛觉的麻风病人。在保罗·班德（Paul Brand）医师的神经病理学和近似某种麻风人类学的《疼痛》（*Pain: The Gift Nobody Wants*）现象描述中，对触觉和痛觉与身体的"自我边界"的构成，有具体的呈现：

> 一位很谨慎，名叫南牟（Namo）的男病人，志愿为放映我们工作影片的美国访客提水银灯，而遭受伤害。南牟因为对痛没感觉，所以没留心灯的把手变烫（把手的护套已经破了），及至他把灯放下，才发现手上已长出闪亮的粉红水泡。他跑出房外，我尾随他，未经思索脱口即问："南牟，痛不痛？""你知道我不会痛。我心里难过，因为我身体不会难受。"……痛觉和它的孪生兄弟——触觉遍布全身，形成自我的边界。失去感觉等于拆毁这层界线，所以麻风病人不会觉得手和脚是他们身体的一部分。即使动过手术，他们仍视修复好的手脚为一个工具或义肢。他们缺少痛觉所提供的自我保护本能。有个男孩对我说："我的手和脚不属于我，它们倒像是我用的工具，但它们绝非

真正的我。我看得见它们，但在心中，它们已死。"[①]

　　在此，"自我身体边界"的形成，视觉并不是根本的要素，即使我们看得见我们的身体，但这身体却很可能只是我的工具，而非"真正的我"，为什么？依据胡塞尔在本文上一节的身体构成分析，因为视觉只在身体的一部分发生，无法形成身体的整体内外区位化统觉，而痛觉和触觉却是"遍布全身"的双重化自反感受，有了这层属于身体自身的"本体感受"，"自我"的界域才可能具体产生在身体与外在世界的互动过程中，而"自我"界域的形成，也是因为身体触痛觉使得身体在感受到作为世间"物质"一员的同时，也有了超越物质层面的"身体自我反身感"，这种在身体之中和之上具体发生的"身体自我反身感"，并不是飘浮于事物之外的视觉能够比拟的。

　　透过病理学的还原，我们可以发现胡塞尔的"身体感"构成分析，与病理学上的案例经验描述非常相符，但是，如果不是透过病理学的还原，他的"身体感"构成分析恐怕并没有那么具体而清楚的本质意涵。在这里，我们发现了现象学方法上的一个问题：究竟胡塞尔视其分析为身体本质的完满呈现，还是只是作为一个方法学上的例示，留待后学开展这个身体论题？如果答案是前者的话，那么现象学不过是另一个启蒙理性哲学体系的再现，身体的本质将一劳永逸地框限于这个哲学体系一隅；如果答案是后者，那么现象学就会是一个方法学上的运动，

---

　　① Paul Brand and Philip Yancey, *Pain: The Gift Nobody Wants*, HarperCollins, 1993. 江智惠、陈怡如译，《疼痛：不受欢迎的礼物》，台北：智库，1995 年，页 160−161。

它所要掌握的本质也将在一个论述的运动中呈现，否则，我们如何可能像梅洛－庞蒂一样，在病理学案例中"遭遇""发现"了身体本质的例示，在进行关于身体本质的想象变样之后，得到与胡塞尔构成分析中异曲同工的描述与结论？

这个对现象学本身的考察与发现，或许可以解释这一节表面上对胡塞尔文本的歧出。目前为止，笔者赞同的是后面一种说法，也即将现象学视为方法学上的一个运动，致力于开拓本质研究的各种方法格局，而这种方法格局的开拓，依据胡塞尔来说，现象学"原则中的原则"是："每一理论只能从原初给予物中引出其真理"①。因此，按照意识给出的原初经验来说，我们就必须以"独我论式的自我学"作为明证的起点，换句话说，只有在对超验自我领域有了具体掌握后，才可能进一步迈入主体际的历史内在目的论探讨。

另一方面，透过以触觉为"自我身体"或"身体主体"的基本构成线索，我们发现，病理学意义上的"本体感受"是不可见的，也就是说"自我身体"的本质虽然可以在触觉痛觉中原初地给出，这种给出却没有视觉上的对应物，它在视觉上"隐而不显"（presence in absence），使得它只能透过"身体主体"的直接反身触动觉辨识，或间接透过他人眼睛对运作失灵／运作正常的视觉对比，才能确认其身体"本体感受"的存在与否。这也同时意味着，身体的"本体感受"无法对"身体主体"以外的"他人"直接给出，也是"他人"可以想象却无法知觉的亲身体验，于是，如果"他人"没有类似的第一手亲身体验，

---

① *Ideas I*, § 24.

他便缺乏了想象"隐而不显"的"本体感受"的具体材料。这样，"自我身体"或"身体主体"的知觉，其实一开始便具有主体际的意义。接下来，让我们继续看胡塞尔的身体构成如何迈向精神领域。

## 五、身体感与意向性

在触觉与痛觉之后，动觉也是身体构成的基本要素。胡塞尔在《观念 II》三十七节的身体分析里，特别比较了视觉、听觉、触觉、动觉在我们透过身体构成现实生活世界时的不同角色，他认为触觉和动觉在身体感知到自身、感知到其作为自然界的一分子时，乃是不可或缺的角色：

> 身体自身的构成，根本上端赖触觉来构成，在触觉中，所有的事物获得了定位：如暖、冷、痛等等。动觉则进一步扮演了重要的角色。我明白我的手怎么样动，以免在我移动时让它碰上别的东西，虽然它带有一点紧张感和触觉，我还是感觉到动觉，而我在移动手时，同时将这些紧张感和触觉加以定位。同样的，我移动时以相同的方式为全身各部位加以定位。如果移动时，我真的碰触到东西，触觉就会立刻透过手的碰触表面，获得对它的定位。①

触觉在动觉的重要性，表现在身体作为自然界一员的自我定位中，而视觉和听觉不若触觉和动觉对自然世界有真实的接触，它们只是参与了身体触觉和动觉的基本定位系统。由于有

---

① *Ideas II*, § 37.

了在自然世界中自我定位的能力，胡塞尔指出，所以"身体成了意志的官能，成为直接而自发地可移动的唯一物体，而且可作为作用于其他自然对象的自发中介动作"[①]，这种自发和区分的能力使得自我与外界有了沟通的基质。这是经由身体迈向他者的第一步。

除了构成自然空间事物的客观性之外，在众多感觉群集之时，身体感觉也会带有情绪、情感、价值活动的层次，然而，因为这些直接可感的身体价值感受是特别发生在第一人独特而唯一的身体上，这些价值感是经由身体所构成的主观的客观性，身体因而成了种种意向功能的基础。但是，不论是幸福感、嫌恶感、快乐的情绪，都无法有直接确定的身体定位，它们洋溢充斥于全身，因而，胡塞尔认为我们虽然可以说"某种意味下，人类的整体意识起于其质料基础、系于其身体，但很明显的，人类的意向生活经验本身"，如感知作用、思考活动本身"都不再具有直接而明确的定位，它们不再在身体上形成基质。"[②]胡塞尔特别举例说明了他为何认为意向生活经验可以跟身体分开，他说，譬如：

> 知觉作用中的触觉，并不特定在身体的哪个部位发生；在我们的直觉里，思考活动也并不特定发生在头部；当我们觉得紧张时，紧张的印象并没有特定发生在身体的哪个部位等等。我们常提到这样的经验，却没有证据显示我们真的在直观上掌握到它。感觉交缠的内容会在实际直观的

---

① *Ideas II*, § 38.

② *Ideas II*, § 39.

给出中具有（身体）定位，但意向性却没有，而我们只能隐喻地说种种意向跟身体有关联或者在身体中发生。[①]

身体作为自然意识和对他人感知的基础和源起，由于身体跟所接触的外物必须都具有物的性质，才能互触，在互触当中，身体的知觉作用，使它超越了物的状态，可是身体仍具有物的性质，所以它能够确实模拟（analogous）外物或他者身体的存在状态，形成对外界的知觉判断。但是在意向活动的范围内，身体似乎就是不同质的东西了，胡塞尔以触觉感知、思考活动和情绪紧张为例，在这三种意向活动经验中，身体不再对触觉意向性、思考意向性、紧张的意向性本身具有"直接而明确的"定位能力，因此，它们不再在身体上形成基质。

笔者认为，胡塞尔的看法在此有进一步商榷的必要。首先，意向经验与身体经验的可区分，究竟是本质的现象抑或只是一种习性（habitus）？譬如，有一位医师提到他学习用听诊器聆听心脏跳动的声音，并且开始学会区分杂音的经验。"我的心脏学教授给我一支听诊器，说：'听听这个心脏'，我听到'碰、碰、碰'。他说：'这心脏有滴答答滴的声音，还有杂音，然后又一阵杂音，听到没？'我不得不说：'没听到'，可是在听过几百个病人之后，你就开始听到这些细微的声音。如果有好老师的话，他们指引你，你会学到技术。"[②]在这个例子里，似乎不存在纯粹的听觉意向，换句话说，这位医师刚开始学习聆听心音时，许多细微的心音是不存在的，然而，当他调整了他的身体经验，

① *Ideas II*, § 39.

② Bill Moyers，《身心桃花源》，页365。

累积了足够的聆音经验后，那些细微的声音却因为身体习性的养成，而成为确实存在的现象，而且可能作为临床诊断的重要依据。换句话说，要听到这些心音，必须累积足够的身体体验基质，因此，我们能说听觉意向没有身体基质，或者不产生出身体基质吗？甚至，我们要更进一步地怀疑：有没有纯粹的听觉意向，所有的听觉意向是否只是身体状态的习性呈现？而习性本身虽然无法具体获得身体定位，但却是可变、依身体经验的积累而定的。

第二，让我们从定位作用来看意向经验与身体经验的关系。胡塞尔将触痛觉中所展现的定位作用视为"自身身体感"的根本构成条件，进而用这个条件来说明意向经验因为没有特定身体定位，因此与身体经验截然有分。笔者认为，意向经验虽然没有特定的身体定位，却不能率尔推论出"意向经验不在身体上形成基质"，更不能说身体不是情绪、思考等意向经验的基础。

今天，研究情绪与身体免疫系统关系的学者认为，"感觉和念头虽然没有具体形状可言，但是当我们感觉或思考的时候，大脑却是活跃的，这些活动就会导致身体上的种种变化。大脑节制心脏、胃肠系统、肺，大概也能节制免疫系统……举个例子好了。在某些心理状态里，像极为不快乐的状态，大脑可能产生一些变化，这些变化转而导致荷尔蒙水平有变。"[1] 当然，胡塞尔可能会说，但是这些身体的潜在事件并没有在直观上给

---

① Bill Moyers, *Healing and the Mind*, 彭淮栋译，《身心桃花源》，台北：张老师文化，1995 年，页 281-282。

出，所以，我们只能依据触痛觉的身体定位系统来判别意向经验与身体经验的区分。不过，依据笔者上一个"习性论证"来看，意向经验在直观上有没有给出，跟习性的养成有关，而习性的养成，又由意向与身体运作的整体搭配来决定，换句话说，我们不是不能直观到强烈的情绪对身体的影响，譬如紧张引起的肌肉僵硬、胃肠不适，我们也不是不能直观到强烈的思绪对身体的影响，临床上的精神官能症或强迫症都在彰显意向与身体的关联，因此，笔者认为意向性不是与身体可以完全分开的经验，它虽然无法像中医里面所说的思虑伤肝、怒急攻心那样有明确的定位，但情况或许有另一种可能：意向经验的无法定位，或许是意向经验与自身身体具有更整体的关联，而这种关联由于属于整体上的隐而不显，因而在一般自然态度的直观下，意向与身体才变得可以截然二分。

第三，当胡塞尔说"我们只能隐喻地说种种意向跟身体有关联或者在身体中发生"时，究竟是什么意思？如果说意向活动无法在身体上具体定位，却在身体上发生特定感知效应、价值喜恶的情感效应、念头思虑效应，这些效应纵然不必然发生在特定身体部位，因而没有胡塞尔所谓的直观给出，却仍然有潜在的身体事件发生，我们要问的是：这些潜在事件如果能在科学或某些特定身体习性的养成下成为直观，那么，胡塞尔的直观概念是否有加以扩充的必要？

至少，精神分析学的发展已经一再提示我们，"梦"可以视为无意识的——亦即潜在身体／心理事件的给出，因而我们透过"梦"的研究便可以获得对这些潜在身体／心理事件的直观，就此而言，做梦者的意向与身体潜在事件之间产生了"梦"这样的隐喻，也就是说，梦的隐喻使意向在身体上生产出可供直观的形象给出。然而，"梦"不过是身体隐喻的一小部分。

如果我们与胡塞尔朝反向思考，亦即依据笔者上述的第二点主张来看，意向经验跟身体经验其实是更整体性地相关联的话，那么，隐喻地指出意向与身体的关联就是必然的表达方式了。譬如我们解读他人的感知、情绪或思虑时，常常会透过非口语的行为姿态，来理解他人的反应；反过来说，我们也会不自觉地将特定的感知、情绪和思虑透过或剧烈或细致的表情流露出来，这就是一种基本的身体隐喻，它构成某种主体际的意义，也具体落实了身体主体的意向活动。

总之，笔者认为胡塞尔在《观念 II》之中，对身体的构成与意向性的关系做出了清楚的区分，却没有讨论两者在构成上的相互关联。诚然，在一个方法学的讨论中，我们对这个漏失不能求全责备，但也因为这个漏隙，让我们可以预期后继的现象学者如梅洛-庞蒂的添补深化，这或许是胡塞尔执着在"触痛觉的身体自反区位化"来构成"身体感"，进而将之作为中心隐喻时，所没有料想到的可能内涵。

## 六、身体与他者

胡塞尔在《观念 II》进行的是身体的构成分析，在身体透过触痛觉的自我定位构成之后，"在此"的基本存在定位确立之后，空间的方向方位、外物的广延形貌以及事物间的因果网络便能藉之建立起来，因为身体投射出了"我"的基本空间，使

"我"有了接触外物并与之互动的起点。胡塞尔称此为"独我论式"的身体构成（the Body as constituted solipsistically）[1]。

接下来，我们要看胡塞尔如何谈论身体对"他人"的构成。胡塞尔主张，我们是由接触他人身体开始构成他人的存在，由身体为基础的移情作用（empathy）来构成他人的精神世界。什么是移情作用呢？我们先从"自身身体"这个"零度空间"谈起。我们将举出一个病理学上的例证，说明胡塞尔在《观念 II》的独我论式身体构成分析获得的身体构成要素，运用这个例证，我们可以对"绝对孤寂的意识主体"有进一步的想象，对"去身体化"的意识主体有个具体的想象变样凭借。

有一位失去触觉、听觉、视觉、嗅觉、痛觉的麻风病患，名叫斯坦恩。医师班德对这位病人做长期探访，但是，由于斯坦恩的身体几乎已经失去了一切的具体感觉，因此，他如同一个还有动觉及动作能力的植物人：

> 斯坦恩到达生命尽头的几个月，我几乎无法忍受探望他时的心酸。他不能看见东西，听不到声音，没有任何感觉。他总在迷惑中惊醒。他将手伸出，却无法断定有没有碰到东西或所碰到的是什么东西，他讲话，却不知道是否有人在听或回答他。我曾见他坐在椅子上单调地自言自语："我不知道我在哪里，是否有人和我一起在房里，我不知道你是谁。我的思想反反复复，我已没有新的思想。"[2]

在此，笛卡儿和胡塞尔理论基础上所想象的绝对"我思"

---

① *Ideas II*, § 42.

② Paul Brand，《疼痛：不受欢迎的礼物》，页 212-213。

（cogito），活生生地与身体分离了。这个"我思"死锁在没有身体内外空间感受的独我状态中，证明了"先验纯粹自我"的哲学人类学的想象不是不可能的，也证明"精神"真的可以没有"身体主体际性"而绝对纯粹地作为意识呈现。问题是，如果真的把"身体主体际性"，因而也把自然、社会的可能想象完全搁置起来之后，把身体自发的运作意向性搁置起来，把具体知觉搁置起来之后，意识上的想象剩下的只是自我反复，不会再有客观世界的对象向它给出。

于是，就存有学而言，如果只有先验主体性，而且此先验主体性不包括"身体的主体"，我们就没有材料来进行关于"他者"的存在想象，或者说，无法通过"移情"所构成出来的"主体际性"来想象"他者"。让我们回到胡塞尔对主体际性的描述起点：身体感。

> 我的眼睛的每个位置都会对所见对象形成"形象"面……我的手掌和手指的每个位置也会对所触对象形成相应的触感……同时我的手指也有触碰的感觉……而且很明显的，我正在触摸的手和它触摸的动作也会有视觉上的某个形象。所有这些向我给出，使我自己在同现（co-presence）中相互结合，然后在移情中向外转移：我看到别人正在触摸的手，会共现（appresent）给我他对这只手的独我观点，因而也会共现给我所有必然隶属于同现中现身的东西。①

我们对在触觉、视觉、动觉交错地共同呈现中所构成出来的"独我身体"，正是我们构成他者存在的基础。而这里所谓的

---

① *Ideas II*, § 45.

"别人正在触摸的手"所相应的心理活动，也因为我们透过"移情"对这只手的想象，而进入别人的心理世界或观点中，因此，在独我身体与独我身体间进行转换的，便是"移情"。

胡塞尔在《笛卡儿沉思》第五沉思中，以他对身体的理念来描述"主体际性"的构成条件时，对"移情"现象的出现有更为仔细的描述，这种描述也是从空间中基本方位的构成开始，进而在与他人身体的"共现""互现"当中，产生出对他人心理事实的移情活动：

> 我活生生的身体机体，由于反射性地与它自己相关联，具有轴心的"在此"（Here）作为它的给出模式；而每一个其他的身体，即相应的"他者的"身体，都具有"在彼"（There）的给出模式。这个"在彼"的方位，可以通过我的肌肉运动知觉（kinesthesias）而被自由地改变。因而，在我的原初范围内，一个空间的"自然"（one spatial "Nature"）始终在方位的变化中被形构着，而且，也是通过与在知觉上起作用的我的活生生机体的意向相关而被构成。①

胡塞尔对先验主体构成"世界视域"、通向"他者"的描述，是从对"他者"身体的感知为起点，也就是从身体知觉与动觉，从身体空间的差异经验为描述的起始点。简单地说，由于我们的身体总是感觉着自身，总是当下地"在此"向我给出，因而我的身体成了理解他人的一个轴心参考空间。这个可运动，保持对自身感受、对外在空间感受的轴心参考空间，是我们对"他者"想象的出发点，"使人想起'假如我在那里'的话，我的身

---

① *Ideas II*, § 45.

体看上去的样子。"①这个基本的身体相互模拟效果，提供了"在彼"的他者与"在此"的自我在自然空间相互显现的核心焦点。接下来，如果联想继续起作用，

> 这样对某个他者的共现（appresentation），不断地提供新的共现内容，也就是说，使他者的自我变化内容明确地被了解；另一方面，通过与连续显现作用（presentation）的结合，也通过期望应用于这种显现作用的联想要求，一种前后一致的确认就成为可能了。显然，最初确定的内容一定是通过对他者机体以及特定的机体行为——如双手的触摸或推刺、双脚的行走、双眼的顾盼等等——的理解而形成的。……作为进一步的成果，属于"更高心理范围"特定内容的一种"移情活动"（empathizing）就出现了。②

如果我们的自身身体是一个"零度身体"，不仅在此中构成"自我"形象和自我的意向活动，也由此投射出物理空间、价值感受、个别物体、他人身体，那么，主体际性的问题想要问的是：如何由自我的意向通向他人的意向？其实，胡塞尔在身体与"自我"身体的构成分析中，已透露出主体际性的基本线索仍在于身体与意向的关系。

基本上，胡塞尔对"零度身体"与意向的关系的看法，我们已在上一节提出说明，而在他看法中最根本的问题，就是太快区分身体与意向的各自独立，而未能多加考虑"身体作为一种意向的表达"。笔者的意思并不是要主张一种"唯身体论"——

---

① *CM*, V, § 54.

② *CM*, V, § 54.

意向性就等于身体感，笔者主张的是身体如果是意向活动及表达的一个不可或缺的起点，那么，将身体视为意向表达的一个侧面，就有它的现象学意义，它的现象学意义便是：身体本身即是一个存在的基本表达现象，可见的身体表征了基本上不可见的意向活动。这个基本的表达现象，不仅是我们与他者共存的基础，也是我们通向他者意向的根本中介。

当胡塞尔跳过了"身体为一个基源的表达现象"，而截断众流地研究纯粹意向或先验主体际性时，现象学的取径易被理解为一条纯粹意识研究的路数，而不可能生产出现象学心理学的内涵。所以，当他在上面引文中，谈论"移情"现象的出现时，同在谈论的是主体际性的发生学（genetics）。显然，第一人的身体经验与身体空间的想象在他的描述当中，成了主体际性源起的必要条件。这些条件使我们不仅得以和别人同时分享着"共通的自然世界"，得以想象别人身体动作所带有的意向，也使我能够通向异文化，

> 对于我和那些分享我的文化的人来说，只有借助一种"对某个别人的经验"，一种"移情"，异文化才是可熟络起来的。因为借助"移情"，我们自己才投入那个异文化的群体以及它的文化中。这种移情也要求意向的研究。①

在这儿，"移情"的身体经验内涵好像突然被遗忘了，"移情"变成可以不回到身体基础的纯粹心理活动，"移情"可以不是基于身体经验的身体想象，"移情"要求的是意向研究而非身体研究。因此，主体际性的问题不必一定回溯到身体的"共在"与"共

---

① *CM*, V, § 58.

现"，主体际性的问题被化约为意向研究，而这种意向研究，又被化约为心理意义的意向研究，而略去身体的自发意向。

于是我们看到，由于胡塞尔在《笛卡儿沉思》中仍以意识主体的纯粹意向为线索来构成主体际性，因此，从主体际的共通自然到各个单子之间的交流沟通，都以意识主体纯粹意向中的主体际性所构成出来的存有视域，作为主体际的历史世界与客观真理的基础，而身体所代表的"基源交互表达现象"和对他者存在的"移情想象"就被胡塞尔略去：

> 先验主体际性是本然的第一存有，它先于并孕育出所有世间的客观性：单子间的共同论域，以不同的形态实现其交往共存。但是，在事实性的单子范围内……产生了各种如偶然事实、死亡、命运之类的问题；还有就是在一个独特意义上要求是"有意义的""真确的"人类生活的可能性问题……其实就是历史"意义"的问题……[1]

换句话说，先验主体际性其实还是得要面对历史意义、历史目的的问题——即使历史只是由偶然的事实构成的，先验主体际性是这些偶然事实的背景、基础和可以共存共现的先验条件。然而，至此，先验的主体际性出现了一个理论上的吊诡（paradox）：如果先验主体际性要成为一个有历史意义的共通理论议题，如果我们要在具体的理论史上讨论这个议题的客观内涵，先验主体际性就不能保持其先验的纯粹，它一定要落入某种具体的表达，而我们对它的表达，依胡塞尔的话来说，只是一个偶然的历史事实；然而，如果先验主体际性要保持其先

---

① *CM*, V, § 64.

验的纯粹客观性,它又不能沾染具体历史事实的驳杂偶然,因此,我们不可能对先验的主体际性有真确的表达。在此,我们又回到了"超越目的论"的内在问题:超越目的如何在现实的语言表达中,保持其超越的纯粹?

## 七、结论：身体的表达与想象

这中间究竟缺少了什么环节?笔者的看法是,如果胡塞尔在纯粹意向研究的方法学讨论之外,同时也因应身体"作为一种基源的交互表达"和"对他者的移情想象"的现象,进行"表达"问题的方法学讨论,那么,胡塞尔不断疑虑的"先验现象学的独我论"或"先验现象学的观念论"责难,就不会因为他执着于以"独我论式的自我学"为起点,使他的方法学讨论遭到误解,而陷入骑虎难下的局面。

换句话说,以"身体"为基本现象的"表达"问题讨论,在一开始就必然要考虑自身身体、他者身体的交互表达问题,因此,"表达"将为主体际性引入具体的历史肉身,让超越主体际性在它的历史肉身的基础上被考虑,这样,胡塞尔就不会被论者误以为要透过先验主体性的推论,才能进一步考虑先验主体际性,先验主体际性是一开始在原初直观上就由身体经验给出了。

笔者认为,这里的问题症结,还是由于胡塞尔将意向性限于意识范围和认知问题,而《观念 II》和《笛卡儿沉思》的基源分析（genetic analysis）,却想要跳出原本的问题框架,指出意识未被构成出来以前的意向状态或主体际历史世界的基源,因此,我们看到"身体"与"想象"在胡塞尔思想中有一种断裂，断裂于其终究将意向监视为意识方面的认知条件，略去了身体意向所构成的存在条件，因而难以充分构成客观世界[①]；或者，依 Hopkins 的诠释，断裂于现象学的自我理解，终究不可能在反思（reflective）与诠释（hermeneutic）之间脚踏两条船[②]，换句话说，胡塞尔所理解的现象学着重于纯粹意识的超越反思，而未及重视回归身体的具体存在处境，对身体表达、历史表达的诠释。然而我们在胡塞尔的身体思想中，的确看到了胡塞尔不愿采取诠释现象学之路而预设普遍存有作为诠释基础，因而造成了"身体"与"想象"的断裂，但不同于 Hopkins 的是，我们读出胡塞尔对主体际性的基源分析中，隐隐有一条回归身体具体存在的存在现象学或现象学心理学的描述之路，由身体的基源存在条件，构成"自我"与"他者"的"共同世界"。换言之，如果有所谓"身体意向性"的话，就身体知觉作用／知觉内容的两重结构来说，身体的知觉作用是实在的，隶属心理领域的"事实知觉"（factual perceptions），而知觉内容则形成"物质""自我""世界""他人"等非实在的"形相知觉"（eidos perceptions）——也就是"想象"。

　　而本文之所以运用"病理学还原"与"基源分析"平行对比，

---

　　① 汪文圣指出："意向性在胡塞尔是认知之条件，但它仅必然的，而非充分的条件，因它唯在无限远处才能建构客观世界与知识。"在此，笔者认为，跨越主客及主体际的"身体想象"的身体运作意向性，或为此一断裂的关键脆弱点。参见《胡塞尔与海德格尔》，台北：远流，1995 年，页 54。

　　② Burt C. Hopkins, *Intentionality in Husserl and Heidegger*, London: Kluwer Academic Publishers, 1993, p. 203.

来彰显"身体感"的构成条件，就是因为"病理学还原"是由心理事实的领域出发，从存在层面去还原出身体的"本质结构"；而"基源分析"则是从主体际性的原初构成根源话说从头，去描述种种主体际"形相知觉"的构成过程。

在这里，"基源分析"提醒我们，"主体际性"的先验领域与"身体感"的知觉经验具有平行重叠的关系[①]，因此，我们可以透过隐而不显的"主体际性"线索，做基源的追溯分析，寻绎出身体知觉经验领域中相应的心理现象的构成要素；而"病理学还原"则是在常态／病态的对比中，逼显出身体常态中隐而不显的先验本质要素。然而，"身体"问题显然让胡塞尔的先验／经验、本质／存在二分穷于应付，因为，所谓的"身体常态中隐而不显的先验本质要素"，究竟是质料，还是形式？如果说它是质料，显然来自自反触觉构成的"本体感受"具有身体的物质要素；但如果说它是形式，这种"本体感受"又只能透过主体身体运作显现，它不是超越的形式，而是内存的形式。

于是，"身体感"成为胡塞尔意向性理论中的盲点。然而，"身体感"又同时是主体际的明证现象，是"自我知觉与想象""他者知觉与想象""世界知觉与想象"的构成基源，透过"身体"这个模糊的现象，我们在上文中所陈述的"知觉"与"想象"、"事

---

① 蔡铮云：《从现象学到后现代》，台北：唐山，1995 年，页 180-182。而关于超越现象学与现象学心理学间的平行重叠关系，亦可参见 Cheng-Yun Tsai, "Phenomenology and Psychology: Before and After the Phenomenological Reduction", in V. Shen, C. Knowles & Tran V. D., eds., *Psychology, Phenomenology and Chinese Philosophy*, Washington D. C.: The Council for Research in Values & Philosophy, 1994, pp. 95-113.

实知觉"与"形相知觉"才得以有一个基源上的接榫点，然而，这个接榫点本身却有进退维谷之势，有待进一步的存有学说明。

至此，我们可以对胡塞尔在"身体"论题上的现象学还原成果，提出结论：

（1）在知识论和存有学方面，胡塞尔谈论"想象"的本质时，想象首先是被放在与知觉同一个层次来讨论，当胡塞尔发现不得不扩大想象的意涵时，胡塞尔发现了自由想象的虚构，反而更接近想象的本质。然而，如果想象的本质是自由的虚构，却必定遭遇巨大的未知领域，在这未知的存有领域里，客观性的问题将变得十分棘手。于是，胡塞尔的想象理论陷入两难，这两难便是：在意向性的还原和构成分析方法下，胡塞尔虽然不愿将想象活动视为心理机能，却不得不将想象的原初给出描述为"形相知觉"，重新将想象与知觉关联起来，以便限制"想象"本质的自由变异范围，同时也扩大了"知觉"的意涵；另一方面，如果纯粹想象等于自由虚构，又可能远离了存在的体验与阅历（Erlebnis），失去了明证和客观性，笔者认为，解决之道，是回到胡塞尔主体际性理论中，对他者和世界的想象起点：身体。

（2）胡塞尔在谈论他者和世界的构成时，"身体"议题被提出来，但主要是放在先验的主体际性的构成条件中来讨论，胡塞尔详细讨论了各种知觉给出在建立"自我"和"他人"想象时的存有学位差，这是哲学描述上的突破，然而，身体经验所带出的空间性、亲近性、模拟性和移情效应，换言之，身体经验所蕴含的具体想象与投射，都因为压缩在纯粹主体际意向的本质描述中，变成了一个"纯粹意向心理学"描述下的现实身体、质料。身体虽然是与他者相互共存与相互想象的起点，却因为

"意向性"概念上的限制，跟胡塞尔的纯粹意向研究很快地分道扬镳。如果胡塞尔能透过"身体"对自我、他者和世界的想象指出"身体的意向性"[①]，以添补"意识意向性"的不足，其"身体"议题便不会戛然而止，反而恰好得以作为一座桥梁、一处地基，藉之建立"想象"与"知觉"平行重叠并存的存有学基础。[②]

---

① 列维纳斯在《生存与生存者》第三章"世界"中谈论"意向"（intentions）时，以存在现象学的观点，认为胡塞尔将"意向"用于"中性化和非实体化的意义之中"，是错误的。列维纳斯主张"在其日常生活意义来使用这一概念"，亦即带有欲望刺激意义的"意向"。这方面特别具有"身体"与"意向"关联的特征，譬如，对于友谊或爱的意向，"在拥抱的胡乱动作中，人们承认，接近是不可能的，暴力遭到失败，占有遭到拒绝。在亲吻过程中也有这种可笑的、悲剧的、急切的模仿。""与此相比，吃是和平且简单的，吃充分地实现着它诚实的意向：'正在吃的人体现着人类最高的公正。'""每天骂这个世界、指责这个世界的不可靠性，就是没能认识到饥饿和口渴的诚实性。"列维纳斯这些话提供了很多心理学、社会学、经济学或文化研究的基本线索。Emmanuel Lévinas, *De l'existence à l'existant*, Paris: Librairie Philosophique J. Vrin, 1990, pp. 55–70. 中译参见伊曼纽尔·列维纳斯著，顾建光、张乐天译，《生存与生存者》，台北：远流，1990 年，页 29–40。笔者怀疑的是，如果胡塞尔真的发展了"身体意向性"论题，恐怕难免会出现类似列维纳斯这样的存在现象学，换句话说，"身体"论题不断地让先验现象学或发生现象学走向自身的论述边界，这中间似乎存在了"先验现象学"与"存在现象学"间的差异与承续关系。参见蔡铮云，《德里达解构与胡塞尔现象学》，台湾政治大学第二届人文社会科学哲学基础研讨会论文，1997 年 12 月。

② 一个有趣的例子是胡塞尔在一篇名为《自然空间性的现象学基源之基础研究》的短文里，谈到了地球作为基础身体（basis-body）、天

（3）最后，在"哲学肉身化"的议题方面，笔者认为，胡塞尔落实了"严格科学理想中的身体与想象"理论，对于"想象"与"知觉"超越／奠基关系做了细致的现象学还原，对于"身体感"的主体际意涵也建立了足以反驳"独我论"批评的基源分析。但美中不足之处是，胡塞尔未能开创出以"身体感"为研究起点的"表达现象研究的方法学"，让我们对他者和世界的自由想象能够有一个客观限度与落实质料，这个客观质料必须是由"身体感"延伸出来的种种主体际历史表达，唯有这样，才能解决自由想象的限度与客观存有问题，换句话说，自由想象因为无法脱离其"身体感"，无法脱离其"身体感"所带有的历史表达限制，因此，自由想象的客观性就在其透过身体所进行的历史表达中来面对，"历史表达"将打开一个类似尼采"隐喻"的"意义肉身"向度，所有的自由想象都在这个向度中展现其客观效度，而"身体感"就是自由想象面对客观要求时，进行历史落实的起点。这样，"身体表达"问题的延伸，或许能够反过来对"现象学语言"体例与其"本质研究"的想象间距问题，提出新的疏通方案。

---

体运动、人体与空间的基源关系，胡塞尔似乎有意透过"身体"谈论某种自然的存有学，使得"身体"具有某种基础隐喻的意味。Edmund Husserl, "Foundational Investigations of the Phenomenological Origin of the Spatiality of Nature", in *Husserl: Shorter Works*, translated by Frederick Elliston, Peter McCormick, Notre Dame: University of Notre Dame Press, 1981, pp. 222-233.

# 第二章
# 身体感与时间性

——梅洛-庞蒂、柏格森与感觉的逻辑[*]

## 一、何谓身体感？

从西方现象学的历史发展脉络来说，"身体感"这个概念或许暂时难以找到精确对应的现象学词汇。有人会说，"身体感"也许与胡塞尔（E. Husserl）在对"身体"（Leib）与"肉体"

---

[*] 本文修改自笔者所发表的论文《身体感与时间性：以梅洛－庞蒂解读柏格森为线索》，《思与言》，第 44 卷第 1 期，2006 年 3 月，页 49-100。原宣读于 2003 年 11 月中山大学哲学研究所举办之"第一届二岸三地现象学学术会议"。后经参与"中研院"民族研究所余舜德博士主持的"感同'身'受：日常生活与身体感的文化研究"讨论，并纳入杨儒宾教授主持之"身体与自然——一个跨文化的论述"的研究脉络中，笔者的子计划为"当代思潮中的自我陶养与身体论：身体与自我技术——梅洛－庞蒂与福柯"（计划编号：NSC 94-2411-H-110-018）。在此感谢余舜德、杨儒宾教授与台湾科学及技术委员会人文处提供的支持，而本文两位审查者的悉心指正，对深化笔者思考帮助甚大，在此谨致谢忱。

（Körper）做区分讨论时所说的"身体"（Leiblichkeit）①有所关联，另一方面，这个概念也跟梅洛－庞蒂所讨论的"习惯身体"（corps habituel，habitual body）、"当下身体"（corps actuel，actual body）、"身体图式"（schéma corporel，bodily schema）、"身体意向性"（intentionalité du corps，intentionality of the body）②也有相近的意涵，依此论之，"身体感"可以说是身体经验的种种模式变样当中不变的身体感受模式，是经验身体（corps vécu，lived body）的构成条件，也可以说是这些模式与构成条件所落实下来的习成身体感受。不过，从现象学心理学的角度来看，"身体感"却成为一个在内与外、过去与现在之

①　譬如，Edmund Husserl 在 *The Crisis of European Sciences and Transcendental Phenomenology: An Introduction to Phenomenological Philosophy*, translated by David Carr, Northwestern University Press, 1970. §9 之脚注 15 与 §28，或 *Ideas Pertaining to a Pure Phenomenology and to a Phenomenological Philosophy*, Second Book, translated by Richard Rojcewicz and André Schuwer, London: Kluwer Academic Publishers, 1989. *Ideen II*, § 36–37 对身体相关现象所做的描述与讨论。亦可参见 Donn Welton, ed., *The Body: Classic and Contemporary Readings*, Oxford: Blackwell Publishers, 1999, Part I, pp. 11–94.

②　这些概念分别出现在 Maurice Merleau–Ponty, *Phénoménologie de la perception*, Paris: Gallimard, 1945, pp. 97, 179, 528。中译本参考《知觉现象学》，姜志辉译，北京：商务印书馆，2001 年。以下书名缩写为 *PhP*。亦可参见，Donn Welton, ed., *The Body: Classic and Contemporary Readings*, Part I, pp. 150–210 或 Richard M. Zaner, *The Problem of Embodiment: Some Contribution to a Phenomenology of the Body*, Hague: Martinus Nijhoff, 1971. 梅洛－庞蒂部分。

间难以名状的现象。因为，"身体感"不仅对应着遭遇外在对象时产生的动觉、触觉、痛觉等知觉活动经验，也涉及了身体在运行这些知觉活动时从身体内部产生的自体觉知回路；从时间的角度来说，"身体感"不仅来自过去经验的积淀，它也带领我们的感知运作，指向对于未来情境的投射、理解与行动。

譬如：饮食中食物带来的口感、触摸或操作对象时的手感、居家工作空间中坐卧行止间的舒适感、身体疼痛或享乐时的痛感或爽乐感、某种职业化的说话口气、聆听或演唱音乐时的音感、运动或舞蹈中的身体韵律感、太极或气功身体的气感、瑜伽或禅坐中的身体松脱感等实际经验，这些经验既与身体实际运作有关，又与身体运作时的自体觉知有关；它既与过去所积淀的身体习惯相关，又涉及身体透过当下感知模式的调整转换技术，展开另一种时空序列、另一种实在感受的向度。换句话说，"身体感"既不等于纯粹内在的情绪感受，也不等同于外在物理或社会文化脉络运作的客观身体，而是介于两者之间的身体自体感受，伴随着第一人称身体运作的经验而发生。

诚然，"身体感"可能形成某种身体感知运动习惯，但它也可能成为某种创发运作状态或调整身体习惯的依据。我们学习品茶、学习游泳、学习禅坐都需要经历一段新的身体习惯的建立过程，但这些学习都不能单单依赖概念思考成立，而终须展现为某种身体感知的技艺，这种操作或感知技术的成立依据何在？就此而言，"身体感"必然涉及某种对于各种"身体感"的比对与判断能力，或是对于当下"身体感"的直观综合能力，一种不等于概念思考的"身体感的身体感"或"身体感的运作意向性"。这种"身体感的运作意向性"，能够转换运用不同模式的身体感知技术或运动能力，穿梭在不同的身体运作模式之间而展现出"身体图式"的综合调用能力，它能够在身体感受的记忆与预期之间进行比对想象，能够在文字描述、视觉图像呈现与身体感受之间做出区辨与综合，但是，这种不等于概念思考的"身体感的运作意向性"，究竟仍须仰赖身体感知才能被动地运作起来，必须在某种具体的"身体感"情境下才能呈现其运作与判断，而不能够以语言概念形式呈现其自身之运作特质。这时候，现象学所描述的"身体感"经验自身及其语言，就形成了断裂。这指出了"身体感"研究的一个基本难点：亦即，关于"身体感"的语言概念，与变化多端的"身体感"经验本身之间，形成断裂之势。甚至，语言概念亦不免有其自身的语言论述传统（譬如：气论的身体观），及相关的技术条件与社会实践，在此，"身体感"便不可能只是某种原初的"运作意向性"的发用，而同时有可能是颠倒过来：透过某种社会文化传统下的身体概念、技术和语言，规定、塑造了身体与其生活体验。

福柯（M. Foucault）就抱持这样的观点来看待现象学，并提出批判。他在 1966 年的《词与物》( Les mots et les choses ) 第八章"劳动、生命、语言"( Travail, vie, langage ) 指出，现象学是一种想要"阐明纯形式的尝试"，想要让我们的经验、存有的意义、生活体验的界域土壤，从我们的认识中直抵话语论述的状态。但在第九章"人及其复本"( L'homme et ses doubles ) 却指出，"人"和主体问题自康德到现象学做出了"先验／经验"的二分后，就一直在重复一种"先验重复经验、我思重复非思、起源的返回重复其消隐"( le transcendental répéter l'empirique, le cogito répéter l'impensé, le retour

de l'origine répéter son recul）[1] 的人类存在的有限性分析
（l'analytique de la finitude），这样一种人类学式的有限性分析，
把历史性的根源放回到主体内部的先天条件、我思活动与沉默
起源，就"身体感"而论，这种同一与差异之同一化的思维指
出，"身体感"的源头是隐而不显的"身体运作意向性"——也
就是"身体感的身体感"，是一种纯形式的身体感、先验的身体
感。但是，福柯提醒我们，这种"生活体验"（vécu）的分析虽
然一直带领我们去确立某个被遗忘的先验向度，譬如：从经验
层次的身体感，找出先验层次的"运作意向性"与"身体图式"，
但这种"生活体验"分析是一种"混合性质的话语论述"（l'analyse
du vécu est un discours de nature mixte），这种分析设法找到
一种特殊但却模糊的根源经验层面，这个通常会被归于先验的
层面可以被细致描述出来，但它的实证性又不属于具有素朴实
证性的物的层面，而处于一种根源、消隐或所谓的"先验"状态，
使得它可以对物的素朴经验进行厘清、批判与检验。[2]

　　就此而言，福柯对现象学的批判，同时也指向一般现代人
文社会科学身体论述的内在问题。无论是莫斯（M. Mauss）强
调身体技术带有深刻习得形式的印痕，同时在我们的意识与无
意识层次运作，因而构成了"人"与"自我"的概念[3]，布尔迪

---

① Michel Foucault, *Les mots et les choses*, Paris: Gallimard, 1966,
p. 326. 中译依据米歇尔·福柯著，《词与物——人文科学考古学》，莫伟
民译，上海：上海三联书店，2001 年，页 411。

② Foucault, *Les mots et les choses*, p. 332 ;《词与物》，页 418。

③ Andrew J. Strathern, *Body Thoughts*, Ann Arbor: The University
of Michigan Press, 1996, pp. 10–13. Marcel Mauss, *Sociology and*

厄（P. Bourdieu）从社会结构实践（practice）观点所指出的身体"惯习"（habitus）乃是社会场域的主体与生产关联要素[①]，或者诸如科达斯（T. J. Csordas）等宗教、医疗人类学者从文化建构观点所进行的"体现"（embodiment）研究[②]，把身体、自我与文化视为社会场域中相互辩证的构成条件，我们在这些社会人类学的身体研究中不难看见，即使是从这些所谓的经验实证科学的观点来看，"身体感"首先是环绕着身体技术运作意向、个体自我意向、社会集体象征意向与社会文化习俗制度所形成的一种第一人称的身体运作与自体感受的自然态度，然后，现代人文社会科学不免要将这些"生活体验"编纳入话语论述的秩序（ordre du discours）当中。

也就是说，若要对于"身体感"进行现象学还原与描述或现代人类学式的实证研究，依据福柯的观点，无异于为了还原具体实证性"身体感"的生活经验样貌，而欲寻找其不可见、先验、消隐的源头状态，换言之，也就是企图把物的秩序混合纳入话语论述秩序当中。只不过，"身体感"是一种牵涉到身体这种特殊之"物"，其习性养成与技术运作，和"人""自

---

*Psychology: Essays*, translated by Ben Brewster, Boston: Routledge and K. Paul, 1979, part. 6. 马塞尔·莫斯：《社会学与人类学》，佘碧平译，上海：上海译文出版社，2003 年，第六部分。

① Pierre Bourdieu, *The Logic of Practice*, translated by Richard Nice, Stanford, Calif.: Stanford University Press, 1990, Chapter 3, 4, pp. 52–79.

② Thomas J. Csordas, "The Body Career in Anthropology", in *Anthropological Theory Today*, Henrietta L. Moore, ed., Cambridge: Polity Press, 1999, pp. 172–205.

我”的话语论述秩序的构成密切相关，当然，这些话语论述
秩序的形成，又得从经验实证材料中寻找其“复本”（double）
的对应。

但福柯也指出，现代语言学的出现使得现象学式的先验／
经验“复本”思维遭遇到一个严重的问题。也就是话语论述的
秩序在语言学研究的观点下，也有话语论述自身的“复本”现象，
因此，现象学使用其话语论述秩序企图还原“先验／经验”的
物的秩序时，它遗忘了话语秩序与物的秩序是两种断裂的秩序，
现象学的“先验／经验”话语论述秩序本身就是一种语言历史
的产物，而不完全等于在反映人类经验的纯形式条件，反而不
断指向思考与话语论述所不及的“非思”（impensé）与“他者”
（Autre）之域。①

在我们试图对这种围绕着的“身体感”进行现象学的还原
时，首先遭遇到的便是福柯上述的系谱学批判，福柯认为，这
是现象学作为一般现代人文社会科学与哲学时的基本困局。诚
然，身体运作意向性本身的模糊暧昧、难以名状，它似乎不像
意识意向性，可以在纯粹的、与自然态度拉开距离的现象学态
度下做反思与描述，身体运作意向性不仅有其物理与生理世界
的运作条件，同时经常停留在身体运作层次，而未显现为意识
意向或心理情绪感受，因而难以掌握、难以顺利在主体际直接

---

① 福柯说：“相关于人（l'homme），非思（l'impensé）就是他者
（l'Autre）：兄弟般和孪生般的他者，并不诞生于人，也不在人中诞生，
而是与人一起并且是同时诞生的，在一种同一的创新中，在一种无助的
二元性中诞生的（une dualité sans recours）。”Foucault, *Les mots et les
choses*, p. 337；《词与物》，页 425。

传达，更突显了福柯所谓的"身体感"的"先验／经验"混合言说的无可避免。

既然它是个模糊不清的先验／经验现象，我们又为何要讨论"身体感"呢？这是因为我们发现，"身体感"现象涉及的问题层面，具有高度的特殊性，它在主动与被动、主观与客观之间，甚至触及了身体运作经验是否可能产生时间意识这样的问题，换句话说，"身体感"是个活出的（vivant, living）中间接口，在概念上，并不直接涉及现象学"先验／经验、我思／非思、源头消隐／源头显现"的二分法。但不可否认的是，"身体感"就像身心问题介于知识论与存有学之间的暧昧地位一般，既是生活世界展开的重要界域，本身的本质条件却又模糊难辨。本文将从"时间性"这个方向来思考"身体感"的中间状态，突显出四个思考方向，同时寻求可能面对福柯批判的出路：首先，第二节透过被动综合与身体记忆的阐述，概略描述晚期胡塞尔所主张的"被动综合"与《知觉现象学》时期梅洛－庞蒂思想的落差；其次在第三节，透过梅洛－庞蒂早期先验主体的身体感与时间性论述，在探究他如何解读柏格森思想的过程中，展现他与柏格森形上思想的距离；第四节，透过梅洛－庞蒂对于生活身体的共时韵律的"冥合"与"联觉"之强调，显示出对柏格森思想的构成现象学解读；最后的第五节，透过晚期梅洛－庞蒂在"肉身存有学"脉络下突显"身体感即时间之差异化作用"，而将柏格森解读为一种差异哲学，回应了发生现象学的思考路径。

## 二、身体感与时间性：被动综合与身体记忆

普鲁斯特（M. Proust）在《追寻失落的时光》（*À la recherche du temps perdu*）第一卷第一部《贡布雷》（Combray）第一节末尾，小说主人翁马塞尔以扇贝壳模子做出的小玛德莱娜（petites madeleines）点心配椴花茶，产生了让他身心震荡的口感与味道，却让他苦于找不到原因。那是一种传遍全身的舒坦快感：

> 我感到超尘脱俗，却不知出自何因。我只觉得人生一世，荣辱得失都清淡如水，背时遭劫亦无甚大碍，所谓人生短促，不过是一时幻觉；那情形好比恋爱发生的作用，它以一种可贵的精神充实了我。也许，这感觉并非来自外界，它本来就是我自己。我不再感到平庸、猥琐、凡俗。[1]

马塞尔自问：这股强烈的快感是从哪里冒出来的？首先，

---

[1] "Un plaisir délicieux m'avait envahi, isolé, sans la notion de sa cause. Il m'avait aussitôt rendu les vicissitudes de la vie indifférentes, ses désastres inoffensifs, sa brièveté illusoire, de la même façon qu'opère l'amour, en me remplissant d'une essence précieuse: ou plutôt cette essence n'était pas en moi, elle était moi. J'avais cessé de me sentir médiocre, contingent, mortel." Marcel Proust, *À la recherche du temps perdu: Du côté de chez Swann*, Paris: Bookking International, 1993, p. 55.《追忆似水年华 I》，李恒基、徐继曾译，江苏：译林出版社，1990 年，页 46-50。书名译法采《追寻失落的时光》，乃因普鲁斯特对"记忆""时间"与"创造"间的看法，似非简单的缅怀过去，而有积极追寻与塑造之意。参见 Derwent May，《普鲁斯特》，蔡英俊译，台北：联经，1992 年，页 3。张寅德：《普鲁斯特及其小说》，台北：远流，1992 年，页 69-78。

它与茶水和点心的味道口感有关，但经过反复啜饮，感觉却渐渐消退，因此，这快感与客观的口感具有不同的性质，否则重复操作同样的饮食，同样的现象应该会重现或得到加强，实际上效果却相反。其次，被味觉与口感所召唤出来的第一人称的当下心理感受，似乎也是此一快感的必要条件，然而，这种与生活时间有关的当下"心中的真实"却难以透过理智寻获，它似是按照一种被动综合（synthèse passive）的感性逻辑运作，指向某种情境感受，无法主动以先验意识寻思之。第三，我们的心灵运作，在此刻面临了某种对它而言还不成形、没有逻辑证据，但却明白无误的身体感受，然而，对马塞尔来说，心灵在此时不仅是唯一可资凭借的探索者，同时也是它自己应该探索的场域，它要毫无把握地寻找一个它还不知道是什么东西的东西，就此而言，"身体感"之中似乎隐藏了失落的时间向度。第四，马塞尔追忆自己喝第一口茶时的感觉，试图召回逝去的感受，他闭目止听、收束感官、停止杂念，去感觉他之前的强烈"身体感"，却只感觉到内心深处有什么在颤动，似乎某种莫名所以的形象，在遥远记忆深处闪烁不定。最后，在主人翁放弃努力寻思之后，回忆却突然出现，明晰地显现了一个生活世界的回忆，"那点心的滋味就是我在贡布雷时某一个星期天早晨吃到过的'小玛德莱娜'的滋味"[①]。显然，就第一人称的非自主回忆经验而言，作为"身体感"的气味和滋味，几乎以无以辨认、无可名状的方式，支撑起回忆的巨厦。

---

① Marcel Proust, *À la recherche du temps perdu: Du côté de chez Swann*, p. 57.

梅洛－庞蒂《知觉现象学》的"身体作为表达与言说"这一章，在脚注引用普鲁斯特《追寻失落的时光》著名的卷首寤寐状态描述后[1]，这样讨论了"身体在记忆中的作用"："记忆不是过去的构成意识，而是通过当下的蕴涵重新打开时间的努力"，同时，"身体作为'采取态度'的恒常中介，建构出拟似当下，因而是我们与时间与空间建立联系的中介"[2]，换言之，透过意向性的原始运动，将身体投向世界，身体才活出了时间空间的整体，以身体感的在场带动了生活时间与空间的感受，并将这些感受编纳入经验之中，让这些经验在时空转换后仍得以回返。就此而言，记忆并不等于理智的运作，而是在身体对生活时间空间的知觉综合中浮现出来的身体感。然而，从身体经验开展出来的生活时间，其本质与主体性有何关系呢？

梅洛－庞蒂认为："知觉综合是一种时间综合，在知觉方面的主体性不是别的，就是时间性"，所有的空间综合和对象综合都从这个主体性开展出来，"空间综合和对象综合是以这种时间的展开为基础的。"换句话说，在每一个像"小玛德莱娜"或日常平凡的知觉中，如同"在每一个注视运动中，我的身体把一个现在、一个过去和一个将来连接在一起，我的身体分泌出时间，更确切地说，身体成了这样的自然场所，在那里，事件第一次把过去和将来的双重界域投射在现在周遭，而得到一种历史方

---

① 相关研究参见 Mauro Carbone, "The Time of Half-Sleep: Merleau-Ponty between Husserl and Proust", in *Merleau-Ponty's Reading of Husserl*, T. Toadvine and L. Embree, eds., London: Kluwer Academic Publishers, 2002, pp. 149–172.

② *PhP*, p. 211.

向，而不是争先恐后地挤进存在。"因此，梅洛-庞蒂致力证明："我的身体占有时间，它使一个过去和一个将来对一个现在存在；它不是一个物体，它产生时间而不是接受时间。"（Mon corps prend possession du temps, il fait exister un passé et un avenir pour un présent, il n'est pas une chose, il fait le temps au lieu de le subir.）① 那么，我们要问的问题是：身体如何产生时间感呢？如何可能通过"身体感"来描述原初的时间经验或"时间性"呢？——既然原初时间经验已非内在时间意识或构成意识，它的发生乃透过身体感构成时的被动发生。

何谓"身体感构成时的被动发生"呢？胡塞尔 20 世纪 20 年代的讲稿《关于被动综合的分析：朝向先验感性论》② 在"身体感"这个概念之外，用了"被动性"（passivity）、"被动综合"（passive synthesis）这样的概念来指向这种身体感构成时的被动发生。按照史坦巴克（A. J. Steinbock）对于这份讲稿的分析，我们可以了解，被动性所涉及的领域，就是透过基本的联想法则，感受（affection）的力量刺激了自我的注意力朝向对象，促进了在回忆和期待的活动中构成对象本身。更进一步来说，所谓的"被动综合"可以区分为五个特点：③

---

① *PhP*, p. 277.

② Edmund Husserl, "Analyses Concerning Passive Synthesis: Toward A Transcendental Aesthetic", in *Analyses Concerning Passive and Active Synthesis: Lecture on Transcendental Logic*, translated by Anthony J. Steinbock, *Edmund Husserl Collected Works*, vol. 9, Dordrecht: Kluwer Academic Publishers, 2001.

③ Anthony J. Steinbock, "Translator's Introduction", in *Analyses*

（一）被动综合是一种让感觉形成法则的、基础的规约（regularity），也就是感觉发生的模式。胡塞尔有时对此会用"被动发生"（passive genesis）来加以说明，认为它是一种"原初的发生"，这样一种感觉构成的状态是一种"原初的构成"，甚至是"前构成"（pre-constitution）。就其形式面而言，这种感觉的基础规约性提供了对象同一性与统一状态的原初构成形式，让对象形成一种"被动的模式化"（passive modalization），而可能让本来意向所期盼达到的感觉被取消、被搁置或者被删除，就此而言，这可以说是一种最原初的时间状态。相较于胡塞尔在《内在时间意识的现象学》当中所区分的当下印象、持存（retention）、延长（protention）三种时间模式，胡塞尔在《关于被动综合的分析：朝向先验感性论》讲稿中认为这种构成的分析太过形式、抽象，而必须要进行更具体的发生学分析，也就是透过"在一个单子（monad）中的发生运作，其构成作用的发生"，透过对于联想（association）与感受、单子的个体化（individuation），我们才能够了解时间性在个体当中的发生状态，也就是其时间化（temporalization）作用的根源。从普鲁斯特小说中的例子来看，从当下的喝茶口感跳接到儿时贡布雷的回忆之前，就是在经历这种被动发生状态。

（二）被动综合所涉及的经验领域，也就是作为一个独特时间过程中之独特自我的单子，其"自我"不处于主动状态，并未创造性地参与和主动引导其自己构成感觉，其感觉的构成是

---

*Concerning Passive and Active Synthesis: Lecture on Transcendental Logic*, pp. xxiv–lviii.

透过联想的连结而发生的。在这里胡塞尔打破了康德式的感／知二分法，而认为感性状态（sensibility）已具有知识论的意涵，就此而言，先验感性论（transcendental aesthetic）与真理和明证的问题无法分而论之，被动综合所涉及的先验感性论对于知识的学习和获得有所贡献，同时也进一步决定了人类认知的条件、限制和能力。

小说主人公马塞尔当下的"自我"，以被动感受的状态被不自觉地牵引至一个起初未可名状，后来浮现为童年记忆的经验，就知识论的角度而言，这未尝不是一种非概念式的"自我知识"的诞生，在此感性蒙太奇中，马塞尔的感性为他自己生产出了某种新的知识。

（三）胡塞尔认为被动性基本上等同于知觉、前谓词状态（pre-predicative）和前语言（pre-linguistic）经验，因此具有一种隐然指向理性的目的论导向。被动综合提示出一片身体习惯（habit）的领域，这些习惯曾经被我们主动的学习获得，但后来就积淀下来成为行为的风格，以一种前反思的状态与我们相通。这种被动的感性体验，透过体验本身的动觉特质（kinesthetic character）与感官经验历程，构成了时空网络，形成一种被动的意向性领域，源生出各种意义，这同时也意味着先验感性论乃是为先验逻辑建立了工作的基础。

在这里，被动综合成了身体感的中介性格的最佳概念转译者，身体习惯乃是形成了"风格"的身体感，但是，它仍旧以"前反思"状态与我们相通，椴花茶的口感一度曾是马塞尔的口感习惯，因此，在他回忆起来这口感习惯所连带涉及的生活经历之前，这口感本身的风格仍在运作，不是在反思层面上运作，而是以前反思的、具有动觉特质的方式，指向某种隐而未显的意义。

（四）被动综合所涉及的领域是一种前给定（pregivenness）与仿若对象（objectlike）的形成状态。从发生学的角度来说，被动综合的经验层次当中，对象还没有被主动的自我所形构而成，也就是说，对象还没有通过自我呈现的模式进入给定状态，而处于一种还没有被自我掌握的感受诱发（affective allure）的状态，它虽然表现出一个对象的基本结构，但它的对象性却还没有被充分地感受到。但是，从时间性的观点来看，这种仿若对象的形成状态仍然具有一种内在的连续性，而能够保持被动的时间意识，只不过没有办法像是在主动综合中透过认知兴趣所得到的那一种对象同一性。可是，自我在这个过程当中已经或多或少地透过感受的诱发与刺激，注意到了好像有某个对象的存在，但无论如何，在回忆（remembering）没有真正介入之前，这个对象是无法成其为对象的。

马塞尔的椴花茶经历，很精确地例示了"回忆"真正介入身体感之前的状态。换句话说，他殚精竭虑地想要弄清楚那口感所涉及的记忆内涵，却无法主动寻思清楚其内涵，另一方面，即使他主动想透过感性条件去弄清楚这种口感的意涵，也百般不得其门而入，显然，问题在于身体感或被动综合并不是可以主动操作而获得的经验，其对象处于"前给定"与"若有似无"的发生状态，因此不是主动认知兴趣范围内的对象，而是被动综合领域中的"仿若对象"。

（五）被动综合所涉及的知觉和感性经验领域，乃是主动性领域的基础，也就是认知与逻辑经验领域的基础。胡塞尔在这里强调被动性与发生学，不仅是因为关心在感觉变化过程中如何规约出法则，同时也关切主动性如何从被动性的脉络当中发生出来。就此而言，胡塞尔对知觉活动本身所内含的感受诱发力、驱动力（motivation）、联想作用的强调，便成了知觉、被动综合经验中自我时间化（self-temporalization）的重要环节。

我们不难发现，从胡塞尔在此强调的发生学角度来看，身体感与时间性具有发生状态下的关联，将时间发生为时间，使主体产生出原初的时间感受的当下，作为被动综合经验场域的身体感，成了时间的发生场域。马塞尔的口感引发他不自觉走向他所未曾在意的过去时间，这段过去的时间首先并不是以记忆的形式在他的经验中产生活动，而是以一种模糊的身体感之诱发状态出现，呈现一种真正对象不甚明朗的"仿若对象"，这种作为身体感的"仿若对象"又指向某种前反思的时空网络丛结，然而，对象虽不明朗，此身体感却又有内在的驱动力，引诱着有此身体感的"自我"朝向某种意义方向前进，甚至可以据以取消、搁置或者删除某些不确切的解释或判断，直到一个明确的回忆图谱浮现出来，直到一个明确的时间、空间定位被给出在这个身体感周围为止。

于是，我们透过胡塞尔的被动综合与先验感性理论，初步掌握了梅洛-庞蒂所谓"我的身体分泌出时间"的现象学意涵。依福柯的批判来看，胡塞尔似乎仍是在"先验感性/经验感性"的双重言说结构下提出其"被动综合"的学说，但我们却注意到"被动综合"学说不再强调福柯锐意批判的"现象学主体"，而更接近一种前主体或非主体经验状态，更重要的是，主体或自我反而可能在"被动综合"经验中否定其预先给出的感觉，换言之，"被动综合"带来主体或自我的更新状态。

在胡塞尔"被动综合"理论的身体感发生学基础上，我们便可以进一步掌握"身体记忆"这个身体感的时间侧面概念，以之作为解读普鲁斯特的密钥。卡塞（E. S. Casey）在《回忆：现象学研究》这本书的第三部分，描述讨论了"身体记忆"（Body Memory）这个概念。[①] 在"被动综合"的时间性向度中，身体感会朝向三个向度形成身体记忆：

（一）执行性的身体习惯记忆。身体透过这种记忆可以自动自发执行某种动觉状态，它能活化身体感觉与动觉，让我们与周遭环境活络起来，我们可以说这种记忆是身体感中的身体感，也就是身体意向性面对世界的一种自发表现力。但是，卡塞在界定"身体习惯记忆"时，却以"积极内存性"来描述"被动综合"的积淀成果。他认为"在身体当中，过去有一种积极的内存性，它可以转知当下的身体活动，使身体运作自如、有运作导向，并且以规律的方式活动。"[②] 不过，譬如在骑车、开车、弹琴、打字这些身体习惯记忆中，虽然身体会以前反思的状态执行其身体习惯记忆，但又会依照最基本的执行框架，进行临场对应的浓缩或换位，甚至能够以象征化或虚拟想象的方式，让混沌一片的事态得到身体习惯秩序的行动安排。显然，马塞尔在小说中唤起的身体记忆，主要并不只是执行性的身体喝茶习惯记忆。

---

① Edward S. Casey, *Remembering: A Phenomenological Study*, Indianapolis: Indiana University Press, 1987, Part III, pp. 146–180.

② Edward S. Casey, *Remembering: A Phenomenological Study*, p. 149.

（二）身体创伤记忆。创伤记忆可以从非常个人的身体受伤记忆，到人际之间的身体创伤记忆。某一个特定的身体对象或习惯在此经验中脱轨，它在时间方面的特性是：首先是身体陷入崩溃，其次是接连下来的失落感、就医与复原经验。生活时间在此被打断、打乱。接下来的身体处理，又会让身体本身更加记住这个创伤，身体创伤记忆显然牵涉到生活身体的破碎化、片段化。相形之下，身体习惯通常是把身体整合成为一个整体来运作，但是身体创伤记忆却造成拉康（J. Lacan）所说的"变成破片的身体"（fragmented body）。片段之间不相关，无法产生连续自发的行为、规律感和运作自如的灵光感。这种"被动综合"涉及了更深沉的被动发生体验，因此，如果要回到我们身体记忆的原始创伤，我们很可能以一种较次级的创伤方式来面对它，也就是可能产生出防卫的状态，其中一种回到创伤的方式，也就是把它变成特定的身体形式，譬如歇斯底里的转化症状。就此而言，我们也很难说马塞尔的回忆属于任何类型的身体创伤记忆。

（三）身体享乐记忆。这或许正是马塞尔在喝茶吃点心的时候所经历到的身体感与时间性的关联类型。首先，享乐的身体记忆在记忆当中有一种特定的感官来源，譬如：肩膀上面的皮肤、口腔、肛门等等，当然，视觉、听觉、嗅觉、味觉都有可能丰富其享乐记忆。其次，这是一种特定的感官状态，譬如，涉及我的肩膀被触摸时候的身体记忆、口腔充满温热牛奶的感觉，或看到一片大草原的视觉开阔感等等。再次，享乐的身体记忆是透过身体接触的复杂过程而得到乐趣，譬如我所记得的情色的快乐，我很难给予特定的位置说明，它通常会涉及整个身体的多层次感官的交错运作经验与整体的情境条件。从次，我很难在记忆当中区分出来这当中的主动与被动的成分，换句话说，究竟是我自己被触摸，还是他人触摸我让我得到乐趣，究竟是我去嗅出某种香味，还是某种细致的香味抓住了我的嗅觉，好像两者在我经验当中是一体的，相互纠缠的，这种主动被动难分的状态，也就是梅洛－庞蒂晚期所说的"可反转性"（reversibility）。最后，另外一个身体享乐记忆的重要面向，牵涉到身体记忆的人际拟态，也就是爱人或玩伴会彼此模拟或揣摩对方的身体动作姿势，形成一搭一唱的身体对答状态。的确，我们可以用前面四个特点来理解普鲁斯特所描述的马塞尔巅峰享乐记忆，但是，小说家却向我们指出，马塞尔苦于无法描述这种享乐体验所自发联结的历史情境感受与记忆，直到其模糊的"被动综合"成形为主动记忆。

　　就此而言，"身体记忆"的三种分类似乎成为福柯批判中的身体"经验"论述，只是一种有限的经验分类，换言之，"被动综合"可以说描述了身体感与身体时间的先验综合在经验中的发生状态，"身体记忆"则偏向描述已类型化的、已经历过的身体时间经验，现象学的描述在此混合了先验／经验这两种言说论述。我们可以说，对照胡塞尔先验／经验难以界分的"被动综合"理论，我们反而发觉早期的梅洛－庞蒂在主张"在每一个注视运动中，我的身体把一个现在、一个过去和一个将来连接在一起，我的身体分泌出时间……"时，显然执着于本质现象学的构想，认为身体感中的时间结构包含了"过去、现在与未来"的时分，而清楚界分了"先验／经验"两个层次的距离，然而，这显然不是胡塞尔在提出"被动综合"说时的想法。

恰恰在这里，我们看到了 1945 年《知觉现象学》时期的梅洛-庞蒂与 1920 年代《关于被动综合的分析：朝向先验感性论》讲稿时期的胡塞尔，在"身体感"与"时间性"的思想有明显的落差。因此，在说明这个胡塞尔"被动综合"说的现象学背景之后，我们将回头，转入另一条线索来说明梅洛-庞蒂究竟如何面对这个"身体感"与"时间性"的特殊联系，又如何在其解决之道中同时面对福柯对"身体感"的"先验／经验"混合言说的批判。这条线索就是梅洛-庞蒂对柏格森（H. Bergson）的三阶段解读。

### 三、批判柏格森：先验主体的身体感与时间性

针对身体感与时间性的论题，我们发现，除了胡塞尔现象学的背景对比之外，通过梅洛-庞蒂对柏格森的解读，也是一条有趣的线索。怎么说呢？杰黑（T. F. Geraets）在《朝向一门崭新的先验哲学》[1]一书中指出，柏格森思想决定了梅洛-庞蒂对胡塞尔思想的选择式阅读。巴巴哈（R. Barbaras）在《经验的转折点》[2]则认为，真实的状况是梅洛-庞蒂从一开始接受胡塞尔现象学和柏格森思想的时候，就把他们的思想当作是回到事物的两种不同企图。因此，透过"身体感"与"时间性"这个问

---

[1] Theodore F. Geraets, *Vers une nouvelle philosophie transcendantale: La genèse de la philosophie de Maurice Merleau-Ponty jusqu'à la Phénoménologie de la perception*, La Haye: Martinus Nijhoff, 1971, p. 6.

[2] Renaud Barbaras, *Le tournant de l'expérience: Recherche sur la philosophie de Merleau-Ponty*, Paris: J. Vrin, 1998, p. 33.

题的铺陈，阐述梅洛－庞蒂对柏格森思想的不同解读时，我们可以同时读到梅洛－庞蒂对胡塞尔思想的不同理解：从一个本质、构成现象学的胡塞尔，到一个发生、系谱现象学的胡塞尔。就此而言，本文认为柏格森的思想对梅洛－庞蒂思想发展而言，形成了他理解胡塞尔现象学的变化指标，梅洛－庞蒂对柏格森理解的态度之转变，同时也蕴含着他对中晚期胡塞尔的"被动综合"身体思想有了进一步的掌握。

就柏格森思想的整个梗概而言，卡拉可斯基（L. Kolakowski）曾指出："假若把柏格森的观点运用于他自己，我们用一个简单的思想便能概括他的哲学：时间是真实的。"[①]"时间是真实的"这个命题有四个层次的意思：（1）柏格森反对决定论，认为未来在任何意义上都不存在，宇宙生命是一个创造过程；（2）任何物理学公式都无法触及时间或使我们进入真实的时间，物理时间是不真实的，真实的时间既不同质，又不可分，我们通过直接的经验直观到它；（3）真实时间因而只有通过记忆才是可能的，因为过去完全聚积在记忆里，就此而言，人的心灵在很大程度上与肉体无关；（4）假若真实的时间具有记忆的特性，假若它的性质是心理学的，那么在时间范围内所说的宇宙层次上，宇宙的进化呈现的是精神的特性，进化的过程乃是心灵的作品，物质与身体要在此创造精神的脉络里才可以理解。

在这个卡拉可斯基为柏格森思想所做的简略思想图谱中，我们或许可以稍稍了解普鲁斯特小说与柏格森思想对时间与记

---

① Leszek Kolakowski，《柏格森》，牟斌译，北京：中国社会科学出版社，1991 年，页 7。

忆的平行关怀，但显然普鲁斯特更强调时间在主体经验中的开展不是绵延（durée），而是破碎、断裂的，必须透过艺术创造来整合各种散落在空间的类似感觉，才可能将破碎的时间糅合成一体。然而，梅洛-庞蒂认为，要了解一个体系最好的方法就是以哲学方式来加以探问，也就是用我们自己关心的问题向此体系提问[①]，因此，我们接下来要看看梅洛-庞蒂向柏格森思想提出了什么问题。

首先，如果杰黑所主张的对柏格森的阅读扮演了梅洛-庞蒂思想形成的重要角色有其道理，至少，在写作《行为的结构》《知觉现象学》二书时，他对柏格森的阅读基本上仍是批判性的，其批判的立论点，就是传统现象学的先验主体性，"整个科学世界是在主体世界之上构成的，如果我们想严格地思考科学本身，准确地评价科学的含义和意义，那么我们应该首先唤起对世界的这种体验，而科学则是这种体验的间接表达。"[②]梅洛-庞蒂认为柏格森主张主体可以融入被思考的对象，成为无可名状的融合，是混淆了先验意识与经验意识。他拒绝柏格森哲学的内省心理学，认为它最终并没有祛除自然态度的实在论特征，同时也不能认识到意识的存有学根源，因而无法将意识与事物区分开来。在《行为的结构》第三章"物理秩序，生命秩序，人类秩序"里，梅洛-庞蒂认为柏格森讨论了物理秩序和生命秩序，

---

① Maurice Merleau-Ponty, *The Incarnate Subject: Malebranche, Biran, and Bergson on the Union of Body and Soul*, translated by Paul B. Milan, New York: Humanity Books, 2001, pp. 30–31.

② *PhP*, p. iii.

却无法用他的时间哲学解释人类秩序，解释属于第一人称的存在经验事实：

> 在物理力量不是透过身体在身体中引发一些自动反应，而是在某个"不确定的中心"里面，也就是说在某种能够产生它自己的活动的存在里面被减弱的那一环节，《物质与记忆》中的纯粹形象（image pure）也就同时成了意识；而我们的知觉也会因此隐约地标出我们可能的活动区域。但柏格森所思考的活动始终是生命活动，是身体藉以维持其生存的活动。在人类的劳动行为中，在对器具的灵巧制造中，柏格森看到的只不过是达到本能方面也在追求的那些目标的另一种方式。①

依据巴巴哈的看法，与杰黑前面的解说恰好相反，这里反而是对胡塞尔的本质论阅读主导了对柏格森的批判。对柏格森意识概念的拒绝，梅洛－庞蒂首先强调现象学的还原与意向性为心理活动的本质特征，然后，他诉诸胡塞尔对完形心理学与一切心理学的批判②，指出柏格森心理学的实在论立场，把心理学归属于自然态度。这跟柏格森当时所批判的生理心理学形成了有趣的对比。由于生理心理学无法给出确切的心理学对象，便毫无怀疑的以一种实在论的态度来看待心理事实：心理活动首先是第三人称的过程，可与自然科学的对象相比较，可由直接知觉了解掌握。

---

① Maurice Merleau-Ponty, *La structure du comportement*, Paris: PUF, 1942, p. 176.

② *PhP*, p. 62.

换句话说，心理内容从属于"我"——特别是作为第一人称体验的"我的身体形象"——的特定部分没有被生理心理学注意，心理内容被视为原子内容，被第三人称的匿名过程所支配。柏格森的取向，是将心理学建立于内省或试图用重新联结心理事件于客观过程的方式来超越它，就像在生理心理学传统中所做的努力，在这两者当中，心理本质作为第一人称的存在仍属阙如，他将心理活动视之为形上实体"绵延"的一部分运动显现，是整个形上学实体的展开过程，而不是"我们"的当下体验。

于是，整个实在论把方向带往抽象，远离了心理学应该有能力渐渐接近的确切对象，无法认识到心理普遍法则已在显示的例证：通往具体心理活动，也就是通往个体身体感与时间性的通口，柏格森所谓的直观（intuition），正是指向这个个体身体感与时间性的通口。但是，对柏格森来说，由于缺乏关于"我自身"的确实意义，他便把心理客体化连接到空间化的运动。对他而言，这牵涉到一种对于心理事实核心所做的明确区分，涉及一种态度的二元化，区分出外在客体与内在真实主体，区分出经验上的空间之流与内部深沉的自由意志的我，这也就是所谓的绵延的整体运动过程。[①] 然而，梅洛-庞蒂认为柏格

---

① 柏格森说："要设想绵延的原有纯粹状态是一件非常困难的事。这无疑是由于这个事实：不仅我们自己持续着，外物跟我们一样也持续着，而从这个角度来看，时间在一切外表上都像一种纯一的媒介。不仅这种绵延中的各瞬间是彼此外在的，如同空间中的物体一样，而且我们五官所知觉的运动是一种明显的标志，它让我们认为绵延是可测量的和纯一的。不仅这样，时间还以一种数量方式出现于机械学的公式里，在天文学家甚至在物理学家的计算里。我们测量运动的速度，从而假定时

森进行这样的区分时：

> 根据常识，把客观世界理解为其全部描述的逻辑框架
> 和其思维的环境。他没有意识到，这个先决条件支配着他
> 给予"存在"一词的意义，使他在"心理事实"的名义下
> 落实其意识，使他离开真正的觉悟或真正的直观……过去
> 经验论用内在事件的世界来取代物理世界时，形成了上述
> 的状况，现在柏格森用"融合的多样性"来对抗"并置的
> 多样性"时，也属于同样的状况。因为这里的问题依然在
> 于两种类型的存在。人们只是用一种精神能量代替机械力
> 量，用一种流动的存在代替经验论的不连续存在，但人们
> 认为流动的存在在流逝，并以第三人称来描述它。[1]

然而，反过来说，柏格森并没有因为主体本身也受到自然
对象性的沾染——主体自身也在空间中运动，就拒绝了对绵延
的这种内在性的强调，这也正是他与当时的生理心理学不一样
的地方。柏格森对绵延的空间化所做的批判，让他能够透过"我
的身体形象"的特殊性，重新指向内在体验的根本意义。[2]我
们不妨用柏格森对"我的身体形象"（image du mon corps）的
讨论来显示他对于内省态度的重视：

---

间是一种数量。……意识所觉察到的内在绵延不是别的，而只是意识
状态的相互溶化以及自我的逐渐成长。"Henri Bergson, *Time and Free
Will: An Essay on the Immediate Data of Consciousness*, translated by F. L.
Pogson, New York: Humanities Press Inc., 2002, p. 107. 柏格森：《时间
与自由意志》，吴士栋译，北京：商务印书馆，1997 年，页 72。

　① *PhP*, p. 72.

　② *PhP*, p. 71.

我的身体在空间里运动时，其他的形象也在变动，而只有我的身体这个形象依然不变。因此，我必须把我的身体作为一个中心，根据它来界定其他的形象。……但是，从反面说，如果一切形象都被假设为起点，那么，我的身体就理所当然地成了终点，因为我的身体位于众多形象之外，界限分明，原因是那些形象在不停地变化，而我的身体却不变。这样一来，内外之分就仅仅成了部分与整体之分。①

通过我所谓感受的感觉（sensations affectives），我可以从内部了解这个中心形象，而不是像对其他形象那样，仅仅是从外部了解它。因此，形象集合里存在着一个具有特殊地位的形象，我可以深入它的表面，而不再仅仅可以看到它的表层——它是感受的所在地，同时又是行动的源头：我正是把这个特殊形象当作了我的宇宙的中心，当作了我个性的物质基础。②

当然，此处的重点不在于柏格森内在时间与外在空间两者之间重新找到心理活动的确实存在，而是他彻底肯定了内省的态度，这里所谓的"身体形象"与"感受感觉"都是在描述一个具有中心地位的内省活动之源发处。我们接下来自然要问，如同梅洛-庞蒂所关心的，柏格森将最大的心理活动界定为绵延的时候，他是在追求一种对立于外在的心理内在性，或者他要强调的是在心理活动的核心并不是对立于我们所构成出来的外在性，而是为我们打开了绝对？显然，把内省活动作为"身

---

① H. Bergson, *Matière et mémoire*, Paris: PUF, 1939, pp. 45–46.

② H. Bergson, *Matière et mémoire*, p. 63.

体形象""感受感觉"而归属在空间图式之下，让柏格森犯了一种错误，这种错误是运用内省方法上的错误，而并不涉及内省本身是错误的。简单地说，柏格森仍然被心理学的实在论所困住，他为这种实在论提供了一种更精致的版本：形象的性质取代了原子的数量，感受的流动动态取代了静态的行为模式，直观取代了经验知觉本身，但这仍然是一种处于被描述状态的第三人称的真实，主体内省活动只是作为绵延的生命世界的整体运动之一部分。因此，依梅洛-庞蒂之见，柏格森式的回归具体，充其量只能解放出一种普遍的具体，实际上无异建立了另一种抽象。

梅洛-庞蒂在《知觉现象学》"作为对象的身体和机械生理学"这一章的一个脚注，从第一人称的"意识""身体感"与"时间性"的角度，提出了他对柏格森思想体系的批判：

当柏格森强调知觉和行为的统一性，为了表达这种统一性，造出"感觉—运动过程"这一术语时，他显然想使意识介入世界。但如果感觉就是呈现一种性质，如果运动就是在客观空间的移位，那么在感觉和被认为是初始状态的运动之间的协调是不可能的，它们之间的区别，就像自为和自在的区别。一般来说，柏格森已清楚看到，身体和精神是通过时间建立起联系的，成为一个精神就是主导着时间的流涌而出，拥有一个身体就是拥有一个当下在场。……但是，在他看来，身体依然是我们叫作客观身体的东西，意识依然是一种知识，时间依然是时间"带着自身滚雪球"或时间在空间化的时间里展开的一系列"现时"。因此，柏格森只能拉紧或放松一系列的"现时"：他始终

> 不能理解时间的三个向度得以构成的独特运动，而我们也不明白，为什么绵延会粉碎在一个当下，为什么意识会接合到一个身体、一个世界里去。①

透过这样的批评，梅洛－庞蒂对柏格森实在论所做的批判应已充分显露。于是，我们得以回过头来问：梅洛－庞蒂自己又如何阐述这个时间构成的独特运动呢？或者，我们可以更明确地回到我们原本的问题：从第一人称的现象学观点，身体如何从其"当下在场"的经验中产生时间？又如何可能通过"身体感"来描述原初的时间经验或"时间性"呢？

梅洛－庞蒂对上述问题的基本响应，涉及他对现象学心理学的特殊看法与运作方法，也涉及他对先验／经验、哲学／心理学二分问题的辩证态度。

我们看到，梅洛－庞蒂《知觉现象学》一书受到早期胡塞尔的影响，在研究目标上主张"揭示现象场之内的先验场"②，"把现象场转变成先验场"③。具体而言，这种方法要运用意向分析，把握任何一种体验，以至能够再现和拥有体验的整个本质结构。在这种方法意义下，对于柏格森内省心理学的批评显示出，"一种哲学要成为先验的，也就是彻底的，不在于处在绝对意识中，而又不提及通向绝对意识的方法；而在于把自己当作一个问题，不假设关于知识的整个阐述，而在于把这种原因的

---

① *PhP*, pp. 93-94.

② *PhP*, p. 73.

③ *PhP*, p. 77.

推断当作基本的哲学问题。"[1] 就此而言，相反于柏格森的做法，哲学知识不再为一般人提供一种肯定的形上绝对统一体，虽然这种统一体因为不必然在存有中实现而不被怀疑，但哲学的主体不得不承认其本身为在世之存有，因而，经验的层面有其被强调的必要："哲学的中心不再是无所不在和无所在的自主的先验主体性，哲学的中心处在反省的无止境的开端，以至个体的生活开始对本身进行反省。"[2] 于是，从方法的角度，梅洛－庞蒂在现象学心理学与现象学哲学间，提出了一个"先验／经验"在运作态度上的辩证。他认为，从经验层面来说，"我们应该通过心理学着手知觉的研究"，但其运作态度的不同之处在于，心理主义的知觉研究总是将心理事实加以原子化或内省化，而忽略了当下第一人称心理经验中的先验结构，但是，"我们不想仿照反思哲学，一上来就置身于我们以为始终呈现的先验领域"[3]，事实上却用自然态度来面对先验问题的意义和方法。运用柏格森的教训，梅洛－庞蒂主张，现象学哲学不如放下身段，用不断反省经验、朝向先验领域的态度，与心理学家共同合作，并以"坚决把现象学场转化为先验场"作为哲学的目标：

> 我们应该涉足现象场，通过心理学描述来认识现象的主体。不过，如果我们不先指出心理主义一旦被清除，心理学描述就可能成为一种哲学方法的话，我们就不应该开始心理学描述。为了唤起埋没在自己的后果下面的知觉体

---

[1] *PhP*, p. 76.

[2] *PhP*, p. 76.

[3] *PhP*, p. 77.

验，仅提供不能被理解的关于知觉体验的描述是不够的，应该通过哲学的参照和预感来确定使心理学描述得以显得真实的观点。因此，没有心理学，我们无从着手，仅仅依靠心理学，我们也无从着手。体验预感着一种哲学，正如哲学只不过是一种被澄清了的体验。[①]

这个哲学的目标可以由心理学家的自我批判，参照着不断自我反省的哲学家所提供的哲学预感来接近，但似乎也可以由哲学家经过心理主义批判的洗礼后，直接进行心理学的描述来接近。梅洛-庞蒂在《知觉现象学》走的是第二条路，无论如何，这条路使得这位现象学家企图通过心理经验揭示其先验本质结构，同时在揭示先验本质结构时不忘自己的当下亲身经验。

厘清了梅洛-庞蒂《知觉现象学》的方法理念，同时也了解他对现象学心理学与现象学哲学的关系辩证后，我们总算可以迈入对他对"身体感"与"时间性"的描述内容。

从上述梅洛-庞蒂对于先验／经验的二元辩证思考中，我们会发现，《知觉现象学》中隐藏了一个普遍的要求：身体的同一性和经验的可交换性。作为我在空间中定位的零度承载者，我的身体和别人的身体可以呈现出可交换的观点。但是在身体被视为时间性的时候，也就是从本文的"身体感"与"时间性"的脉络来描述身体的时候，这种对称的情况就被打破了。这种改变可以从《知觉现象学》当中对于身体的表现性的研究作为起点。当身体的表现和韵律特质中的"时间性"被强调时，梅洛-庞蒂对"身体感"的刻画，使得身体变成了一个异常而流动的

---

① *PhP*, p. 77.

生成变化，与柏格森对于绵延的说明形成了交集，在他的晚期作品，如《可见与不可见》(Le visible et l'invisible) 中，这个绵延和直观概念的侧面，将渐次显现出来。

## 四、呼应柏格森：生活身体的共时韵律

色声香味触、手势表情、行止坐卧间的当下身体感受，都表现了我的整个存在作为一个特异的生成变化。在《知觉现象学》标题为"感觉"的这一章，生活身体对于色彩和音调的体验，是透过"共鸣"和"感应"这两个概念来加以探索的。这种"共鸣"和"感应"是身体在接触到可感觉者的时候所感受到的气氛。依据梅洛－庞蒂的说法，"蓝色就是引诱我以某种方式去注视，允许我的注视以一种特定的态度在对象上梭巡。"[①]色彩具有一种活生生的意味与氛围，使得我的身体得以用它自己方式过活。就如同我们的存在与知觉是一个窟窿 (creux)、一个皱折 (pli)，它能累积一些感受，产生一些感受，也能消解一些感受。[②]

梅洛－庞蒂提到一位先天性盲人在手术后透过视觉构成空间经验的特异情况："病人'起先看到颜色，就像我们闻到一种气味 (odeur)：气味围绕着我们，作用于我们，但没有用一个确定的空间占据一个确定的形式。'"[③]这或许印证了柏格森所谓的"绵延"，并不是全然抽象的形上推论，而真的是吾人空间视

---

① *PhP*, p. 244.

② *PhP*, p. 249.

③ *PhP*, p. 258.

觉形象构成前的某种初始情景：整个状况是一片混淆，一切存在看来都在运动，在此运动中，"病人肯定他在看，但不知道他看到的东西……他不认为他的手是他看到的样子，他只是提到处于运动状态中的一个白点。"[①] 换句话说，病人自己的身体形象也在运动状态中。之后，身体才对应出某种韵律，病人慢慢将视觉与触觉联结起来，成为一种对空间感的身体对应态势。就像在声音的状况里，"在音乐的音符当中有一种微小的韵律可以被辨认出来，而被听到的音程只是某些张力透过身体被感受到的最终模式化。"[②] 我的身体在这里显现为一个特定的张力或是旋律，相应于被看到的色彩和被听到的音符，从被动综合的角度来看，它在响应可感觉者（sensible），可感觉者本身就是"某种存在的旋律"（un certain rythme d'existence）[③]。因此生活的身体是一种能力与它的环境共时化，这并不是内在时间意识之流，而是身体感官与所有的声音共同回荡，与所有的色彩互相振动。

在感觉和可感觉者之间的交缠作用，显示出感觉并不是一种原子式的感觉与料（sense data），感觉其实是遭逢的场所，而感觉于身体上形成的时间性是被这样的遭逢打下印记的。乍看之下，这种遭逢建立在感觉之中，似乎可以用主体和客体来加以说明。但是，这并不是一个完全构成好的主体在面对一个一清二楚的世界，而毋宁说是主体和客体、感觉者与可感觉者

---

① *PhP*, p. 257.

② *PhP*, p. 245.

③ *PhP*, p. 247.

透过感觉的发生过程才被构成出来，透过感觉发生的过程，这两方的独立性也才沿着和主动性和受动性两条分离的路线变成问题。借用德勒兹（G. Deleuze）在《弗朗西斯·培根：感觉逻辑》一书中所说的：

> 形体（figure）就是与感觉相关的可感觉形式，它直接作用在神经系统上，直接属于肉身……感觉，相反于熟练流畅、现成、陈腔滥调，也相反于"有感觉的"、自发的等等。感觉的一面被转向主体（神经系统、生活动作、本能气质……），感觉的另一面被转向客体（事实、地方、事件……）。或者说感觉根本没有任何一面，它在主体和客体之间是无法溶解的，以现象学的意义来说，它是在世存有。同时，我在感觉中生成变化，某些事情透过感觉而发生，一种感觉透过另一种感觉而发生，一种感觉在另一种感觉里发生。在边界状态中它是同样的身体，同时是主体与客体，给出感觉也接受感觉。①

就此而言，如果要了解具有表达性和生活的身体的时间感，我们可以透过发生现象学的方法来研究感觉的发生状态。透过梅洛-庞蒂在"感觉"这章所提供的暗示加以发展，我们发现感觉是一种等待、招呼和回应的过程。对梅洛-庞蒂来说，这种感觉的原初发生环节涉及身体对于世界的开放。"我提供我的耳朵或者我注视，等待着一种感觉，突然可感觉者掌握了我的耳朵或我的视线，而我托付了我的身体的某一部位，甚至是

---

① Gilles Deleuze, *Francis Bacon: Logique de la sensation*, Paris: Editions de la différence, 1981, pp. 39-40.

我整个的身体，交给这个特定的颤动和充实空间的方式，形成了蓝色或红色。"[①] 这种等待并不是一个静态的身体姿态。身体方面有许多准备的感觉联结的初生状态，这些初生状态几乎不进入到意识层面，透过与世界互动而置入身体感之中，发展成为一种招呼应答的共时性风格。如同梅洛－庞蒂所说，"在我的身体与它共时化之前，可感觉者什么都不是，只是一个模糊的招呼……因此可感觉者在被感觉到的那一个点上等待，对我的身体提出一个有待解决而令人迷惑的问题。我必须找到相应的态度，提供一种方法，使它变成明白清楚可以界定，变成蓝色；我必须对这种陈述得不清不楚的问题找出适当的响应。"[②] 就此而言，身体这一端的等待和开放性，世界那一边的相招呼，这两边都必须在蓝色被看到之前，或者使对象被认出来是蓝色之前就以一种自动联结的方式发生了。

就此而言，感觉是一种生成变化所形成的开放时间性，是身体和世界都参与其中的生成变化与招呼应答。世界找到了表达变成可感觉者，而形成了确切的声音和色彩形式。于是身体找到了旋律、实质的运动和风格，表达了它自己的存在，也让它自己能够感觉到这样的一个世界。在感觉的绵延当中，感觉的身体感表现成了一件微妙的事，因为，这个绵延本身显现为开放和不可预期的时间状态。

简单地说，感觉无法被思考为实时性的材料或是孤立的感觉与料；它可以说是一种活的体验（expérience vivante），在

---

① *PhP*, p. 246.

② *PhP*, p. 248.

它发生的过程中处于演化和变化之中。当我们试图强调特定感觉的经验，我们的实验终归会失败；因为我们发现感觉本身是不稳定的，同时会触发出多种多样的其他感觉，这种多样性是我们在当初无法预见的。譬如：各种生活经验脉络下的疼痛感，就具有这种多样性。[①] 在这个意义下感觉可以被视为是"动态中的重新联结"，因为一种感觉的相同之处，只有透过它变得不一样才能感觉得到，只有透过它的一种内在性态内在差异的演化过程才感觉得到，这使得我们可以把感觉界定为一种时间性的存有。感觉就是生成变化，它分受给生活身体一种绵延感，而被导向未来。

在这种利奥塔（F. Lyotard）所谓"自成一格"（tautegorical）的感觉发生与联结状态中，种种感觉也会发生彼此表达、彼此共鸣的翻转，也就是联觉（synaesthetic perception）状态。感官之间的界线变得相互渗透，使得我们最后可以看到声音，可以听到色彩。这种经验不能够被化约成两种感官的已组织化状态，一种是听觉感官，另外一种是视觉感官。反过来从德勒兹"无器官身体"的概念来说，透过身体存在着一种感觉发生状态中的演化和差异区分，听觉流变成视觉，色彩流变成声音，它

① 梅洛－庞蒂提供了这样的例子。在一个给定的皮肤区位给予许多次的头发刺激，刚开始的知觉非常清楚明白，而且每一次都能够定位在相同的一点。不过当刺激一再地重复，这个定位就开始变得越来越不清楚，知觉在空间中变得越来越宽泛，而同时感觉也不再有其特定性：它不再是一种接触，而变成了一种灼热感，一下子冰冷一下子又烧热。再过了不久病人认为这个刺激正在移动，并且在他的皮肤上画圆圈。到了最后什么都感觉不到。*PhP*, p. 89.

们的相互包抄纠缠，使得崭新的感觉不断发生。

依据梅洛－庞蒂，"当我说我看见声音，我的意思就是透过我的感觉存在我响应着声音的振动，而特别是透过我自己容易受到声音所影响的尺度。"[1] 在这个联觉的脉络之下，被感觉到的对象不再彼此类似，也没有办法在感官的客观领域中划出界线。如果依据利奥塔在讨论康德（I. Kant）第三批判时对审美判断活动之自为对象与自立法则的特质来看，[2] 联觉的经验所产生的感觉，没有办法放到事先的范畴和模式里面，它们是特异的感受和动态的响应，它们是一些生成变化，给予我们的经验一种新鲜和不可预期的绵延开放度。反过来说，本文先前所讨论的先天性盲人手术恢复视觉后，其视觉首先也是在一种新鲜和不可预期的绵延开放状态中，只不过他的视觉像一个空洞的窟窿或皱折，等待其他官能在视觉脉络下的协调、联结与交缠，然而在联觉现象（synesthesia）中，则是两种以上的官能的联动与换位。

依照这种"联觉法则"，所谓的主动综合，反而让我们看不到知觉的复杂性，让我们看不到知觉身体的异质性。德勒兹在《感觉的逻辑》第六章中指出，塞尚要透过绘画画出苹果的感觉，指的也就是一种联觉的状态。联觉告诉我们的身体感是被构成在超越许多感官之间的神经系统沟通当中。但是这些感官并不是在身体中事先给定的；它们响应着感觉而反过来改变原先的

---

[1] *PhP*, p. 271.

[2] Jean–François Lyotard, *Lessons on the Analytic of the Sublime: Kant's Critique of Judgment*, sections 23–29, translated by Elizabeth Rottenberg, Stanford, Calif. : Stanford University Press, 1994.

感觉模式，而这些感觉是在身体能量的各种层次当中到处串联与移动，而在每一个层次当中发现与建立其相对的表达。这些层次当中的每一个层次，都相应于一种特定的时空联结方式；因此在视觉当中所经验到的同时性，对于触觉来说并不是单纯手感层面上的同时性。在感官之间和各种层次之间的这种异质的多元性，对于彼此交流是开放的；每种层次、每一个感官都表达了我自己特定的身体感，也以差异的方式表现了其他感官的内容，而不可能做完全的转译。

就此而言，感觉并不是现成固定的知觉形式展现，而是我身体之内感官之间的、我的身体和感觉世界之间的沟通和共时化的作用。就如同梅洛－庞蒂所说的这是一种"冥合"（communion）。虽然梅洛－庞蒂在《知觉现象学》中经常的要求是身体的同一性和共通世界，以便找到各种差异经验的基础，但在身体如何构成时间感的探求中，这种要求却开始转向。由于表达的身体本身就是一种旋律，它能够与其他的身体共时化以及共存，透过这种特定的绵延旋律的时间化作用，梅洛－庞蒂把我的身体的这种韵律称为"风格"（style）。在这里，我们发现德勒兹在《感觉的逻辑》第六章中反对"现象学假说"时，也用"韵律"来指称这种流动的联觉状态，但他不认为心理学的解释（如"身体图式"）足以解释此"生命力"。就像是音乐的旋律和艺术作品，我的身体拥有自己的"风格"，自己的生活时间和空间感，这就是梅洛－庞蒂所谓的动态身体图式。身体的这种风格，这种它所表现的独特的存有方式，与身体本身不可分隔论之，它被包含在身体的每一个面向当中，在每一个感觉行为和姿势当中；对于身体的部位，就像是旋律的各个部分，并不只是并列在一起，而是相互包裹缠绕。不仅仅身体的姿势，还包括语言的姿态都被视为是由生活身体的表达力量延伸出来，成为动态的、无图式的身体图式。

另一方面，生活身体的表达性蕴含了一种特异的身体际性（intercorporeity），这种关系不同于两个纯粹的物理身体，这种身体际性应该被理解为一种时间际性（intertemporality），一种在彼此的间距之中相互共振出来的时间感。梅洛-庞蒂在《知觉现象学》讨论时间性一章的末尾才提出这一点："但两种时间性并非像两种意识那样相互排斥，因为每一种时间性只能透过它自己投射到它们可以相互交缠的当下来认识它自己。"①

因此，如同画家培根说他要画出"尖叫"状态而非"骇人"状态，我们的身体作为绵延的不同韵律，却能够与可感觉世界的色彩相感应共鸣，这是一种原初的共时作用。但是，在两个生活身体的状况中，这种共时化的作用同时发生在两边，它的结果就是：当我们的经验相互和谐的时候，我能够经验到一种与他者的内在共鸣，而当这种企图失败的时候，我会体验到一种无法沟通的失望。就此而言，这种共存的体验，并不是对于理解和沟通的保证，而必须基于我们的差异与存有学上无法填补的"间距"（écart）。

## 五、应用柏格森：身体感即时间之间距化作用

从本文一开始福柯对现象学所做的批判来说，单单在身体

---

① *PhP*, p. 495.

之内与之间，间距的问题的确无法被恰当地在《知觉现象学》的问题架构当中提出。梅洛－庞蒂在《知觉现象学》的序言所指出的"现象学还原的无法完备性"同时也指向了间距，指向一种特异的生成变化和具体的落差，无法被现象学还原。就此而言，承认还原的无法完备，只是一种消极的做法。对于晚期的梅洛－庞蒂来说，他早期的思想在把现象学方法当作一种本质哲学的目标的时候即造成了一种面对现象学还原的不完备性的无力感。这个无力感的来源具有两个层面：现象学的本质直观企图要掌握事物和世界的绝对、形式、凝缩和恒常不变的实证性，然而，从柏格森的角度与感觉本身的构成来看，在生成变化之流中，并没有静定不动的本质；柏格森的方法是扮演哲学家观察者，采取一种外于世界和事物的观点，在它们上面高飞翱翔（survol），以便能够无限地变化它们的结构，然而，为了要看到世界和事物，哲学家必定要属于这个世界和事物的秩序中，然而一旦进入此秩序中，即面对还原无法完备的窘境。

梅洛－庞蒂在《知觉现象学》当中所寻找的是一种积极的方法，为的是要理解这中间的距离和差异。他所得到的答案，已经蕴含在《知觉现象学》对于表达身体的描述之中，透过身体感的时间化架构，梅洛－庞蒂认识到生活身体作为绵延和作为生成变化的韵律，成了原初时间差距的源头。因此我们看见了梅洛－庞蒂晚期的著作放弃了《知觉现象学》的这个问题架构，放弃了以被知觉的世界的同一性（le Même）作为经验基础的架构，转而要求一种表达性的哲学，并以柏格森思想作为引导。

在早期的知觉时期对于柏格森几乎采取完全批判性的处

理,到了《可见与不可见》[1]和《自然》[2]所代表的晚期,梅洛－庞蒂才发现柏格森对于绵延中时间韵律之微差（écart infime）的强调,为持续在他的著作当中产生重要影响的晚期胡塞尔思想,提供了一个相对应的立场。从柏格森的思想当中,梅洛－庞蒂借用了一些工具来批判本质现象学作为一种本质的哲学和再现,某种所谓的"固态逻辑"。然而这种批判不应被视为与胡塞尔决裂,而应该视为企图把柏格森和发生现象学时期的胡塞尔放在一起阅读。如同梅洛－庞蒂在1959年的演讲《论柏格森》一文中所说的:

> 透过柏格森思想就如同透过胡塞尔的志业,我们可以追寻此－辛苦的过程,渐渐地让直观（intuition）能够动起来,把直接与料这样肯定的说法改变为一种时间的辩证,同时也把本质直观改变为一种发生的现象学,在一个生活的整体里面将它们联结成为时间的对比向度,这个时间最终来讲是与存有共同扩延的。[3]

因此,从发生现象学的角度来看,转向柏格森标示出梅洛－庞蒂离开了本质哲学,不再追寻一种不变的结构;它代表了一种企图,要断然面对发生现象学,要从发生状态来看待存有。梅洛－庞蒂不仅仅在晚期与柏格森形成同盟,他此时也

① Maurice Merleau–Ponty, *Le visible et l'invisible*, Paris: Gallimard, 1964. *The Visible and the Invisible*, translated by Alphonso Lingis, Evanston: Northwestern University Press, 1968.

② Maurice Merleau–Ponty, *La nature*, Paris: Seuil, 1995.

③ Maurice Merleau–Ponty, *Signs*, translated by Richard C. McCleary, Evanston: Northwestern University Press, 1964, p. 156.

更接近本文先前所呈现的胡塞尔关于被动综合分析（synthése passive）的问题架构。梅洛-庞蒂不再延续早期的身体主体研究和已经给出在意识当中、统合在知觉活动当中的身体图式研究，他在《可见与不可见》中寻找的是前对象（pre-object）以及前主体（pre-subject）的感受基础，他把身体和世界联结起来，让两者能够出现，同时不忘其间的变化差距。这时，世界并不是被看成一种已经现成，而是被看成充满了色彩、织构、声音的一幅织锦画，被看成是在被对象化之前引诱着生活身体的轮廓状态，世界是一个能够被区分的间距系统，而不是各自孤立、固态化的事物。

既然身体感的"冥合"（communion）或"联觉"并非时间的发生状态，那么晚期的梅洛-庞蒂又如何透过柏格森来说明身体感与时间性的关系呢？1964年出版的梅洛-庞蒂遗稿《可见与不可见》第三章在讨论"探问与直观"的问题时，强调了柏格森哲学的差异/间距向度。梅洛-庞蒂说，当我们的知觉变成纯粹知觉、事物、存有时，它就被区隔出来，成为整个绵延之中的另一个间距，当这样一个间距被照亮时，我们的存在就不等于事物的存在了。就此而言，普鲁斯特的小说情节向我们彰显的是："我们与过去的存有并没有真正地协调弥合（coïncidence），如果纯粹记忆是被保留下来的先前在场，如果透过回忆的行动，我又再度变成了我过去之所是，那么我们就不可能了解过去这个向度如何向我打开。"[1] 就此而言，我们必须要了解，这里所谓的协调弥合，相对应的是晚期梅洛-庞蒂在

----

① Merleau-Ponty, *Le visible et l'invisible*, p. 161.

遗稿中所呈现的术语转换，现象学的先验主体性在这里已经不是关注的重点，而是以四组词汇为代表的"肉身存有学"思路的展开。这四组词汇也就是以交错(chiasme)、交织(entrelacs)、交侵(empiétement)、反转这些概念所形成的"可逆性（可交转性)"(reversibilité)词组；以境域(horizon)、层面、铰链、接缝(jointure)、骨架(membrure)为核心的"枢轴"(pivot, axe)词组；以凹陷、坑洞、裂隙、间距、积体为核心的"皱折"(pli)论述；及以积累(empilement)、增殖(prolifération)、杂交(promiscuité)、受孕(prégnance)、分娩(parturition)为主轴的"肉身"(chair)生产论述。总的来说,这也就是梅洛-庞蒂从"身体主体"转向"肉身间距"思考的基本骨架。在此"肉身"或"肉"是作为存有运动变化作用的总称,"可交转性"概念群用来描述不同层次的存有者之间距中的交换与互为肉身性,"枢轴"概念群用以描述对象实体化或者主体得以主体化的境域开放与建立的作用,"皱折"概念群则用来描述存有者之间的根本间距现象,也代表了实体化或者主体化作用的暂时性与变动性,最后,"肉身"或"肉"的相关概念群可以说是一种发生现象学的存有学话语实践,换句话说,从存有的整体现象来看,它不断地处在发生、增殖与变异的间距当中。[1]这样我们就可以了解晚期梅洛-庞蒂对于差异／间距哲学的强调,也可以解释为他对发生学观点的重视,在《探问与直观》这篇遗稿之中,梅洛-庞蒂说：

---

① 鹫田清一：《梅洛-庞蒂：可逆性》,刘绩生译,石家庄：河北教育出版社,2001年,页208。

如果每一个当下在被动铭刻到我内部的时候失去了它的肉身，如果变为纯粹记忆的东西并不可见，那么的确有过去的存在，但却没有与它相符应的东西——我当下的整个厚度已经将我与它隔离开，只有透过某种方法在我的当下重新找到一个位置、让它自己在当下得到更新，它才是属于我的。……如同柏格森经常说的，物质的真理也就在于对于符合的体验只能够是一种"片面的符合"。但什么叫作只是片面的符合呢？这种符合要不然属于过去、要不然属于未来，这种体验在于回忆不可能的过去、参与不可能的未来，这些过去与未来从存有当中浮现，或者将会把自己编纳进入存有，"隶属于它"但却不等于它，因此这不是一种符合或真正的融合……而是一种交叠覆盖，就像一个凹陷或一个凸起的轮廓，判然有别。[1]

在这里，时间不再是由身体主体分泌出来，而是肉身存有在间距交错之间，透过物质接口与种种形象所给出的"不完全符合"体验，所刻划出来的一个根本差异。在时间的差异化绵延过程中，虽然会形成物质实体和人类的身体主体，但特别在人类的身体主体的生活体验中，时间性成为超越了身体主体的存有展开向度，让身体主体在感觉发生的变动过程中形成其"不完全符合"的主体化体验。于是我的身体被这种存有裂隙打开成两片，身体可以在向外看的同时被看，可以在触摸外物的同时被触摸，这种开裂状态的主体要永远优先于整合的经验，主体本身也是透过这种开裂状态而形成其同一性。

---

[1] Merleau–Ponty, *Le Visible et l'Invisible*, p. 161.

身体感与时间性的关系得到了差异／间距哲学的推进。身体感的发生状态似乎接触到了时间性的差距源头，但这种接触并不是冥合，也不是节奏感，而是片面的符合。梅洛－庞蒂在《可见与不可见》1959 年 5 月 20 日的工作笔记中指出，柏格森在《思想与运动》一书当中明确提到，"意识在寻求看见时间，而非测量时间，有一种同时具有自发性与反思性的意识存在。"[1] 对笔者而言，这里所谓的"看见时间"，也就是在身体感所产生的差距状态、开裂状态中所得到的基本时间体验，它既是一种自发状态，也是一种最原初的反思状态，或梅洛－庞蒂所谓的"超反思"（superréfletion）。

那么，在梅洛－庞蒂晚期著作中对丁本质哲学的批判又如何被论述出来呢？梅洛－庞蒂在 1956 年到 1957 年的《自然》(*La nature*) 讲稿中，重复了柏格森在《创造演化》[2]这本书里面的论证，他指出，本质哲学会出现是因为经验是放在虚无的可能性的背景当中被思考。只有"绝对确切不移的本质存有"才会被认为足以抗拒威胁着存有的彻底的偶然性，也只有这种存有才会被认为能够填满被认为在世界的存在背后所具有的那一片空虚。但是，这种绝对的虚无的观念本身对于柏格森来说亦是一种幻觉；因为所有的否定都只能够是片面的，而否定之所以会出现，是因为一种期待造成了失望，当我们在寻找某种东西时，我们面对的是它不在场，而造成了失望。[3] 最后，"本质直观"

---

① Merleau–Ponty, *Le visible et l'invisible*, p. 244.

② H. Bergson, *L'évolution créatrice*, Paris: PUF, 1941.

③ Merleau–Ponty, *La nature*, p. 97.

事先就决定了它所会发现的种种响应，也用这种方式排除了变动不居和无法预见的状况。

在运用柏格森的"直观"（intuition）来取代早期胡塞尔的本质直观时，梅洛－庞蒂的目标是要预防其哲学成为居高临下的哲学与本质哲学，要创造一种把自己建立在存有的流动性上的，在生成变化之流中，从内部观看存有的哲学。这种直观的方法，提供了梅洛－庞蒂一种间距哲学的基础，这也是一种互为主体的哲学。虽然梅洛－庞蒂在这方面的改变有稍许犹豫，但是，《可见与不可见》当中所强调的直观作用为我们打开了一种存有，一种绵延与间距的存有，教导我们"在绵延的形象之下"观看。

透过直观，存有被视为具有流动性而变动不居，而我们能够确认表达和差异区分的线索，亲眼目击"创造所延续出之无法预料的清新感，这似乎是它在宇宙之中所追求的。"① 就此而言，直观"就是一种以普遍的方式观看的学徒状态"②，而不是静态的视觉，企图在存有上空盘绕以便穷尽存有的秘密。这是一种艺术式的视觉，并不把自己与所观看的东西区分开来，这也就是"在它之中"观看，并形成流动与液态的形象感受。依据柏格森，这种视觉观看流动的瞬间，而不是观看无间距的停止状态。就此而言，直观应该被理解为一个没有目的的过程，"是一种行动的无限系列"③；因为，在间距绵延之中并没有

---

① H. Bergson, *La pensée et le mouvant*, Paris: PUF, 1938, p. 99.

② Merleau–Ponty, *Signs*, p. 184.

③ H. Bergson, *La pensée et le mouvant*, p. 207.

终极状态，没有直观可以流向的单一方向，也没有任何的点是直观所做的努力可以达到休憩的地方。因此，这种在绵延的形象下的视觉就与纯粹的看有所区别；它是一种在多方向、多层面同时发生作用的努力，非常接近我们在表达身体的脉络中所讨论的联觉式的共鸣。直观被柏格森描述为"精神上的听诊"（auscultation spirituelle），梅洛－庞蒂的说法是"在深渊中探索或是听诊"①。它会显现为一种留心的倾听和耐心的调整，接近艺术创作的摸索赋形状态。

梅洛－庞蒂小心翼翼地观察到，这种从内部对于存有的视觉和触探并不是一种融合，而只能是局部符合所呈现的间距状态。这种融合的失败，是从绵延本身的间距特质延伸出来的；就像一个人的身体，一个人自己的绵延，只能够以不对称而有间隙的方式被给出。我们太过于接近我们的绵延；我们无法离开这个绵延之流以便来包容它，因为并不存在任何外于时间的观点，能够让我们将它围绕起来，并且选择一个区分观点在它上面观看它。这也就是说，我的绵延流动着，而无法回返地把我夹带着，对于时间的经验，不仅仅是出自于我的能动性，也出自于某种充溢而超越于我的东西。说得彻底一点，恰好是在我与绵延的接触的切分性中，同时也决定了这种接触本身一定是片面的。

由于跟随着我自己的绵延间距，对于其他的绵延的体验，就不可能是一种融合状态。就像梅洛－庞蒂所说的，"这是一种

---

① Merleau–Ponty, *The Visible and the Invisible*, p. 128.

侧面擦边的共同存在关系"①。我自己的绵延与别人的绵延保持接触却必然有所差距；我的绵延让我可以通向他人、通向其他生物、通向宇宙作为一个整体，这种感通并不是依据主体和客体的图式，而是不同的绵延的韵律和张力从内部相互切分而产生联结。这种共同存在的基础，要在绵延本身的间距特性当中被发现。因为，各种绵延本身并不是外在地相互接壤，而是在本质上相互交错切分。每一种绵延在他自身之中都包含了对于其他层次的交侵痕迹和互渗记忆。就此而言，我不仅仅只是在绵延间距之中，而其他的绵延也从内部萦绕着我②，所以，我体验到我自己的绵延切分是一种"在可能绵延的无限性当中所做的抉择"③。这种种的绵延切分，透过我的直观与我产生联系；透过我自己在一种爆裂的努力超越我自己的韵律当中所做的扩张或是收缩，我能够与绵延的其他层次或其他韵律产生共鸣，如前文所述，生活身体与色彩产生关系时所感受到的内在共鸣，即是一例。

就此而言，直观牵涉到一种间距体验中的跳跃，一种与自己分离以便能够适应另外一种韵律的跳跃。若以学习游泳来比拟这种方法，没有任何公式可以让我们准备好去体验游泳，就如同没有任何学说可以事先给予我们与他人共存的体验。然而，这种间距中的跳跃如果没有实践上的准备就不会发生，而直观

---

① Maurice Merleau–Ponty, *In Praise of Philosophy and Other Essays*, translated by John Wild and James Edie, Evanston: Northwestern University Press, 1963, p.15.

② Merleau–Ponty, *In Praise of Philosophy and Other Essays*, p. 15.

③ H. Bergson, *La pensée et le mouvant*, p. 208.

"并不是一种很难加以验证的神来之笔"，因为直观需要一个很长的与他人"建立友爱"的过程，需要一个很长的研究和分析的过程，这种过程即使是牵涉到一个人自己的绵延间距时，也是绝对必要的，不过，我们并不能因此说直观可以化约为分析。这是因为直观并不是一种与他人或与宇宙所做的暧昧接触，而是一种主动的确认和调整，一种坚忍发现的努力，以及一种对于另一种绵延层次所做的艰难共鸣，就此而言，梅洛–庞蒂认为柏格森的哲学并不是"追求符应的哲学"，从身体感与时间性的角度来看：

> 知觉就是进入事物，一旦进入事物，也就成了"自然"，但如果我们就是"自然"，我们就无法"区辨"任何事物。主体回到其自身，显现为一种用以"区辨"的直观（intuition du discernement）。[①]

我们应该要注意到这种"区辨"活动可能具有不同的形式：它可能在以另外一种步法走路时被体验到，它也可能在让自己适应另外一种对话风格时体验到。它可能是调整到另外一个人、另一种思考的韵律的体验。在不同的脉络下，我们可能发现艺术家对于风景的审美体验，在形象出现之前，感觉的暧昧难明和事件般的降临，可以说便是此一另类韵律的涌现。

绵延并不是一种纯粹的内在经验，而是让我敞开面对其他绵延的感觉交互共振经验，使我得以对于在我自己的经验之外的经验产生直观。直观是一种切分式的同情共感（sympathy），这种同情共感并不是把自己作为参考点，因为自我和他人都已

---

① Merleau–Ponty, *La nature*, p. 80.

经被卷进绵延相互交织的织构当中去了。从这种对于绵延的诠释，以切分间距中形成的韵律为基础，形成了梅洛－庞蒂所说的"肉"（la chair）。肉身是一种实质的多元性以及绵延的共同存在。"它是同时性和相继性所形成的鲜明轮廓，是一种空间和时间的肉，在这当中透过差异区分而形成了个体。"这种肉的间距化作用下，使得互为身体性（或身体际性）和主体际性（intersubjectivity）变得可能，只不过一切相互关系只能是"片面擦边式的符合"，哲学思考本身也是这种时间探问中的一种语言间距化运动，而不再有真正的"冥合"，组织化、器官化的身体似乎不再成为必要，感觉与直观之流在此自己寻求其出口。

站在这个已超越了现象学界域的身体感的界在线，德勒兹发展出了"无器官身体"（corps sans organes）这个概念[1]。这种身体感更接近我们所谓的振动（vibration）或共振状态，而不是有器官和有机的形式，这种身体感告诉我们，它只是由活生生的韵律和力量之线所界定。无器官身体并不是说缺乏所有的器官，它也不是一种没有定型、没有组织的物质。这种身体感的特征就在于它暂时性的器官以及没有确切的器官组织，它拥有的是满足一种需求、落实一种欲望、感受到世界的一种特定面向的时候，所具有的转瞬即逝变化多端的器官状态，它依据的是"力必多"（libido）波动起伏的韵律，在身体感和作用在身体上面的力量之间交互运动。就在间距交互运动的韵律感流变中，间距不断形变、不断移位、不断修正或被填补迭合，

---

[1] Deleuze, *Francis Bacon*, pp. 47–50.

原初的时间性——或根本是不断流变的身体直观当中所显现的时间性，于焉形成。

## 六、结论：面对福柯门槛的梅洛－庞蒂

福柯在《词与物》第九章认为，现象学面对"人"和主体的问题，一直在重复一种"先验重复经验，我思重复非思，起源的返回重复其消隐"的有限性分析，这样一种人类学式的有限性分析，把历史性的根源放回到主体内部的先天条件、我思活动与沉默起源，就"身体感"而论，这是一种同一与差异之同一化的思维。亦即福柯企图指出，现象学"身体感"的源头是隐而不显的"身体运作意向性"——也就是"身体感的身体感"，是一种纯形式的身体感、先验的身体感。但是，本文却力图反驳，在梅洛－庞蒂对"身体感"与"时间性"的思考中，早期的确落入了这种"生活体验"分析，成为一种"混合性质的话语论述"。不过，即使在早期的梅洛－庞蒂，都包含有一种脱出本质现象学思考的发生现象学线索，透过梅洛－庞蒂对柏格森的三种解读版本，我们也看到了梅洛－庞蒂思想的三种面貌。

从胡塞尔晚期的"被动综合"思想线索与本质现象学式的"身体记忆"概念出发，"身体感"与"时间性"涉及的问题层面，在本质现象学与发生现象学之间，在现象学发展范围之内与之外，具有高度的特殊性，这个问题丛结，在主动与被动、主观与客观、时间流动与结构化之间，触及了身体运作经验是否可能产生时间意识，或者反过来，身体感只是时间性差异化的存

有运动中的一个特定展现。

　　本文首先透过福柯对现象学的质问，指出了现象学方法内在的问题张力，也就是本质／存在、先验／经验二元区分重新被建立的危险。第二节透过被动综合与身体记忆的阐述，概略描述晚期胡塞尔所主张的"被动综合"与《知觉现象学》时期梅洛－庞蒂思想的落差，在于本质现象学与发生现象学方法运用上的差异，同时设立起本文欲铺陈出"三个面貌的梅洛－庞蒂"的现象学内在裂隙，与导致梅洛－庞蒂解读出三种柏格森面貌的基本问题框架；到了第三节，我们发现梅洛－庞蒂早期先验主体的身体感与时间性论述中，对本质现象学构成方法的坚持，在他解读柏格森思想的过程里，展现的是他的身体主体本质思考与柏格森形上思想的距离；然而，跳脱出福柯所批判的主体性思维，第四节透过梅洛－庞蒂对于生活身体的共时韵律的"弥合"与"联觉"之强调，显示出对柏格森思想的构成现象学解读，当然这仍然在福柯所批判的"生活体验"分析的框架下思考，预设了有某些既成的生活体验；发生现象学与对现象学语言的超越，展现在第五节的论述中，透过晚期梅洛－庞蒂在"肉身存有学"别开生面的脉络，本文突显其运用柏格森思想的"身体感即时间之间距化作用"主张，这时的梅洛－庞蒂不仅将柏格森解读为一种差异／间距哲学，响应了发生现象学的思考路径，同时也大大脱出现象学的既有语言和思考风格。

# 第三章
# 真理、魔法与表达

## ——梅洛-庞蒂与列维纳斯论艺术与视觉的存有学[*]

## 一、哲学家、现实及其阴影

从现实历史的角度来看，梅洛－庞蒂（M. Merleau-Ponty, 1908—1961）与列维纳斯（E. Lévinas, 1906—1995）有很亲近的历史联结，但却很少相互评论对方的作品。他们的思想交流，几乎是单向的。梅洛－庞蒂除了在 1933 年的《知觉的性质》（La nature de la perception）这篇文章的眉批脚注中[①]，提到了

---

    * 本文修改自笔者所发表的论文《艺术与视觉的存有学：梅洛－庞蒂与列维纳斯之间》，《中山人文学报》，17（Oct. 2003）：65-80，为作者"时间、空间与欲望：媒体阅听的感知现象学（II-I）"（计划编号：92-2420-H-110-002）之研究成果，特此申谢。

    ① 这篇文章首先出现在 Theodore F. Geraets, *Vers une nouvelle philosophie transcendantale : La genèse de la philosophie de Maurice Merleau-Ponty jusqu'à la Phénoménologie de la perception*, Le Haye : M. Nijhoff, 1971, 188-199. 值得注意的是，列维纳斯为此书写的序言，也是两者思想比较研究时的重要文献之一。而后《知觉的性质》译为英文，

列维纳斯早期的重要研究著作《胡塞尔现象学中的直观理论》（ *Théorie de l'intuition dans la phénoménologie de Husserl* ），以及 1948 年的《现代》杂志（ *Les Temps Modernes* ）上，简单响应了当时列维纳斯所发表的《现实及其阴影》（ La réalité et son ombre ）之外[①]，在所有的传记数据上，都不曾出现梅洛－庞蒂对列维纳斯提出任何思想对话。

反过来说，列维纳斯的思想发展路途中，梅洛－庞蒂似乎一直是个藏在暗影中的对话者。一般研究者都注意到，列维纳斯在 1961 年出版的《整体与无限》（ *Totalité et infini: Essai sur l'extériorité* ）这本书中，承认他在思想上受惠于梅洛－庞蒂不少，包括他肯定言说与思维之间乃一体两面的关系，而不接受先于言说的思维、不具肉身的思维的神话[②]；同样在 1961 年列维纳

---

出现在 *Research in Phenomenolgy*, 7 (1977). 并收录在 Maurice Merleau-Ponty, *Texts and dialogues*, edited and with an introduction by Hugh J. Silverman and James Barry, Jr. ; translated by Michael B. Smith, et al., Atlantic Highlands, New Jersey : Humanities Press, 1992, pp. 74–84.

① 列维纳斯的文章 "La réalité et son ombre", *Les temps Modernes*, 38, nov. 1948, pp. 771–789. 英译文 "Reality and Its Shadow", in Emmanuel Lévinas, *Collected Philosophical Papers*, translated by Alphonso Lingis, Dordrecht, Netherlands : M. Nijhoff, 1987, pp. 1–13. 梅洛－庞蒂的简单回应则收于 Maurice Merleau-Ponty, *Parcours: 1935-1951*, Lagrasse: Verdier, 1997, pp. 122–124. 但在原刊上，梅洛－庞蒂的响应是以引文的方式出现于文前页 769–770，署名 T. M.。以下引文同时参考法文（缩写为 *RSO* ）与英译文（ *CPP* ）。

② Emmanuel Lévinas(1961), *Totalité et infini: Essai sur l'extériorité*, 4th ed., The Hague: Martinus Nijhoff, 1984. *Totality and Infinity: An Essay on*

斯在《意义与意味》（Signification et sens）这篇自梅洛－庞蒂去世后开始写作的文章中[1]，也回应了梅洛－庞蒂关于历史性和存有学的想法，这些想法出自梅洛－庞蒂于 1945 年出版的《知觉现象学》[2]和 1960 年出版的《符号》[3]论文集。

这些思想上的响应，不绝如缕地出现在列维纳斯后来的著作中，例如 1974 年出版的《异于存有或超出本质之外》[4]，检讨了梅洛－庞蒂对于原初历史性的存有学，最后，列维纳斯在 1983 和 1984 年更写了两篇短篇文章，评论梅洛－庞蒂 1959 年的《哲学家及其阴影》（Le Philosophe et son ombre）[5]一文，这两篇文章是《论主体际性：梅洛－庞蒂论稿》（De l'intersubjectivité: Notes sur Merleau–Ponty）以及《纪念阿尔封斯·德·瓦隆》（In Memoriam Alphonse de Waelhens）[6]，整

---

*Exteriority*, translated by Alphonso Lingis, Pittsburgh: Duquesne University Press, 1969.

[1] Emmanuel Lévinas, "Signification et sens", *Humanisme de l'autre homme*, Montpellier: Fata Morgana, 1972. 英译文 "Meaning and Sense", in *Collected Philosophical Papers*, pp. 75-108.

[2] Maurice Merleau–Ponty, *Phénoménologie de la perception*, Paris: Gallimard, 1945. 缩写为 *PhP*.

[3] Maurice Merleau–Ponty, *Signes*, Paris: Gallimard, 1960. 缩写为 *S*.

[4] Emmanuel Lévinas(1974), *Autrement qu'être ou au–delà de l'essence*, Dordrecht: Kluwer Academic Publishers, 1988. 英译本 *Otherwise than Being or Beyond Essence*, translated by Alphonso Lingis, Hague; Boston: M. Nijhoff, 1981.

[5] Merleau–Ponty, *Signes*, pp. 201-228.

[6] Emmanuel Lévinas(1987), *Hors sujet*, Paris: Fata Morgana, 1987,

个单向交流的历程，从 1961 年到 1984 年，经过了 24 年的时间，列维纳斯在一系列的文章中，或直接或间接地与梅洛-庞蒂的思想产生了关联。

撇开上面的历史背景，梅洛-庞蒂与列维纳斯的思想比较研究，除了必须考虑梅洛-庞蒂和萨特作为 60 年代以前的法国思想界的存在现象学主流，必定影响了列维纳斯的思想外，1964 年德里达（J. Derrida）发表了著名的《暴力与形上学：试论列维纳斯的思想》（Violence et métaphysique: Essai sur la pensée d'Emmanuel Lévinas）一文后，对列维纳斯的思想造成重大冲击，希腊理性与犹太经验的关系，如何可能用语言表达此一关系，此一思考向度因而突显出来。

但是，本文写作的目的，并不是要证明上述的某种影响或转变，换言之，本文的目的不在于"趋同"的影响研究。而是在一个有趣而暧昧的思考交会点上进行"趋异"的比较研究。本文想要透过列维纳斯 1948 年在《现代》杂志上所发表的《现实及其阴影》这篇文章，以及梅洛-庞蒂所做的简单回应，重新诠释梅洛-庞蒂和列维纳斯在这个初次的思想交锋中，所显现的思想差异和关联。本文并不打算进入 1961 年以后列维纳斯对梅洛-庞蒂思想所作的评论与响应，那并不是在这样的篇

---

pp. 131-140, 141-156. 英译本 *Outside the Subject*, translated by Michael B. Smith, London: Athlone Press, 1993, pp. 96-103, 104-115. 亦收入 Galen A. Johnson and Michael B. Smith, eds., *Ontology and Alterity in Merleau-Ponty*, Evanston: Northwestern University Press, 1990, pp. 55-66. 后者的《论感觉性》（De la sensibilité）原为 "In Memoriam Alphonse de Waelhens" 一文的后半部。

幅当中可以处理的。换句话说，本文研究的重点，在于一个历史的歧异点或奇异点，一段史前史，在这个历史点上，梅洛－庞蒂对列维纳斯的文章提出了暧昧而模糊的响应，在这个时间点之后，列维纳斯对于梅洛－庞蒂的思想做了断断续续有24年以上的响应和批评。

本文想要描述与诠释的重点在于这个"趋异"的起点：（1）在1948年的这次简单对话中，两位哲学家已经透露了后来越来越明显的思想差距和歧异，特别是在存有学方面的想法；（2）然而，两位哲学家的存有学思想却有一个共同点，就是在胡塞尔和海德格尔现象学的影响下，走向偏离西方传统形上学的道路；（3）这条道路上，两位思想家的艺术与视觉的存有学思考，提供了映照彼此现象学关怀的歧异、偏离西方传统形上学的共通倾向的机会。

整体而言，在梅洛－庞蒂发表了《知觉现象学》之后，主要是透过对于西方现代艺术史的存有学反思，提出了表达和表达接口的问题，再经过结构语言学的洗礼，试图走向一种新形态的间接存有学、肉身存有学；而列维纳斯虽然也认为西方现代艺术史的反思，提供了一种新形态的存有学的契机，但他却强调存有者的孤独与断裂，在犹太经验的基本索引下，指向了他者的、伦理的形上学。而本文讨论的范围将限于《现实及其阴影》所涉及的艺术与视觉的存有学议题。

## 二、"奠基的历史性"的争议

在进入文本细部之间的比较研究前，我们先注意到了两位哲学家"后来"所争议的存有学论题。依据伯纳斯柯尼（R. Bernasconi）在《单向交流》（One-Way Traffic）这篇文章中的研究[①]，奠基的历史性（l'historicité fondamentale）或基源的历史性（l'historicité primordiale）这个理念，一直是后来列维纳斯与梅洛-庞蒂争论的焦点。基源的历史性这个理念曾经出现在《知觉现象学》和《眼与心》[②]。以《眼与心》为例，梅洛-庞蒂认为科学思维应该回到可感觉态的土壤，这种可感觉态的土壤属于我的身体，也属于在我侧边相连接的他者身体的真实体验，"在此奠基的历史性中，原本轻松活泼、即兴偶成的科学思想，将学会在事物上和思想本身上变得老成持重起来，并将成为哲学……"[③] 在此，奠基的历史性并不是迈向真理的障碍，而是一种新的真理概念的理据。梅洛-庞蒂在这方面的想法，跟他认为语言与思维是一体两面、互为条件有关。列维纳斯虽然赞成梅洛-庞蒂的语言理论，但他却无法接受梅洛-庞蒂的奠基的历史性这个理念，而刻意要与之区分开来。

举例说明，列维纳斯单单在1974年出版的《异于存有或超出本质之外》一书中，就曾经出现四次对奠基的历史性这个理念的引用与检讨。在第57页，列维纳斯说："但是在质疑的注视中，存在的只是对无法召集者做了不可能的同步化，梅洛-庞蒂的奠基的历史性，在那当中，迫近的历时感（la diachronie

---

[①] Robert Bernasconi, "One-Way Traffic: The Ontology of Decolonization and Its Ethics", in *Ontology and Alterity in Merleau-Ponty*, pp. 67–80.

[②] Maurice Merleau-Ponty, *L'oeil et l'esprit*, Paris: Gallimard, 1964. 缩写为 *OE*.

[③] *OE*, p. 13.

de la proximité）已经逃逸无踪。"列维纳斯在此表明，他在存有学上注意到的重要理念是迫近的历时感，而不是奠基的历史性。在第 89 页，列维纳斯说迫近的历时感完全不同于在具体历史事件中已说出来的内容，不同于主体客体已经树立、动力结构已经呈显、因果关系已经进驻的生活世界："它既不是结构，也不是内容在一个容器当中的内在性，既不是因果关系，也不是动力关系，这些都还是在时间当中广延，而可以被搜集成为历史的。梅洛－庞蒂的奠基的历史性，聚集成为主体的一个世界并成为他的世界，是在已说（le Dit）当中被设定的。"但是，列维纳斯又认为，梅洛－庞蒂的奠基的历史性在聚集成为主体的世界的当下，他的被设定动作本身，并不完全等于已说，但又不同于列维纳斯所要强调的道说（le Dire），而是一种思考化、意识化、同步化、主题化的动作。

在第 204 页，列维纳斯认为这种动作或事件并不等同于让意义发生的道说："像沉思（la méditation）这样的事件——同步化、比较、主题化——是一种审判的工作，是一种进入迫近的历时感的入口（entrée），是从道说（Dire）的意义发生转变成已说（Dit）的同时性的入口，这是一种梅洛－庞蒂意义下的奠基的历史性，是无限者（l'Infini）固着在结构、社群、整体性当中时必然的中断（interruption）。"列维纳斯认为这是意识活动的工作，当然，这个工作不等于无限者本身，而是无限者透过正义这样的理念所触动的工作，因此，基于意识和思考工作所打造而成的人文世界，是来自于作为有限者的存在者，因为必须面对迎面而来迫近的他者，必须面对正义问题、必须负责任，而不得不开始思考、不得不开始运用推理来比对衡量各种事态的结果。在第 212 页，列维纳斯认为我们在与迎面而来的他者达成沟通、同意、理解与和平的时候，我们就不得不面对各种危险，维持和平无事，抹去他者和自我之间的差异，而忘掉了这一切的运作是来自于在我当中那个"为了他者的人"（l'un pour l'autre）："我被抽出了自我的概念，不再被存有和死亡所评量，也就是说，我逃离了整体性和种种结构。在负责任当中我被化约成我自己，而外于梅洛－庞蒂所谈到的奠基的历史性。理性就是为了他者的人。"换句话说，列维纳斯认为在梅洛－庞蒂所谈到的奠基的历史性之外，还有一个更根本的伦理性，一个人是为了迫近于他的他者，为了向他不得不面对的他者负责任，才会进入到与他者互动的历史性当中，也才会形成自我、知识，以便掌握整体性和种种结构，换言之，从存有学的角度而言，这种让种种历史人文现象得以在中断中化成的根本的伦理性，与梅洛－庞蒂强调作为科学和概念土壤的可感觉态和知觉状态——也就是奠基的历史性运作发生之处相较之下，是完全不同的另一种样态的存有，或非存有。

本文认为，单单就上面的论述，我们实在无法判断，在 1974 年由列维纳斯的《异于存有或超出本质之外》一书单方面指出来的这个"奠基的历史性"的争议，究竟谁是谁非，以及列维纳斯笔下的梅洛－庞蒂，是否因为经过了列维纳斯自己的诠释而失去了原貌？我们的想法是，我们不妨从列维纳斯单方面的检讨，回到两者曾经产生的历史交错，也就是列维纳斯 1948 年的《现实及其阴影》这篇文章，以及当时梅洛－庞蒂所作的响应的整个思想脉络，回头来看这个争议。

为什么会是 1948 年的这篇文章呢？理由并不单单只是因

为那个时候梅洛－庞蒂还活着，而且他还对《现实及其阴影》这篇文章提出了具体响应，更因为梅洛－庞蒂的奠基的历史性这个理念，必须要回到1948年左右，梅洛－庞蒂当时透过关于语言、思维和表达问题的思考，正在发展的新形态的存有学，虽然这个存有学到了1961年他去世的时候都没有完成，但是，在1948年前后关于艺术的表达和这种表达当中所涵藏的奠基的历史性问题，却比较能够跟《现实及其阴影》这篇文章所着重论述的艺术表达问题与艺术评论问题直接相应，特别是1945年的《塞尚的疑惑》这篇文章①，以及之后由相同议题延伸出来的1952年的《间接语言与沉默之声》②，甚至是1961年的《眼与心》。所以，如果我们要避免用列维纳斯的单方面语言来架构梅洛－庞蒂的存有学思考之谬，本文认为，透过列维纳斯1948年的《现实及其阴影》与梅洛－庞蒂1945年所写的《塞尚的疑惑》，有必要回到"对于现代艺术史所蕴含的新形态存有学"这个共同议题，来开展比较梅洛－庞蒂和列维纳斯不同的思考路径，虽然，这是一条没有人尝试走过的路，但就两人思想的比较起点而言，1948年这个历史的交错点，就双方的迫近性而言，就列维纳斯和梅洛－庞蒂在这个历史阶段的存在和交会而言，反而可以从这两篇文章及后续相关的比较中，呈现出明显的差异与对话的痕迹。

---

① Maurice Merleau–Ponty, "Le doute de cézanne", *Sens et non–sens*, Paris: Nagel, 1966, pp.15–44. 缩写为 *SNS*.

② Merleau–Ponty, "Le langage indirect et les voix du silence", *Signes*, pp. 49‑104.

## 三、真理与表达的问题

列维纳斯在《现实及其阴影》这篇文章一开始，就把真理与艺术表达区分开来。他反对当时萨特、梅洛–庞蒂等人主张的艺术表达论。艺术表达论认为"艺术作品延伸、超越了一般的知觉……掌握了某种无法化约的本质"，而接近了"形上学的直观。在一般语言退位之处，诗或绘画仍然在诉说。因此艺术作品比现实还真实"[1]，成为某种真理的来源。这样一来，艺术评论的存在，又为的是什么呢？艺术评论不是一种"寄生的存在"吗？从萨特文学论的观点来说，大众不会满足于只是浸淫在审美愉悦之中，他们感到有一种无法抵抗、想要说些什么的需求。对于大众来说，这种想说些什么的需求，却与艺术家除了作品本身以外拒绝对艺术作品多说什么产生了矛盾。不论如何，人们又无法不用语言来沉思艺术作品，于是，评论家得到了存在的正当性。

从萨特的艺术表达论和"介入"（engagement）文学观点来说，艺术表达和艺术的评论之间，艺术家和艺术评论家之间，真理的本原究竟来自哪一方，就成了一个十分矛盾的问题。列维纳斯认为，艺术并没有要表达什么，"如果艺术本来就不是知识，也不是语言，如果艺术本来就处于在世存有之外，而在世存有和真理是并存的"，艺术评论家似乎成了真理的揭露者。"艺术评论代表了知性的介入，以便整合艺术的非人性和倒转，让

---

[1] *RSO*, p. 771; *CPP*, p. 1.

他进入人的生活、进入心智当中。"① 反过来说，当一件艺术作品完成，艺术家停下来，拒绝再接受任何东西进入作品，这个时候，虽然社会条件和物质条件可能造成中断，但作品完成了，它并未像一次对话的开端那样给出自己。换句话说，艺术作品并没有在与社会沟通什么，也并没有要展现什么真理。

列维纳斯认为，艺术表达论把艺术家放在"高于现实的位置，强调艺术的高贵性"，并不正确。他主张我们应该注意到艺术作品与社会、与真理、与现实、与在世存有"断绝关系"（dégagée）的意义。"我们必须了解这种断绝关系的价值，特别是它的意义。让自己跟世界断绝关系，一定会走向另一岸（au delà），走向柏拉图式的观念界，就像耸立在这个世界之上的永恒界吗？我们不能谈论一种在此岸的（en deça）断绝关系——透过继续在此岸时间、在其'空隙'（interstices）当中的运动所造成的时间中断（interruption）吗？"② 列维纳斯在此提出了一种由艺术作品的存有所蕴含的纯粹的时间中断状态、一种空隙状态、一种中场时间（temps mort）。

列维纳斯强调：艺术评论带我们走向与世界联结，为了大众之无法沉默，它只能透过观念来沟通，这是属于理解、属于在世存有的运作模式。然后，他反问道："艺术的功能不是在于不理解吗？"如果艺术作品呈现的是一种非真理、一种暧昧的模糊性，那么，从更广泛的存有学的角度来说："这种非真理的存有依据何在？我们一定有必要透过跟真理的比较来界定它，

---

① *RSO*, p. 772; *CPP*, p. 2.

② *RSO*, p. 773; *CPP*, pp. 2–3.

把它视为在知性之后遗留下来的东西吗？这个暧昧模糊的交流，不是一个全然独立的存有学事件，用以描述的范畴不能化约为认知的相关范畴吗？"[1]列维纳斯认为，艺术并没有带领我们认识特定的现实，艺术跟知识迥然不同。他用神学的话语来说，"艺术并不属于启示的序列，它也不属于创造的系列，而正好朝向相反的方向运动。"[2]换句话说，艺术是朝向阴影的方向运动，而并不是朝向真理彰显的方向运动。

列维纳斯的艺术的存有学思考，恰好与梅洛-庞蒂在《塞尚的疑惑》一文中所作的艺术存有学思考形成对比。其中最重要的争议点，就在于艺术作品的存有是否具有一种基源的历史性。列维纳斯显然是朝向否定的方向思考，而梅洛-庞蒂则试图提出一种在艺术表达与真理彰显之间的连续性思考。

梅洛-庞蒂认为，"艺术家不满足于做一个文化动物，他在文化刚刚开始的时候就承担着文化、重建着文化，"因此，艺术家的表达意向指向的不是一种已有固定符号的意指，以历史的发源状态来说，在艺术家的感受被清楚表达之前，"什么也没有，只有一种模模糊糊的热切，只有当作品完成并被理解之时，才能证明人们应该在这里找到某种东西而不是什么也没有。因为，艺术家的再现，就是为了在无声的孤独经验的基础上意识到这种东西，文化的、思想的交流也正是建立在这种基础上。"[3]从梅洛-庞蒂上述对于艺术表达主体建立主体际的真理、建立

---

① *RSO*, p. 773; *CPP*, p. 3.

② *RSO*, p.7 73; *CPP*, p. 3.

③ *SNS*, p. 32.

文化中崭新的意义的积极肯定中,我们不难看出,列维纳斯在《现实及其阴影》中所要批判的"教条说法",除了被点名的萨特思想之外,梅洛－庞蒂的艺术表达论应该也在列维纳斯的矛头所指之列。

所谓的艺术表达论,就是把艺术作为真理揭露的一种活动。梅洛－庞蒂说:"艺术是一种表达运作( opération d'expression )。就好像言语的本质是在我们面前,用可认知事物的名称来命名,或者说,来把握那些混乱杂陈的事物。……我们忘却了那些令人生厌的模棱两可的外表,而是透过它们直接达到它们所代表的事物。画家重新获得并且恰到好处地将一些东西转化成可见之物,这些东西,如果没有画家,便仍然会被闭锁在脱离意识的生命之中。"[1]于是,艺术家的表达在这种脱离意识的生命和可见之物中间,扮演了重要的创造、启示和串接的角色,然而,列维纳斯却持相反的意见,认为这完全是从在世存有的观点去看艺术作品,他提议的是一个完全相反的方向。

或许,我们从梅洛－庞蒂对于评论——不论是艺术评论还是哲学——的看法,可以进一步了解他与列维纳斯的不同。在与《塞尚的疑惑》这篇文章同为 1945 年出版的《知觉现象学》的"序言"( Avant-propos )中,梅洛－庞蒂谈到了他对艺术与哲学的看法,他显然认为这两者是互通的,或至少是可以互换的真理显现的不同方式。他说:"现象学的世界( monde )不是一个预先存在的阐释,而是存在的基础( fondation ),哲学不是一种预先真理的反映,但就像是艺术,哲学是一种真理的实现

---

[1] *SNS*, p. 30.

（la philosophie n'est pas le reflet d'une vérité préalable, mais comme l'art la réalisation d'une vérité）。"[1] 就此而言，哲学与艺术，或者说评论与艺术，似乎都是让世界本身转化为明显的存在的一种运动。回到艺术表达论的脉络来看，梅洛－庞蒂要表达的是一种特定的真理观，这种真理观认为，"在任何知识的论断和判断之前起作用的是一种运作的意向性（intentionalité opérante），是一种感觉世界的逻各斯（Logos du monde esthétique），是一种隐藏在人的灵魂深处的艺术（art），是一种同任何艺术（comme tout art）一样只能在其结果中认识自己的艺术。"[2]

从这种真理观来看表达活动，梅洛－庞蒂在《知觉现象学》中，区分出一种正在说出的言语（parole parlante）和一种已说出的言语（parole parlée）。他认为，"表达活动构成了一个语言世界和一个文化世界，把趋向远方的东西重新拉回到存在，由此形成了就像拥有获得的财富那样拥有可支配意义的被表达的言语。通过这些习得的东西，其他真正表达的活动——作家、艺术家和哲学家的活动——始成为可能。这种始终在整个存在中重建的开放，就是决定儿童最初言语和作家言语、词语结构和概念结构的东西。"[3] 我们可以说，梅洛－庞蒂的《知觉现象学》和《塞尚的疑惑》这个时期的思考，的确是把艺术表达的存有学模式扩展为所有真理表达的存有学模式，所以，并没有看到

---

① *PP*, p. xv.

② *PP*, pp. 490–491.

③ *PP*, p. 229.

他详细区分作为语言表达的哲学和评论，跟作为视觉图像表达的绘画、作为听觉韵律表达的音乐之间，有什么本质上的差别。换句话说，这里隐藏了一种浪漫主义式的"生命作为艺术"的艺术存有学整体思考倾向。

这种艺术存有学的思考倾向，把绘画和其他艺术和哲学视为等同，视艺术作品的创造与感受为真理的本原状态。所以梅洛－庞蒂才说："塞尚的困难，是说出第一句话（la première parole）的困难。"也就是作为基源的历史性的落实者的困难。他又说："一个像塞尚一样的画家、艺术家、哲学家，应该不仅创造和表达一种观念，还要唤醒那些让这种观念扎根于他人意识中的体验。如果作品是成功的，作品就具有一种由作品自身来进行教导的奇特能力。"[①]就此而言，这种艺术存有学，是要在艺术表达的创新模式中，寻找到主体之际真理的基础，也就是推动历史文化发展的基源所在。

## 四、真理与非真理的问题

显然，梅洛－庞蒂所关心的是在真理与主体际性的范围之内，崭新的表达与二手的表达之间的关系，或者说，如何在非真理与真理之间搭造一座可能的桥梁，又如何透过艺术存有学来阐明创新的意义进入人文历史的真理发生学问题。但是，对于列维纳斯来说，重要的问题在于非真理存有者与真理存有者之间的存有学差异问题，换句话说，列维纳斯所关心的并不只

---

① *SNS*, p. 33.

是人文历史中意义化成的向度，而是意义与非意义、人文与非人文、在世存有与非在世存有之间的绝对断裂关系。

究竟什么是艺术所带来的非在世存有的存有样态呢？列维纳斯认为，在诗歌和音乐的魅力中，主体被消解了，而进入到匿名的状态，在这当中，"我们谈不上同意、肯定、引发或者自由，因为主体被它所攫取、带走。主体成为韵律自身呈现的一部分。在如此的状态他甚至不管自己，因为在韵律当中不再有一个自己（soi），而变成一种从自己到匿名状态的过渡。"[①]我们在此首先看到"主体性"这个范畴的消解。

其次，列维纳斯认为，艺术的创作与欣赏也不能用意识、无意识这些范畴来设定，这是一种处在"黑暗的光线"中，"清醒的梦"的状态，或者说是一种"游戏"状态。"它是一种存有状态，不再适用于意识形式或是无意识形式，因为在那里的我已经没有特权去肯定它的力量，而整个的处境和所有的呈现都是在黑暗的光线中，在场。这是清醒的梦。在这种光线中，运作的不是习惯、反射，也不是本能。听到音乐想要走步或者跳舞的特别自发性质，是一种存有状态，其中没有任何一点的无意识，但意识却瘫痪在它的自由、它的游戏里，完全沉浸在这一种游戏状态中。"[②]至此，不论是现代哲学强调的意识问题，精神分析强调的无意识问题，现象学特别强调的意向性，甚至是梅洛－庞蒂所谓的"运作意向性"都被列维纳斯的描述所搁置。

除了强调一种类似民族志中所描述的"恍惚出神"仪式状

---

① *RSO*, p. 775; *CPP*, p. 4.

② *RSO*, p. 775; *CPP*, p. 4.

态,强调创作与欣赏主体的非人格化存有状态,主体进入一种"事物的状态而处于事物之间、作为整个景象的一部分"之外,列维纳斯还强调艺术的特色就是"把存有代换为形象(image)"①。他认为,不论是古典艺术或是现代艺术作品,不论是执着在描绘现实对象和表现艺术形象的非现实本质,艺术作品本身都在对象之外、现实之外,转化出一种非对象(non-objet)、非现实,列维纳斯把艺术形象的这种存有学地位称为现实的"去肉身化"(désincarnation)。

在《现实及其阴影》一文中,列维纳斯特别讨论了形象与象征、符号、语词的不同。他认为形象指涉到了对象的外观(ressemblance)。关于对象的外观与对象本身之间的存有学距离,我认为,理解列维纳斯对于这个存有学距离的讨论,可以作为理解列维纳斯后来讨论他者的"脸"(visage)的一个重要依据。列维纳斯认为,"我们不能把外观当作在形象和原本之间比较的结果,而是当作产生形象的重要运动。现实不会只是它本身之所是,它在真理中被揭露之所是,现实也同时会是它的折叠(double)、它的阴影(ombre)、它的形象。"②换句话说,存有并不只是它本身,透过在世存有在外观上的呈现,它还逃离它本身。

从一个人的脸来说,"一个人在他的脸上,跟随着他所符应的这张脸,承载了他自己的漫画、他自己如绘画般的特质,这种如绘画般的特性强调,在某种程度上接近漫画。"列维纳斯用

---

① *RSO*, p. 776; *CPP*, p. 5.

② *RSO*, p. 778; *CPP*, p. 6.

日常对象、人的脸与静物画的存有状态来相互模拟。"这里有日常生活中一件很熟悉的东西，完全顺应了熟悉于日用的手，但是这个东西的性质、色彩、形式和位置，同时也留存在它的存有状态的背后，就像一个灵魂的'老外套'，它从那件东西当中引退出来，就像一幅'静物画'。"[①] 于是，就像我们日常透过认脸和外貌来认人的存在状态一般，透过作为代表的人的外观，使得他的存有产生了双重性。它是它本身之所是，同时从外观的角度来说，由外部观看的角度来说，这外观与它自身之所是又显得如此陌生不熟悉，而在这两个环节之间存在一种关系。列维纳斯要说的是，事物既是它自身又是它的形象，而在这个事物和它的形象之间的关系，就叫作外观。

于是，形象等于是对象的存有本身的一种变造，存有的本质形式在这里以一种外观的方式出现，而本身则在引退中放弃了这个外观。在这里，列维纳斯提醒我们，要沉思形象的存有学意义，就是要沉思图画的存有学意义。换句话说，我们如果要了解形象的存有学意义是什么，"必须要从图画的现象学开始，而不是反过来"。透过绘画的纯粹外观呈现，绘画要素并不是作为象征，而是在对象的缺席当中，"透过要素本身的在场，而强调出对象本身的不在场。它们（形象）完全占据了对象的位子，而标志了它已经被排除，就好像被再现的对象已经死亡，已经崩解，已经在它自己的反影当中被去肉身化了。"[②] 就此而言，绘画并不会引导我们超越在既有的现实之上，而是引导我们到

---

① *RSO*, p. 778; *CPP*, p. 6.

② *RSO*, p. 779; *CPP*, p. 7.

达绘画的这一边，一个属于阴影的、属于非真理的本质折迭空间。对象的可感觉部分，透过外观的结构化，投出一道阴影，放射出一种模糊暧昧、无从捉摸、无可名状的魅影式本质。

这种魅影式本质或者本质的反影，列维纳斯借用了让·瓦尔（Jean Wahl）的"降离"（transdescendance）概念来加以说明。他认为，"从严格的存有学意义来看，这个概念可以标举出我们在形象和在外观当中所看到的，绝对者在这种存有状态中，形成了降贬或是糜烂的折叠现象。"① 基本上，列维纳斯认为"降离"现象使类似外观这种存有者，已离开现象学意义下的世界，而进入某种非存有，或魅影式存有界域。

有趣的是，梅洛－庞蒂在《塞尚的疑惑》这篇文章中，也强调了画家对物体和人像的外表的重视，他也同意，绘画所呈现出来的外表不同于对象本身，更不同于关于对象的概念，然而，他把绘画所呈现出来的外表，视为是我们理解对象的初始依据。他说："塞尚并没有忽视物体和脸孔的外貌，他只是想在这种外貌从色彩当中浮现的时候把握住它。把一张脸画得'像一样东西'，并不等于要去除掉这张脸的'思考'。塞尚说：'我知道画家会加以诠释，画家不是呆子。'然而这种诠释的思考从来不会与视觉相分离。'我如果画这些蓝色点子、栗色点子，我要让脸孔看起来像他在看一样……'所以，在画中人物的目光之中可以看出、读出精神，然而这些目光只不过是一些色点的集合。"② 因此，梅洛－庞蒂认为，绘画对于现实对象外表的呈现，使得

---

① *RSO*, p. 781; *CPP*, p. 8.

② *SNS*, pp. 26–27.

灵魂与肉体、思想与视觉的概念区别变得徒劳，而画家所要表达的恰好是前于这些概念的初始经验。就此而言，绘画所呈现的表象，无异于初始状态的真理，而不是非真理。

在此，梅洛－庞蒂的艺术存有学，很明显的呈现了一种基源式的思考。这也就是本文在一开始的时候所指出，列维纳斯在 1974 年的《异于存有或超出本质之外》一书中对梅洛－庞蒂所提出的批评。让我们循着《塞尚的疑惑》所提出来的初始状态艺术存有学，也就是艺术表达作为一种基源的历史性的看法，看看他到了 1952 年发表的《间接语言和沉默之声》这篇文章中，如何谈论这个历史性问题，又如何看待真理与非真理的问题。

梅洛－庞蒂在 1952 年的这篇文章中，告诉我们，"存在着两种历史性，一种充满讥讽、嘲弄、由误解所造成，这种历史性让每个历史时期与其他历史时期进行角力，就像对待外国人一样，硬把自己的疑虑和观点强加给他们。这种历史性是一种在遗忘状态的历史性，它只剩下回忆，是一种片断、无知、外在的历史性；而另外一种历史性，则是产生前面一种历史性的根源，在我们的兴趣当中，它不断被重构，一步一步把我们带向我们原本所不是的那种东西，在这种生命中，过去，透过一种持续的交换，引导我们、让我们在自己身上发现它。这种交换，也持续引导着每一个在一幅新作品上重新复活和展开整个绘画事业的画家。"[①] 就此而言，画家和艺术家的工作无异于建造人性，他们在工作中继续书写历史，而不是像一般人变成艺术爱

---

① *S*, p. 75.

好者，在博物馆里静观这部历史的流变。

于是，我们才了解到，梅洛－庞蒂在 1961 年的《眼与心》一书中，认为在这个基源的历史性（historicité primordiale）当中，"原本轻松活泼、即兴偶成的科学思想，将学会在事物上和思想本身上变得老成持重起来，并将成为哲学……"① 看到这里，我们似乎验证了列维纳斯所批评的梅洛－庞蒂，所言不假，也就是说，从模糊暧昧的艺术对于形象的表现，一直到强调清晰概念思考的科学和哲学，梅洛－庞蒂认为这些认识形态都可以在艺术存有学的线索之下，以艺术作品的创作历程、艺术家的运作意向性之发用，作为这些认识形态的基源模型。

然而，本文所想提出的问题是：从历史性的角度来看，会不会有另外一个梅洛－庞蒂的存在呢？我的意思是，列维纳斯在 1974 年对梅洛－庞蒂的看法，会不会是一种遗忘状态的历史记忆，是列维纳斯想要坚持自己一贯的看法之下，像对待外国人一样对待已经过时的法国现象学家梅洛－庞蒂，而把自己的疑虑和观点强加在梅洛－庞蒂的思想上呢？

如果我们梳理一下梅洛－庞蒂的思想发展，一般人会认为，1948 年左右，正是梅洛－庞蒂在发展他的语言理论的时候。我们如果给出一个简单的图谱，可以说梅洛－庞蒂在 1942 年发展的是行为理论，1945 年提出了知觉理论，1946 到 1949 年的研究重心则放在语言理论，1950 到 1954 年转向表达理论，1954 到 1956 年兴趣重心为辩证法，1956 到 1958 年阐述了

---

① *OE*, p. 13.

他的自然哲学，1958 到 1961 年讨论的则是哲学的限制 ①。换句话说，如果我们单单看 1945 年《塞尚的疑惑》这篇文章，来跟列维纳斯 1948 年《现实及其阴影》这篇文章作比较，我们会发觉，列维纳斯在 1974 年的《异于存有或超出本质之外》对梅洛－庞蒂所提的看法似乎颇称公允。然而，如果我们注意到，1948 年的梅洛－庞蒂已受到了索绪尔（F. Saussure）的影响，正在发展他的语言理论，那么，我们或许有可能理出一个完全不同的脉络，说明梅洛－庞蒂不论是在 1952 年的《间接语言与沉默之声》，或是在 1961 年的遗著《眼与心》里面，由于受到结构主义语言理论的影响，不能以一种简单的艺术表达论来看待其中所包含的艺术存有学。

我们所要提出来的观点是：从 1945 年的《塞尚的疑惑》，1952 年的《间接语言与沉默之声》，一直到 1961 年的《眼与心》三篇美学论文之间，所指向的并不是同一种类型的艺术存有学。也许，在 1952 年的文章中这种变化还不够明显，但是，梅洛－庞蒂在 1961 年的《眼与心》这篇文章中所提到的基源历史性，并没有得到列维纳斯很好的理解与诠释。我们认为，从形象、外观、非概念、非现实存有这个线索来看，梅洛－庞蒂受到结构语言学影响之后所产生的绘画形上学或者视觉形上学，与列维纳斯在 1948 年就已经萌发的阴影形上学，两者之间的距离并没有列维纳斯在 1974 年所认为的那么遥远。

---

① Hugh J. Silverman, "Merleau–Ponty's New Beginning: Preface to the Experience of Others", in *Merleau–Ponty and Psychology*, Keith Hoeller, ed., New Jersey: Humanities Press, 1993, pp. 25–32.

## 五、非真非伪：魔法、幽灵、阴影的存有时空

本文认为，梅洛－庞蒂在1961年的《眼与心》这本书中，透过视觉和现代绘画史所做的存有学思考，除了列维纳斯的批评所指出的基源历史性这个重点之外，除了一种强调连续性的存有学思考之外，也存在着一种断裂性的存有学思考。梅洛－庞蒂说："画家孜孜以求的是什么？就是揭示形形色色的方法，仅仅是那些能见的方法，通过这些方法，山在我们的眼里便成了山。光线、亮度、阴影、反射、色彩，所有这些被研究的对象并非完全都是现实的存在，因为他们都如幽灵一般，具有的只是视觉上的存在。"[①]梅洛－庞蒂举出了伦勃朗《夜巡图》(*la Ronde de nuit*)这幅画中指向我们的那只手，他也提醒我们注意，卫队长身上的影子同时向我们显示这同一只手的轮廓。那只手和那只手的阴影，构成了卫队长的空间性，它让两个视觉焦点交会在一起。光线和阴影产生了作用，成就了对象的外观，然而对象的外观，也只是对象的幽灵，脱离了对象本身，被画家的眼睛所注视，成为一种魔法式的视觉存有。

梅洛－庞蒂认为，画家，不论他是谁，当他作画之时，都是在实践视觉的一种魔法理论(théorie magique)。这个魔法理论只是在颂扬可见性。换句话说，绘画召唤着一种谵妄出神状态(délire)，也就是视觉本身的出神状态，因为观看本身就保留有空隙、有距离(à distance)、有时间上的中断与空间上的切入观点，因此，绘画并不会让人联想到任何东西，在绘画当中，

---

① *OE*, pp. 28-29.

是表达的手段自己在运作，是表达方式自己在创造它的目的。[①]
就此而言，绘画表达并不一定指向真理，梅洛 - 庞蒂在此修正
了他在 1945 年的立场，他认为，绘画只是在可见性的基础上，
脱离了可见的现实对象，而自己创造出来一种奇异的、非现实
的等价交换系统。

于是我们可以看到，绘画的整部现代史，它为了脱离作为
模拟现实的幻术，为了获得它自己的向度所做的努力，就梅洛 -
庞蒂来看，具有一种形上学的意味。他追求的是另外一种逻各
斯。现代绘画史的努力，"证明有一种等价体系的存在，这是一
个有关线条、光线、色彩、立体感及质感的逻各斯，一个非概
念的普遍存在的表现。"( un système d'équivalences, un Logos
des lignes, des lumières, des couleurs, des reliefs, des masses,
une présentation sans concept de l'Etre universel. ) 就此而言，
现代绘画力求不再依附事物外观再现，而"要求人们创造出新
的物质与新的表现手法"[②]。

就时间性的角度而言，梅洛 - 庞蒂也认为，绘画因为造就
了瞬间的视觉，而超越了时间的延续，似乎还找到了一种暂停
的时间、中场的时间。许多照片都显示了运动中的竞技者身体
姿态虽然不稳定，动作却是凝滞僵固的。人们只有增加视点才
能使他们活跃起来。然而这种活跃的状态，就视觉本身而言，
只会让人产生一种"芝诺式运动的幻梦",譬如立体派的分析画，
或者是杜尚的《新嫁娘》( Mariée )，都让我们看到"像穿了甲

---

① *OE*, pp. 25–27.

② *OE*, pp. 71–72.

胄般的僵硬的身体，她的关节舞动着，她的身体像魔法一般一下在这里，一下在那里，然而我们并没有看到她从这里走到那里。"① 就视觉的现象学而言，似乎也只有绘画和图像能够给我们这种瞬间断裂的时间感，就此而言，芝诺的时间形上学得到了视觉上的具体存在。显然，梅洛－庞蒂至此已不再把问题集中在人类学式的主体"运作意向性"，而将焦点转向"视觉物"构成的存有学条件。

列维纳斯虽然没有用梅洛－庞蒂所说的等价系统来描述艺术的形象，但他运用了一个词叫作"折叠、复本"（double），来描述形象的存有学意义。他说："存有者本身的运作，存有者本身的存在，被它的存在的外观打了一个折叠。"他用雕塑来说明这个存有学的吊诡。"每一个艺术作品最终来说都是雕塑，一个时间的停顿中止，或者说它被耽搁在他自身之后。""雕塑实现了一个吊诡：一个瞬间，持续存在却没有未来。它的持续绵延并不真的只有一瞬间。在这里，它并没有给出自己作为持续绵延的一个极小要素，如电光火石的一瞬间；它拥有自己的方式，以半永恒的持续绵延存在。"②

这里不存在"基源的历史性"的问题，它是一个断裂的时间，时间的另一边，外于人文时间的中场时间。时间在这里被冻结了，我们进入了时间的阴影当中。"永恒地被悬搁着的未来会漂浮在一个雕像所冻结的姿态当中，就像一个永远正要来到的未来。未来的迫近性在一个瞬间的面前持续着，这个瞬间被剥夺

---

① *OE*, p. 78.

② *RSO*, pp. 781–782; *CPP*, pp. 8–9.

了当下的根本特征：它的转瞬即逝。它将永远不会完成它作为当下的任务，就好像现实已从它自己的现实当中撤离，而把它留在一片无力感当中。在这种处境下，当下无法肯定任何事情，无法承担任何事情，因而成为一个非人称、无名的瞬间。"[1] 同样的描述，如果我们回到《眼与心》的谈到现代绘画所呈现的"芝诺式运动的幻梦"，我们会发觉另一个梅洛-庞蒂的确存在。列维纳斯也拿艺术时间与梦幻时间做比较，也讨论芝诺的箭[2]，但他是用残酷、异教、梦魇去谈这种艺术时间。

"一座雕像的瞬间是一个梦魇。……它们被封存在它们的命运中，这正好就是艺术作品跟它的启示、它的真理平行的地方，这是驱向黑暗的存有者的降临。"[3] 换句话说，艺术作品并不带来什么启示，也不带来什么真理，它封存在自己非现实、非人称，未来即将到来，却永远不会到来的瞬间命运中。这是一种陷落在物质世界、陷落在时间间隔裂缝中的永恒持续绵延，它与我们的现实形成对比，它是居间的非在世存有，永不完成，却持续绵延。列维纳斯说，形象即是偶像，一座雕像的形象无异于一座死亡的偶像，从一神论的观点来说，形象的放逐是必然的最高命令，它是创造和启示的反面，它是死亡。[4]

就此而言，"艺术的创作和欣赏代表了一种魔法式的存有学思考。艺术把命运的暧昧性带进了世界，但它特别带来了轻盈

---

① *RSO*, p. 782; *CPP*, p. 9.

② *RSO*, p. 785; *CPP*, p. 11.

③ *RSO*, p. 783; *CPP*, p. 9.

④ *RSO*, pp. 785–786; *CPP*, p. 11.

高贵而迷人的不负责任。它解放。因此我们说，要创造和欣赏一篇小说和一幅图画，就是要不必再承担什么，就是要宣布中止科学、哲学和行动上的努力。不要再说，不要再反省，要在祥和宁静当中赞叹，这就是在美的面前得到满足的智慧所提出来的忠告。在承认每一个地方都有魔鬼存在之后，魔法在绘画和诗歌当中享受着让人无法理解的容忍，让绘画和诗歌散发出迷人的魅力。"[1] 于是，列维纳斯重新诠释了康德所谓的审美判断中的无所偏私、不涉利害（disinterestedness）。列维纳斯认为，从最普遍的审美愉悦经验来看，不必负有任何伦理上的责任是一个重点，由于本来必须要被建造的世界被本质上已经完成了的它的阴影所取代，所以，审美活动中的无所偏私、无涉利害，并不是沉思冥想所造成的无所偏私，而是不用负责任所造成的无涉利害。

## 六、神学、伦理学与艺术存有学之间

在上面的讨论中，虽然我们发现了梅洛－庞蒂在1961年《眼与心》这本书中所发展的艺术存有学，与列维纳斯在1948年和1974年部分文章中所描述的不尽相同，但是我们的重点并不是要指出列维纳斯对梅洛－庞蒂的批评不尽公平，更根本的关键毋宁是：两者的思路指向不同的方向。基本上，梅洛－庞蒂在《眼与心》这本书中的艺术存有学思考，是从早期的身体主体、身体意向性到晚期的肉身存有学之间，一个基于结构语

---

[1] *RSO*, p. 788; *CPP*, p. 12.

言学和表达问题的思想转折点，绘画与视觉对他而言，是一个既开显又遮蔽的现象，我们之所以说《眼与心》是转折点，乃系依据本文阐释的两种艺术存有学思路——真理表达论与阴影魔法论，而我们认为，这两种并存在梅洛－庞蒂的思想中的思路，是列维纳斯在 1948 年的《现实及其阴影》所无法设想、1974 年的《异于存有或超出本质之外》所没有仔细区分的。

　　另一方面，列维纳斯显然在 1948 年的文章里，就显现了他对神学和伦理学的关怀，因此，即使是在讨论艺术的存有学，对列维纳斯来说，他都是对照着神学的启示论和创造论，来阐述一种阴影论的艺术存有学。同时，从伦理形上学的角度来说，他也特别指出艺术存有学不可能打开伦理学的向度，因为，就阴影世界、魔法世界、审美世界的高度容忍善恶相对和强调物质性而言，不负责任、无法负责任本来就是这个非在世存有世界所必然导致的后果。然而有趣的是，这个阴影魔法的世界却需要真理的表达、需要哲学的批判来支撑，同时也是真理表达、哲学批判的依据，因为，在世存有不可能生活在全无秩序与伦理的阴影世界中。就此而言，列维纳斯认为艺术活动是一种遮蔽中的否定性开显，其地位与列维纳斯后来在伦理形上学中强调的"他者""脸孔"有密切关联。

　　放回两位哲学家自己的思想脉络来看，我们发现，两位哲学家的存有学思想有一个共同点：在胡塞尔和海德格尔现象学的影响下，两人的思想都走向偏离西方传统形而上学的道路。一个走向积极的肉身存有学，一个走向消极的阴影存有学。

　　当然，本文的限制恰好是在这里。由于篇幅的限制，本文无法讨论列维纳斯在 1961 年出版的《整体与无限》这本书当中，

与梅洛－庞蒂思想所呈现的关联，包括他肯定言说与思维之间
乃一体两面的关系，而不接受先于言说的思维、不具肉身的思
维的神话；同样的，本文也无法讨论 1961 年列维纳斯在《意
义与意味》这篇自梅洛－庞蒂去世后开始写作的文章中，对于
他的思想与胡塞尔、海德格尔和梅洛－庞蒂之间的关联所做的
阐释。我们相信，通过胡塞尔和海德格尔思想作为阐释两人思
想关系的基础，能够更完整、更有深度地呈现梅洛－庞蒂与列
维纳斯思想交会的不同层次。

# 第四章
# 两种间距存有学

## ——梅洛-庞蒂与福柯论视觉与图像[*]

一个好的计划，对我来说就像那些画家所遵循的步骤：他们在完成作品之前，对它总是不时地仔细考究一番。他们之所以如此是因为，透过这种拉回其凝视并时常检视他们作品的方式，他们就有可能形成崭新的判断，而且这个判断也更有可能抓出任何细微的不协调之处，这些细微的差异，在无间断的凝思所造成的熟悉感中会被掩盖。

——普鲁塔克《论控制愤怒》[①]

---

[*] 本文修改自笔者所发表的论文《间距存有学之微差：梅洛－庞蒂与福柯论视觉》，"中研院"中国文哲所主办"晚期福柯与福柯之后"国际学术会议，2006 年 2 月。

[①] 转引自 Michel Foucault, *Fearless Speech*, ed. by Joseph Pearson, Los Angeles: Semiotext(e), 2001, p. 166. 中译参照《福柯说真话》，郑义恺译，台北：群学，2005 年，页 225。译文有所更动。福柯这个脚注是用于表明一种"自我的美学"（aesthetics of the self）在进行自我修养工夫时，虽与自我保持着间距，但态度上不是像一个即将对自己宣判的法官，而是像一个画家作画或手工艺匠工作般，把自己当作一个作品计

## 一、视觉的微小间距与空隙

在梅洛－庞蒂与福柯之间，我们所能确实知道的交往，只有一个来自第三者的模糊讯息，这个讯息涉及一份福柯的私人笔记。福柯的同代人雅克·塔米纽（J. Taminiaux）告诉我们，1947 到 1948 年间，22 岁的福柯曾在巴黎高等师范学院听过四十岁的梅洛－庞蒂专为当年哲学教师资格考试（agrégation）所开设的课，梅洛－庞蒂在这门课上选读了"马勒布朗许、比朗与柏格森关于身心统一问题的一些作品"，而青年福柯为这门课做了相当详尽的笔记，在同学之间颇有口碑。[①] 除此之外，我们只看到福柯的成名之作《词与物》出版于 1966 年，错落地对应着梅洛－庞蒂在死后所出版的《眼与心》（1964），形成了两种哲学话语间的断裂和间距，一方强调话语，一方强调视觉，一方强调话语和知识型的流变关系与物的秩序，另一方强调视觉的原初状态、图像秩序的创生与心灵的身体基础。就此而言，把梅洛－庞蒂与福柯置放在一起，我们首先遭遇到的问题是：如何在思想史上对两个交错而过的生命之间形成有意义的讨论

划来进行，对自己的存在体验不时进行有原则的创作性审美判断。

① 也就是因为这样，塔米纽后来才在室友的介绍下跑去向福柯借这份笔记，而且，塔米纽后来对福柯在期限到时专程跑来要回自己的笔记印象深刻。参见 Maurice Merleau-Ponty, *The Incarnate Subject: Malebranche, Biran, and Bergson on the Union of Body and Soul*, translated by Paul B. Milan, edited by Andrew G. Bjelland Jr. and Patrick Burke, New York: Humanity Books, 2001, pp. 13-15. 塔米纽所写的英译本序言为原法文本所无。

呢？就其不同的哲学志业与哲学进路来说，我们又如何可能在两个不对称的语言理路之间提出适切的问题呢？

首先，且让我们在这两种哲学话语的断裂带和错落间距上，指出两者哲学问题场域上的不对称与切分点。在此，福柯在书写篇幅上与议题上可以提供《眼与心》交错对比的文本的第一个切分点，并不只是《词与物》，而是出版于 1963 年的《临床医学的诞生》第七章《见与知》。

《眼与心》开宗明义就对科学提出存有学式的视觉批判，认为"科学操纵事物并拒绝停留于事物当中。科学赋予事物内在的模式，并且透过其定义允许的指针或变量来转化事物，科学只会越来越远距离地与眼前的世界相照面。"[①] 然后对照着画家的绘画经验，透过第一人称的身体，透过默默站立在我的语言与行动底层的身体哨兵，透过与其他身体交缠的身体，画家的身体——这个"原初的历史性"（historicité primordiale）[②]、"喑哑前行的历史性"（historicité sourde）[③] 在蛮荒的意义沼泽中开始拼命地看、拼命地画，最后从世界中提取出图画来。科学的操纵监视觉经验与画家的身体性原初视觉经验在此形成对比。

《见与知》无独有偶地也在卷首比较了两种临床医学的不同目视："首先是纯粹的目视（un regard pur），先于所有的介入之前，只忠于直接性的事物，捕捉之但不对其进行任何修饰；其次是那配置了全套逻辑骨架的目视（un regard équipé），祛

---

① Maurice Merleau-Ponty, *L'oeil et l'esprit*, Gallimard, 1964, p. 9.

② Merleau-Ponty, *L'oeil et l'esprit*, p. 13.

③ Merleau-Ponty, *L'oeil et l'esprit*, p. 90.

除了那经验主义（empirisme）所不准备进入的天真戏局。"[1] 对福柯来说，寻找一种"原初的历史性"并不是他的目的，但显然在临床医学的目视模式中，存在着一种非塞尚式的纯粹目视运作，但它仍然在任何既有的科学理论、想象和语言之前运作，成为所谓的实验观测的目视（le regard qui observe），在无声、无手势，不默认任何语言概念的实验目视基础上，才有了结合着各种临床医学语言的临床观察，就此而言，到了"临床目视"（le regard clinique）的观看，即必然在知觉到某种景象之际，便能同时听到某种语言在进行言说。[2]

从梅洛－庞蒂的角度来看，临床医学的诞生所仰赖的"纯粹目视"或"实验目视"，相当于塞尚这样的现代画家所追求的一种原初视觉经验之瞬间，而临床医学的医院与教学建置所依赖的"临床目视"和"临床观察"，就只是一种二手的、运作论的科学产物，这种运作论科学忘记了可见性的根源，乃是来自于我们肉身不可见的形上学结构——现代画家竭尽其能地回到最原初的"有"（il y a）来看、来感受，就此原初的看所预设的无预设身体运作而言，"任何技术都是'身体的技术'"（technique du corps）[3]，肉身存在与世界的交缠关系乃是所有技术的根源。透过这种原初视觉在肉身与世界之间的运作，现代绘画便成为存在与这个间距当中的"奇异交换体系"（étrange

---

① Michel Foucault, *Naissance de la clinique*, Paris: PUF, 1963, p. 107.

② Foucault, *Naissance de la clinique*, p. 108.

③ Merleau-Ponty, *L'oeil et l'esprit*, p. 33.

système d'échanges）<sup>①</sup> 的最佳范例。绘画在此间距中召唤着谵妄（délire），绘画如同一种魔法，画家唤来原本不可见者，被研究、被注视的绘画对象如同幽灵聚集，将视觉的内在状态翻转为外在表面，让所有的可见者具有一种存在于物体秩序当中的变形，反过来说，绘画这个幽灵聚集所，又像是一面镜子、一个切分点与万物汇流的十字路口，由外部向内在平面汇集，转换可见者于肉身体系中，当某种看的方法被具现在画作的可见秩序的时候，它似乎将之由外向内翻转，这种观点下的现代绘画，等于为我们永久获得了一种可见的等价交换体系，足以藉之变现为不可见的崭新注视观点，并断绝这些交换体系对周遭事物的依附关系：

> 这证明有一个等价体系（système d'équivalences）存在着，这是一个有关光线、色彩、立体感及质感的逻各斯（Logos），一个呈现（présentation），无需普遍存有的概念。现代绘画所做的努力，并不完全在于线条与颜色之间作出选择，甚至也不在于在事物的具象化与符号创造之间作选择，现代绘画所做的努力在于复数化（multiplier）等价体系，并割断这些体系对事物外貌的依附，这就要求人们创造出新的物质与新的表现手法，然而，有时候又必须对现已存在的物质和手法进行再考察和再投注。<sup>②</sup>

这自成逻辑、自行道说的等价体系，犹如临床医学"实验目视"的纯粹状态，在物的秩序与视觉经验之间，透过实验的

---

① Merleau-Ponty, *L'oeil et l'esprit*, p. 21.

② Merleau-Ponty, *L'oeil et l'esprit*, pp. 71–72.

手法与复数化的过程，脱离原有的秩序而诞生。但梅洛－庞蒂与福柯的不同之处在于：梅洛－庞蒂并不采取考古学和系谱学的方法，将现代绘画置入某种知识、权力或伦理历史脉络中，而是用一种本质论式的存有学语调，讨论点、线、面、色彩、深度和整个等价体系之一般存有学性质。这让我们想起《词与物》第一章所谈论的《宫娥图》中的镜子，对梅洛－庞蒂来说，它混合了"本质与存在、想象与真实、可见与不可见"①，绘画本身既具有物质条件，又具有无声而有效的视觉意涵，如同梦一般中介了存在，将存在转化为另一种无限定、有距离的中介体验。对于绘画表象的历史向度，梅洛－庞蒂只提到为了创作上的需要，有时候需要对既存的材料和技术做"再考察和再投注"。梅洛－庞蒂的哲学说词，认定"整个绘画理论就是一门形而上学"②或存有学，而绘画的整部现代历史，"具有一种形而上学的意味"③，作品的过去为它准备了一个漫长的未来结构，向尚未来到的可能视觉开放，这种绘画作品的存在方式，指向了一个强调身体思考而非"我"在思考的视觉哲学命题："看就是在距离中拥有。"（voir, c'est avoir à distance）④ 如果"看与绘画"涉及的是在与事物的间距中做一个非概念性的偏离、歧出、裂变，那么，绘画与图像的存在，便成为一个有关"间距"的存有学问题。

---

① Merleau–Ponty, *L'oeil et l'esprit*, p. 35.

② Merleau–Ponty, *L'oeil et l'esprit*, p. 42.

③ Merleau–Ponty, *L'oeil et l'esprit*, p. 61.

④ Merleau–Ponty, *L'oeil et l'esprit*, p. 27.

但是，从福柯的观点来看，梅洛－庞蒂上述《眼与心》的论述蕴含了一种本质论或连续性的趋同存有学。福柯在《词与物》第九章"人及其复本"中，讨论到现代知识型当中的有限性分析（analytique de la finitude）时，他认为有限性分析必定会从各种差异的经验内容求取证明，分析出这些内容之中早已存在着它们自己的条件，而种种相关的思考，也必定已为非思（impensé）所缠绕着，思考的任务就是努力恢复经验内容的非思条件，于是，不管经验内容的原初条件如何遥远，如何属于他者之域、非思状态，最后，在种种的经验差异序列中总是可以过渡到"同"的思想（une pensée du Même）。这里面包含了一种连续性的存有学（ontologie du continu），以及一个在尽善尽美中厚度被完全展开的、未断裂的存有。这种存有学甚至可以不具有形上学而成立，换句话说，"这种存有学甚至可以不需要连续性，而勉强地在有限的形式或者与存有的遥远距离中进行反思。"[1] 简而言之，它可以在承认"间距"的条件下进行存有学反思。

无论如何，这种本质论的存有学设定了一种原初的、隐而不显的存有经验——在此是现代画家的表达性视觉经验之背景，这时，看的形式成为一种反显此背景的创造性手势，然后从这种原初的、被遗忘的存有经验衍生出二手的存有经验——在《眼与心》中是现代科学的操作性视觉经验，它遗忘了感觉与被感觉者合一的身体状态，而停留在技巧操作性的语言概念层面。

---

[1]　Michel Foucault, *Les mot et les choses*, Gallimard, 1966, pp. 350–351.

现代思想不再朝向一种从未完成的现象学还原前进，而是反过来朝向"相同"（Même）之总是能被完整揭露的行动而前进。就此而言，这种"趋同"的揭露行动，如果不透过"人的复本"的出现，是断断不可能完成的，

> 这种间距，微小而无法克服（cette écart, infime mais invincible），处在根源的退隐与回返、思与非思、经验与先验之间，处于连接基础秩序与实证秩序中间的"与"（et）的位置上。[①]

透过这些作为中间接榫的"人的复本"，绘画本源的退隐与回返、绘画的先验条件与经验条件、绘画的思和非思中间的间距便能够加以克服或加以填实，梅洛-庞蒂显然是透过人的身体及相关知觉条件的提出，作为"人的复本"，来克服这许多"微小的间距"。福柯在《词与物》中不止一次提到这样的存有学间距或是空隙（vide）的问题，他认为诗人荷尔德林、哲学家尼采和海德格尔所关注的经验轮廓之中，真正的回返只有在起源的彻底隐退时才能给出，而在现代经验中，起源的隐退要比任何经验都更为根本，然而，正是这个起源的隐退，造成了起源本身作为一种空隙或间距而显现。[②]

---

① Foucault, *Les mot et les choses*, p. 351.

② Foucault, *Les mot et les choses*, p. 345. 福柯的另一种谈法是采用"距离"（distance）这个词，但其意义类同于上述的"空隙"或"间距"。他在《词与物》页335讨论现象学式的"现代我思"时说："现代我思，相反地，涉及依据其最大维度尽可能的看重此距离（la distance），此距离在呈现给自己的思考与思考中根植于非思（non-pensé）之间，既将两者区分开，又将两者联系起来。"

福柯认为，这种本质论的存有学缺乏历史上的限定，无法将特定历史的内在结构呈现出来，而成为一种"混合式的言说"（discours mixte）[1]，强调绘画混合了、模糊了（brouiller）"本质与存在、想象与真实、可见与不可见"的界限区分，其目的却是要填补这个"间距"。相形之下，福柯在《临床医学的诞生》中，如同"纯粹目视"与"临床目视"的关系，目标是要去检视语言的最基础层次：也就是词与物尚未分离、说与看仍然是同一回事的"无声、无手势"状态，他的重点是要检视可见与不可见者的原初部署结构，[2] 重新检视其界限如何生成、如何形成规范，又如何移转，而不是企图为超越历史的最原初存有状态命名。就此而说，他的思考是要从人的消失所产生的空隙与空白之处开始，对他来说，"这个空白（vide）之处并不代表一种需要被填满的空隙（lacune），它反而展开了一个空间（espace），使得思考再度成为可能。"[3]

## 二、两种间距存有学

就上述两种存有学的比较来看，福柯在 1984 年所写的《何谓启蒙？》一文当中明确提出，他所主张的是一种历史的存有学、一种批判的存有学，但它不是一种理论和学说，而是一种态度

---

[1] Foucault, *Les mot et les choses*, p. 332. "Il n'en reste pas moins que l'analyse du vécu est un discours de nature mixte..."

[2] Foucault, *Naissance de la clinique*, p. vii.

[3] Foucault, *Les mot et les choses*, p. 353.

和哲学生活，一种针对当下历史有限性、针对我们自身的存有学的批判思考。这种批判存有学思考的特色在于：在历史和实践上实验我们自己能够逾越什么界限，亦即它是我们自己作为自由生命而对自己进行的一件工作。[①] 从这项工作的系统性来说，福柯提出三条轴线："知识之轴、权力之轴、伦理之轴"。这三条轴线要响应三个基本问题："我们自己如何构成我们自己知识的主体？我们怎么让自己形成行使权力或屈从于权力关系的主体？我们怎样让我们自己形成行为的道德主体？"[②] 无论如何，

> 我们自身的批判存有学当然不可视为一个理论、一个学说，也不可视为一个不断在累积的永恒知识体，而应该视为一种态度、一种气质（êthos）、一种哲学生活，在这个生活里，对我们自己的批判，同时也就是对我们所受限制作历史的分析，以及实验（épreuve）逾越这些限制的可能性。[③]

福柯主张，这种考古学与系谱学的思考方式并不预设任何原初的存有状态，而是透过对于人的各种实践研究，来了解技术理性的运作和各种自由策略的可能，因此没有本质论存有学的危险。反过来说，福柯隐然批判梅洛－庞蒂认定只有现代绘

---

① "Je caractériserai donc l'êthos philosophique propre à l'ontologie critique de nous–même comme une épreuve historico–pratique des limites que nous pouvons franchir, et donc comme travail de nous–même sur nous–même en tant qu'êtres libres." Michel Foucault, *Dits et écrits II, 1976–1988*, Galliamrd(Quarto), 2001, p. 1395.

② Foucault, *Dits et écrits II*, p. 1395.

③ Foucault, *Dits et écrits II*, p. 1395.

画当中才有原初视觉，而忽略了作为梅洛－庞蒂所批判的现代科学的成员之一的现代临床医学，也具有一种纯粹目视；或者认定身体与世界的交缠关系是最原初的，视觉经验所开发出来的绘画接口是身体与世界间距中的产物，而忽略了临床医学对视觉的运用也带着一种双重性，一旦纯粹的实验目视在历史实践中被模式化和语言化，纯粹目视即翻转为结构性的"瞥视"（coup d'oeil）①，这时，临床话语本身与纯粹视觉分离，在存有学的间距中取得相对的历史独立位置与权能。因此，不论是临床目视、图像、话语，其能指与所指均取得各自的独立性，而形成共时运作的结构部署，不再能够从存有学角度追溯任何"原初的历史性"，换句话说，若依据现代绘画经验而主张有某种最初的视觉经验状态，恐怕需要对点、线、面、色彩、深度等要素做更彻底的相对性历史考察，而且经过这样的考察，现代绘画的事件特质方得以彰显，但这样做却不等于表彰现代绘画代表了存有空隙的显现与填实。

我们的问题是：塞尚、梵高、克利、马格利特这些画家所实践的西方现代绘画经验，究竟该归属于知识之轴、权力之轴，还是伦理之轴？对于这些画家的作品及其所强调的独特视觉经验，究竟要被放在三个问题之中的哪一个问题化领域中呢？在"我们如何自我构成为知识主体""我们如何自我构成为行使权力或屈从权力的主体""我们如何自我构成为行为的道德主体"这三个问题化的场域中，我们的确可以用"知识之轴、权力之轴、伦理之轴"的前两条轴线来消纳、系统化《临床医学的诞生》

---

① Foucault, *Naissance de la clinique*, pp. 122-123.

当中"见与知"的问题，但是，现代绘画史当中这些画家的努力，在《眼与心》强调现代绘画本身所打开的独立"等价交换系统"，既已脱离了身体和物体表象秩序，又突显了知觉经验蕴含的诸多间距，这似乎造成了一种尴尬的定位不明：这种绘画经验是一种知识、权力还是伦理经验？抑或三者皆非，在它们之外，潜藏了一条"美学之轴"？换句话说，在此经验轴线上，我们面对的问题内涵是："我们如何自我构成为审美的判断或创作主体？"而这样的判断与创作主体除了以批判的方式面对我们所受的审美历史限制之外，最主要的任务其实是"美学实验"，也就是福柯自己所说的："实验逾越各种历史限制的可能性"。

如果我们深究"美学之轴"的说法，便不得不注意到，福柯在 1984 年接受方塔那（A. Fontana）的访问，后来在《世界报》（Le monde）刊出的访问稿标题是《一种存在的美学》（Une esthétique de l'existence），这是福柯少数使用到"美学"或"审美"这个字眼的一篇文字。福柯在这次访问中，将古代的道德与基督宗教道德区分开来，认为前者"基本上是一种自由的实践和风格。"[①]古代道德的主体的存在意志主要是在追寻一种存在的伦理（une éthique de l'existence），致力于确立自己的自由以便让自己的生命本身得到某种他人所认可，甚至确立为后代的典范。也就是说，他的生命本身变成了一种亲身的艺术作品（une oeuvre d'art personnelle），变成了他的生活重心，只不过这种个人的道德意志，到了基督宗教出现之后转由上帝的意志所取代。然而重点在于，仍旧有某些工夫实践（pratiques

---

① Foucault, *Dits et écrits II*, p. 1550.

ascétiques）的方式遗留下来，这个部分显然仍与个人的自由练习有关。换言之，基督宗教的道德确立之后，道德变成了纯粹对于规范和法则的服从，对福柯来说，"这样一种古代道德的缺席，应该对应着（doit répondre）一种存在美学的追寻。"[①]从存有学的角度来看，在批判存有学对于知识形态与知识主体的历史限制、对于社会机制与权力主体的历史限制的思考之外，福柯强调，还有一个领域，在了解前述两条批判轴线之外，仍然要人们寻求各种可能，来对于自己的存在做决定、做选择。如果这就是福柯所谓的"伦理之轴"的基本意涵的话，那么现代画家的生命选择，作为一种"美学之轴"的体现，似乎与"伦理主体如何自我塑造为主体"这样的"伦理之轴"产生了一种既重叠又无法等同的张力。

有趣的是，在访问中，方塔那特别提到了福柯向来对现象学主体的不满，而福柯也毫不讳言地认为，上述的伦理主体并不是一种普遍形态的主权主体。他认为伦理主体的自我形构必然要透过屈从（assujettissement）的实践，或者像古代的伦理主体，以一种更自主的方式，透过解放、自由的实践来形构其自身，换句话说，还是要从伦理主体的文化范围中建立某些规则、风格与惯例。在这篇简短的访问稿中，福柯承认，他在《性经验史》第一卷《知识的意志》出版之后，做了重大的修正与转向，他关心的问题"转向了主体、真理与体验的形成之间的问题。"[②]就此而言，如果要把现代画家的体验作为"美学之轴"所展现

---

① Foucault, *Dits et écrits II*, p. 1551.

② Foucault, *Dits et écrits II*, p. 1550.

的历史事件，放到与福柯的"伦理之轴"同一个平台来思考的话，上述所谓的"存在美学的追寻"就打开了另一个讨论的空间：现代绘画主体的屈从与自由实践、现代绘画主体与真理戏局的关系。换句话说，现代绘画与真理的关系，可以透过这条梅洛-庞蒂思想突显出来的"美学之轴"，对比着福柯"伦理之轴"中主体与真理关系而进行讨论。

如果透过这条"美学之轴"的关系脉络来看待现代画家生命体验的命题成立的话，现代画家的美学实验作品就必须分两个层次来看：第一个层次是其绘画作品与真理体验的关系；第二个层次就是画家以自己的生命作为美学实验的接口的体验问题。然而，这种说法一旦成立，我们立即看到，这是福柯思想当中的另一个空白之地（vide），一个他在《这不是一支烟斗》（Ceci n'est pas une pipe）中说的"非场所"（non-lieu）①，或至少福柯不曾以"审美主体自我塑造"的角度来看待过现代画家；相形之下，梅洛-庞蒂从《塞尚的疑惑》到《眼与心》，如果从福柯的"伦理之轴"的问题化场域来看，反而突显出特别属于现代画家在其"主体、真理与体验的形成之间的问题"所做的努力。如果从现代绘画史的角度来看，透过物质材料、绘画母题和身体知觉来思考，可以算得上是一种追求非反思的生命工夫，而画家自我要求在物质材料、绘画母题和身体知觉层面发明新的视觉感受，以突显其创作生命的话，那么诚如贝阿特丽丝·昂（Béatrice Han）透过《米歇尔·福柯的未竟存有学》

---

① Foucault, *Dits et écrits I*, p. 674.

提醒我们的，<sup>①</sup> 如果碰上"我们自己对自己的工作"、碰上福柯晚期提出来的"真理与工夫"自我技术问题，在先前被区分出来的梅洛－庞蒂本质论存有学与福柯的历史存有学，或许并没有表面上看起来那么容易区分了。换句话说，从存有学的本质上来讲：所有批判存有学的工作，是否到最后都为了收拢在自我技术、自我修养、自我批判的"伦理之轴"上？另一方面，处于"主体、真理与体验的形成之间"的现代绘画自我与体验，是否亦自知其所开展的乃是有限性的视觉真理，而非一劳永逸地填实了存有的间距？现代画家的创作经验，在古代哲学家的真理体验之外，提供了一个当代真理体验的可能切入点。

经过一系列梅洛－庞蒂与福柯思想的对照阅读，我们企图重新探讨梅洛－庞蒂与福柯存有学的一个潜存论题：间距（écart）。《眼与心》与《见与知》两个文本只是一个起点。如果仔细阅读《眼与心》，我们可以发觉，视觉与绘画对梅洛－庞蒂来说是一个吊诡的间距、偏离式的存有学例证。换句话说，视觉点在身体与世界之间运作，将万物的存在与自我的存在，显现为在间距当中的共时共接口存在，然而视觉运作本身却不可见，因此，绘画这个可见的接口，又在视觉及其所注视对象之间打开了另外一道间距，这个间距犹如镜子的作用，把许多可见者的不同角度皴折到自己的接口上，但如此一来，这些皴折到点、线、面与色彩配置接口上的可见者，在作为间距当中的偏离式等价交换系统后，反而能够反过来规定那不可见的视

<hr />

① Béatrice Han, *L'ontologie manquée de Michel Foucault*, Millon, 1998, pp. 318–320.

觉观点的运作方式。在此，间距当中的存在与原本两端的存在形成了一种可逆转的关系（reversibilité），具体的历史实践，在此成为体制（institution），而画家主体的自我形构，又无法脱离对于这些间距当中的存在——不论是既定的身体操作、图像或是语言的体制——的依赖，所以说，《眼与心》指出画家的视觉作为一种原初的历史性。

就梅洛-庞蒂一再强调的视觉形上学或存有学而言，《见与知》当中所描述促使临床医学诞生的"纯粹目视"，虽然与画家目视运作的目的不同，但是并不能否认，福柯在这里肯定了间距的历史性所造成的无限双重化效果，这或许可以说是存有学上的间距的间距，双重的间距，而这样的间距透过不同身体感知运作与特定历史表达接口的介入，形成一种不连续的历史差异化运动，对福柯来说，"正是在这个空间之虚空中，语言获致了容积与大小。"[1]同时这也是临床医学之主体——医生自我形构其为知识主体的存有学依据，但这种存有学依据却以一种无限微小的间距在历史的当下继续展开，甚至想运用同一化的存有学言说去填补它的存在。就此而言，画家塞尚与医师毕内尔（Pinel）的特定视觉经验与身体运作，就现代绘画与现代临床医学主体自我形构的过程而言，不能说不具有对比上的重要性。是一种透过集中于视觉的身体知觉运作／图像／话语的差距化偏离动作，但又是在间距中落入某种特定的真理与主体体验关系，成为特定的历史事件。

接下来，我们所要阐述的第二个重点在于：即便如福柯强

---

[1] Foucault, *Naissance de la clinique*, p. vii.

调间距的双重化作用，也就是说，一旦直指这个间距是什么，这个"直指"即已不在此间距中，而成为特定历史事件，因此，这个存有学的间距，能不能够完全以否定、消极、批判或保持沉默的方式让其显现，值得怀疑。换句话说，即使福柯后来对梅洛－庞蒂的批评足以成立，认为梅洛－庞蒂企图肯定一种超越历史的存有学根源——身体或肉身，而福柯自认其主张一种注意吾人当下历史的有限性的存有学态度，可以自外于本质论存有学的大论述，但福柯这种主张本身也蕴含了一种至少貌似超越历史的存有学命题：主体存在的本然状态或本然意义是不可完全被说出的、是有间距的、是不断形变的、是无法界定而有待重新被说出的。

如果我们同意贝阿特丽丝对福柯存有学上述的再批判的话，仍然必须从福柯晚期思想的脉络来加以证明：批判存有学的知识与权力批判工作，终极而言，乃为了真理主体与伦理主体合一的自我修养工夫：为了自我批判与自我发明。也就是说，主体的真理体验问题再度成为存有学的核心，只不过，由于语言本身的"间距"或偏离效应，这里的"主体"必须打上括号。在此，为了免于过于简略地回到被视为现象学式的同一化论述，我们不得不先面对这两个独特的哲学生命，面对其哲学话语，及其法国当代思想集体历史实践的背景。

## 三、主体与经验

福柯在 1983 年名为《结构主义与后结构主义》（Structuralisme et poststructuralisme）的访谈当中，指出了梅洛－庞蒂在法国当代思想潮流中的三种位置，有趣的是，这三种位置都保留着两面性。[1]首先，他认为，梅洛-庞蒂处于1945年到1955年这十年，法国思想界企图把现象学与马克思主义联系起来的努力当中。但等到结构主义思想发展起来，现象学与马克思主义的联姻被搁置，结构主义便开始取代现象学的位置，与马克思主义展开联姻关系，而这个取代过程中，有一个重要的契机，就是梅洛-庞蒂自动偏离了现象学，"开始与语言问题交锋"[2]。福柯亦肯定，梅洛-庞蒂是当时最先开始讲授索绪尔（F. Saussure）语言学思想的现象学家，自此之后，"语言学的转向"灵光乍现，人们发觉现象学无法像结构语言学分析那样来解释意义的作用。

其次，福柯也注意到，在拉康（J. Lacan）精神分析学派的引领风骚之下，现象学分析面对无意识问题时，也显得左支右绌。由于现象学方法对于主体自我形构的强调，使得拉康意义下的无意识主体，不可能运用现象学方法被还原出来，于是，"现象学的主体"再一次地被精神分析学"去资格化"[3]。在这里，福柯对梅洛-庞蒂与精神分析思想的关系保持缄默，只把矛头指向"现象学的主体"。

最后，当福柯说，法国当代思潮形成了一种弗洛伊德—结构主义—马克思主义的联姻关系，而现象学因为前述的双重理由，被排除在这一首美妙的圆舞曲之外时，梅洛-庞蒂思想在

---

[1] Foucault, *Dits et écrits II*, pp. 1250-1276.

[2] Foucault, *Dits et écrits II*, p. 1253.

[3] Foucault, *Dits et écrits II*, p. 1254.

这一场他所谓的"动员广大的思想运动"中的位置究竟如何摆放，成了一个有待回答的问题。在这里，梅洛－庞蒂成了"现象学主体"这个巨大有罪的词汇背后的阴影，在逃离主体问题的潮流之中，他似乎注定了要背负着这个沉重的历史包袱，消隐其面貌。

当然，福柯在描述现象学两度被去资格化的过程中，并不是在说明他自己属于弗洛伊德、结构主义或马克思主义当中的任何一个思想阵营。他想要指出的是，"60年代发生的一切，都源自于对现象学主体理论的不满。"[1] 现象学最大的问题在于：现象学的、超历史类型的主体是否能够阐释理性的历史性？福柯认为，无可否认的是，德勒兹的基本哲学问题之一也在于此：人们根据现象学而获得的主体理论是否能够令人满意？在这里，福柯将自己的思想身份证明排除在这场动员广大的思想运动之外，他认为自己所从属的路数乃是法国的科学史传统，这个传统关心的是概念、理性、知识史、理性本身的历史以及合理性的历史。

切入法国科学史传统这样的思想身份认同，福柯关心的并不是思想路线不同的论战，而是哲学提问的不同方向。在1978年对于康吉莱姆（G. Canguilhem）《正常与病理》一书的"英文版引言"[2] 中，福柯指出，1968年运动前后的整个思想意识论辩中，有一条界线区分了经验的、意义的、主体的哲学（une philosophie de l'expérience, du sens, du sujet），也就是以萨

---

① Foucault, *Dits et écrits II*, p. 1256.

② Foucault, *Dits et écrits II*, pp. 429–442.

特和梅洛－庞蒂为主的现象学哲学，界限的另外一边则与知识、理性和概念的哲学问题（une philosophie du savoir, de la rationalité et du concept）相联系，代表人物是卡瓦耶斯、巴什拉和康吉莱姆。对于福柯来说，这两条路径是法国思想界面对"胡塞尔现象学"这条思想分界线引入后，呈现出来的两种方法论，这两种方法论的中心议题完全不同。如果各自以一个有点简化的概念来表达，法国现象学所关心的不外是"主体"问题，而法国科学史传统所关心的中心议题，如我们所知，乃是"知识"的历史。如此一来，我们便不难理解，《眼与心》与《见与知》两个文本的对照阅读中，还遗留了这个区分：梅洛－庞蒂将存有学基础间接指向一种"个体性的主体"所创发的原初历史性，而福柯宁愿将存有学基础指向一种"集体性的主体"（un sujet collectif）所触发的历史性。福柯在《见与知》中说：

> 现在，在其结构和其同时为知识外显表现与知识之取得的两个向度中，医学经验拥有了一个集体性的主体（un sujet collectif），医学经验不再在知者与不知者之间被分享，而是切实地由揭露者与当其面进行揭露的观众双方共同执行出来。其陈述亦复如是，疾病以同样的语言向双方说话。医学经验主体的集体结构、医疗照护场域的集体特性（Structure collective du sujet de l'expérience médicale ; caractére de collection du champ hospitalier）：临床医学正是置身于这两个总体的交会处，对临床医学进行定义的经验，跨越了两者对立折冲与相互限制的表面。[1]

---

[1] Foucault, *Naissance de la clinique*, p. 111.

在此，福柯早期思想明显与第一人称的主体经验或先验主体保持距离，而其"主体"概念，类似于指涉某种无人称或历史集体结构的主体经验，指向一种生命科学实践场域中生命体经验与知识建立时的主体状态，而非画家塞尚独特创作生命的、不可重复的主体状态。当然，反过来说，福柯这样的问题性，若置放于现代绘画史的脉络时能否成立，这又是另一个问题。但至少，我们在此可以确定，当梅洛－庞蒂以现代绘画史的视觉经验为模型来形成其问题化场域时，与福柯的生命科学中的视觉经验所形成的问题化场域可以说是南辕北辙。

如果我们进一步澄清福柯所开辟的问题化场域，仍然可以看到他在强调间距的批判存有学基础上所进行的"历史集体性的主体经验"探究。1966 年的《词与物》"前言"中，他强调他研究的是一个"中间区域"（région médiane），这个区域存在于为"集体性的主体"确立经验秩序的文化基本代码与科学／哲学论述之间，它虽然模糊、黯淡（confus, obscur），不易分析，却仍然是一个基本的区域，而且不断偏离文化代码设定之凝视（regard déjà codé）和反省知识（connaissance réflexive）所设定的经验秩序。福柯说："这个中间地带可以被设定为最基本的区域：它先于词、知觉和手势……它比那些……理论更为坚固、更为古老、更不可疑并且总是更为真实。"[1] 这也就是纯粹的秩序经验和秩序存在方式的经验。这样一种不断产生偏离运动的、处于中间地带的"原初"秩序经验，在一种貌似梅洛－庞蒂式"间距存有学"的焦点思考下，福柯用一幅

---

① Foucault, *Les mot et les choses*, p. 12.

画来展开其考古学论述。

对于透过《宫娥图》所开展的可见平面所带来的视觉经验，福柯所做的一个简短宣称，让我们警觉到，他对图像与论述之间的间距所抱持的态度："但是，语言相对于图画的关系却是无限定的（infini）。"①福柯认为，并不是我们说的话本身不完善，也不是这些话语在面对可见者的时候会显示为无可弥补的不充分，而是因为"我们去说我们所看到的东西，纯属徒劳；我们所看到的并不寓于我们所说的当中。"②纵使我们想办法运用各种形象比喻来表明我们所看到的一切，也没有用，因为只要是由言词说出的，都是由句法系统所限定。于是乎，《词与物》的整个考古学论述，就建立在这种透过《宫娥图》的视觉经验与运作其上关于秩序经验的种种话语论述之间的"无限（或非限定）关系"之上。这幅图画跨越了古典知识型与现代知识型，成为一个"先于词、知觉和手势"，偏离了各种理论和文化代码秩序的一个模糊地带之秩序经验。相对于话语论述，这样的图像经验所打开的中间地带，帮助福柯"把种种断裂、不稳定、矿脉之裂缝还诸我们沉寂和素朴静止的土地；在我们脚下再度显得骚动不安的，正是这片土地。"③有趣的是，这幅图画一方面既在福柯的论述之内，作为古典表象秩序迈向现代性门槛的文化代码客体，另一方面，相对于理论论述而言，它又很不稳定地

---

① Foucault, *Les mot et les choses*, p. 25. "Mais le rapport du langage à la peinture est un rapport infini."

② Foucault, *Les mot et les choses*, p. 25.

③ Foucault, *Les mot et les choses*, p. 16.

具有一种形象比喻的性质，在《词与物》论述结构的裂缝当中流变，直到第九章讨论到过早被排除的国王的在场肉身的位置为止。

《词与物》第九章"人及其复本"第三节"有限性分析"一开始，《宫娥图》中国王的位置即成为考古学突变中，与表象再现系统形成对峙张力的一个"空白空间"（espace vacant），在康德哲学"哥白尼革命"的主体转向之后，这个空间成为所有可能想象的四个主体角色轮番闪现之处：画中的模特儿、正在作画的画家、国王现身处与观赏者，四者在此"均停止其无法感知的舞蹈，凝结成一幅满盈的形象，要求整个表象再现空间最后应与一个肉身的凝视（un regard de chair）相联结。"[①] 有趣的是，对于这个"空白空间"的描述，福柯用了四个形象的交替更迭（alternance）、相互排除（exclusion réciproque）、相互交织（entrelacs）来形容其运作状态，换句话说，如果我们站在第一人称主体的位置——也就是国王的位置来面对这幅画，我们的"我"将形成一种空白状态、轮替状态、与他者交织勾连的状态，这样的"我"，不仅仅指向康德式的先验主体，指向梅洛－庞蒂式的在场肉身，也指向了各种非主体的接口出现的一个中间地带：感知、图像、言语、论述都在这个"空白空间"之中与其对象形成间距。

然而，我们必须注意到，从福柯的观点来看，福柯与梅洛－庞蒂在此所强调的存有学间距似乎指向不同的层次。福柯认为，梅洛－庞蒂强调的是一个现象学主体性的先验间距，换言之，

---

① Foucault, *Les mot et les choses*, p. 323.

这个间距是在肉身与世界遭逢之间被打开，而身体主体的先验结构允许这个间距作无限的开展，因而形成了图像、语言和其他文化接口，因此，历史性的文化代码和语言论述必然基于由知觉作用所打开的这个"空白空间"。福柯这样一种观点，显然忽略了梅洛-庞蒂晚期的思想。但这样一种将梅洛-庞蒂单方面定位在现象学思想的做法其来有自，如果我们回头看看梅洛-庞蒂 1946 年为其代表作《知觉现象学》辩护的《知觉的首要地位及其哲学后果》，就可以了解，在《词与物》出版的 20 年前，在打开这样一个后来福柯所谓人文科学得以出现的"空白空间"时，梅洛-庞蒂遭遇到什么样的挑战。

对于原初生命和直接经验的坚持，在《知觉的首要地位及其哲学后果》这场演讲中，由听众布雷耶（Bréhier）代表提出批判，认为梅洛-庞蒂既然坚持知觉经验的首要地位，就不可能对于知觉经验提出哲学论述，因为按其逻辑，哲学论述已经居于次要的、从出的地位，怎么可能谈论作为其根源的直接体验呢？梅洛-庞蒂在演讲中承认此现象之为吊诡（paradoxe）[1]，他强调，"我们确实回到了非反思（irréfléchi），但我们所回到的非反思，并不是前哲学或前反思的非反思。这是反思所理解、所征服的非反思。"[2] 就此而言，梅洛-庞蒂已经承认他在《知觉现象学》"前言"主张过的矛盾，亦即现象学的还原或论述基

---

[1]　Maurice Merleau-Ponty, *Le primat de la perception et ses consequences philosophiques*, Verdier, 1996, pp. 49-51.

[2]　Merleau-Ponty, *Le primat de la perception*, pp. 55-56. "irréfléchi" 这个概念，梅洛-庞蒂在《知觉现象学》的"前言"中已强调过，参见 *Phénoménologie de la perception*, Gallimard, 1945, pp. ix, xi.

本上的"不可能完备"①，它所指向的经验，必然包含了已经受过文化秩序熏染、已经语言化、已经思想化的经验，但由于这些经验在历史的当下仍然蕴含着上述的"空白空间"，所以这些经验中必然含有超越经验本身当下意义的"空白空间"，这也就是现象学还原得以继续其运作的认识空间与存有学间距。

与早期的梅洛－庞蒂思想相较之下，福柯的哲学用心更进一步地想要排除"知觉优先"这样的"同一"哲学预设，而进一步地强调梅洛－庞蒂所未及处理的语言、文化、历史和理性认识，这些活动不完全属于身体层面，却能够反过来影响身体层面的知觉，换句话说，从存有学的角度来看，知觉的优先反而在于它无法具有存有学上的优先性，它总是在一个具体历史处境中运作发生，知觉像是一个孤岛，总是在内外偶然因素的冲击下形成其当下生态结构，如果知觉无法自外于图像、语言、文化和历史的冲击，那么存有学上的优先性，就从属于不断容许各种差异得以展开的"空白空间"或间距，而非知觉本身。这的确是早期梅洛－庞蒂哲学在现象学的认识论思考下所未恰当面对的问题，而福柯在《临床医学的诞生》和《词与物》所隐含的存有学主张，就是要把梅洛－庞蒂现象学认识论所认定的知觉优先性，进行再一次的现象学还原，而导向无法完全还原时所间接指向的存有学间距，导向历史，导向现象学思考的废除。

不过，即便是1946年的梅洛－庞蒂，在演讲中还是留下耐人寻味的线索，让我们不禁思考他所谓的"知觉优先性"的

---

① Merleau-Ponty, *Phénoménologie de la perception*, p. viii.

虚实，以及他与主张"中间区域"的福柯的思想之区别，梅洛-庞蒂说：

> 如果我将我的知觉看成直接的感觉，它们就会是私密的、只属于我个人的。如果我将它们视为智性行为，如果知觉是对于精神的检查（inspection de l'esprit）而被知觉的对象是一个观念（idée），那么我与你，我们拥有的便是同一个世界，我们之间的交流也是理所当然的，因为世界进入了观念的存在状态，并且就像毕达哥拉斯定理一样，它对我们大家是一样的。然而，上述两种情况的任何一种，都不能反映出我们的经验（expérience）。①

我想，梅洛-庞蒂在这一段自我辩白的演讲词中，既透露他与福柯的不同之处，也透露了他与福柯的呼应之处。首先，梅洛-庞蒂认为知觉既不等于感觉、也不等于智性行为，但是反过来说，他也认为知觉与感觉和智性行为具有某种关联，显然，"知觉"这个词汇在这里已经逸出了心理学的范畴，而被提升到人文科学思想史与哲学概念的层次，这种对知觉的哲学阐述，这种可以回过头来检视精神与观念的知觉，在梅洛-庞蒂提交给法国哲学学会的论证短文中显露无遗。他带着某种福柯的意味说：

> 我们所赞同的观念，只在我们生活的一段时间和文化史的一个阶段内有效。明证性并非谛实（apodictique），思想亦非历时不变，尽管有客观化的进步，并且思想经常并非有效于一时。观念的确定性并没有奠定知觉的确

---

① Merleau-Ponty, *Le primat de la perception*, p. 51.

定性，而是建立在后者的基础之上，因为是知觉的经验（l'expérience de la perception）指导着我们从此一时刻过渡到彼一时刻，并使我们获得时间的统一性。从这一意义上来讲，任何意识甚至我们对自己的意识，都是知觉的意识。[①]

在这里，不同于福柯的是，梅洛－庞蒂企图用一个历史化与哲学化的"知觉"（perception）概念来取代现象学最核心的概念"意识"，他明确否定知觉等于全然清明的意识活动，而强调知觉活动的矛盾性和吊诡状态，也就是说，意识活动本身无法允许矛盾，从康德哲学的意义上说，一种智性的意识活动在同一时间内，只能指向逻辑上的某种可能性或者经验上的确实性，但不可能有一种逻辑上矛盾的思想存在于同一个当下。然而，梅洛－庞蒂一再想要把他所谓的知觉提升到一种纯粹状态的思想，一种纯粹的经验／体验，要将知觉活动的位置视为一种虚位以待的矛盾状态，它可以在同一时间、同一关系内，肯定相互排斥的不同潜存命题，[②]只不过这些命题是一些尚未成形的命题，而不是如同康德的二律背反当中可以清楚论述的矛盾命题。这样一种矛盾、吊诡或者被称之为模棱两可（ambiguïté）的知觉状态，在想要被提升到哲学论述的层次之初，却走上了与心理学夹缠不清的命运，而忽略其概念历史上的意涵。

不过，正因为如此，我们看到了一个被皱折过的词汇"经验"或"体验"（expérience），不断地与梅洛－庞蒂所论述的知觉优先性主题扣连在一起。就此而言，我们不如说梅洛－庞蒂主

---

① Merleau–Ponty, *Le primat de la perception*, p. 42.

② Merleau–Ponty, *Le primat de la perception*, p. 54.

张的是"经验／体验的优先性"，而这里所说的经验或体验，当然除了知觉之外，还包含了身体、图像、文化、语言、历史和理性知识的体验。从存有学的角度来说，梅洛－庞蒂认为，任何经验或体验都只能是在间距当中的体验，如果没有距离、没有间隔的存在，没有身体、机具、语言文化中介、没有历史条件、没有概念知识的介入，经验或体验就变得不可能发生。正是在对于"经验／体验"的关注上，我们重新看到了福柯与梅洛－庞蒂的呼应之处。

《眼与心》的梅洛－庞蒂之所以一再强调视觉上的"任何一个可见者，尽管其为个别，却也如维度（dimension）般起作用，因为它上演着作为存有的一个裂变的成果（il se donne comme résultat d'une déhiscence de l'Etre）。"[1] 理由就在于视觉经验具有一种"同步当下"，把本来有区别的、彼此"外在的"、不相关的存有者关联在同一个当下的视觉经验之中。如此一来，相较于概念或论述的经验，视觉经验被梅洛－庞蒂突显出其存有学上"无中生有"的虚构、突变与裂变特质："可见者本身在严格意义上拥有了某不可见者的替身（doublure），它把在场者化为某个不在场者。"[2] 就现代绘画作为一种创造性的可见者而言，塞尚的例子告诉我们，它的出现代表原有视觉秩序与经验的打乱和重整，它指向的是原本不可见者的存在，亦即它作为"存有的裂变"效果而出现，它可能透过个别的创作物，指向一整片原本被忽略的维度，而突显了吾人"经验／体

---

[1] Merleau-Ponty, *L'oeil et l'esprit*, p. 85.

[2] Merleau-Ponty, *L'oeil et l'esprit*, p. 85.

验"之不稳定与无法稳定。如同福柯在《词与物》"前言"的结
尾，以"不稳定的骚动土地"比喻他所关注的模糊地带秩序经验，
而梅洛－庞蒂在《眼与心》的结尾处也以"理性的最高峰不是
正在于指出我们脚下土地的滑动状态？"这样的疑问句，重申
现代绘画作为一种"无声的思想"（pensée muette）所突显出
的视觉经验的不稳定[①]、在视觉间距中无中生有的"自我形象化"
（autofiguratif）[②] 运动。

## 四、图像与论述之间距

另一方面，图像与论述、看与说在经验／体验层面上所呈
现的存有学间距，在福柯的书写中，或许比我们所以为的要更
早出现。1961 年的《古典时代疯狂史》第一章，福柯即突显
图像作为一种裂隙，具有某种域外的力量。透过博斯（Bosch）
的画，福柯说："在言语（verbe）和形象（image）之间，在语
言的具象化（figuré）和造形的言论之间，过去美好的统一开始
解体；在它们之间，再也不能立即找到一个单一和共同的含意
（signification）。"[③] 即使形象仍然有意说些什么，想要产生和语
言同样的力量来传达意义，它所进行的述说也早已和语言进行
的诉说大相径庭。"绘画透过它独特的造形价值，不断深入一项

---

① Merleau–Ponty, *L'oeil et l'esprit*, pp. 90–91.

② Mcrlcau–Ponty, *L'oeil et l'esprit*, p. 69.

③ Michel Foucault, *Histoire de la folie à l'âge classique*, Gallimard,
1972, p. 33. 中译文参照米歇尔·福柯：《古典时代疯狂史》，林志明译，台北：
时报，1998 年，页 28。但译文有少部分改动。

远离语言的体验（et que par ses valeurs plastiques propres la peinture s'enforce dans une expérience qui s'écartera toujours plus du langage）"[①]。对福柯来说，面对西方的疯狂体验，绘画形象和语言论述虽然解说着同样的疯狂寓言，但是两者的间距却不言而喻，注定朝向不同的方向发展："一方面，我们有 [ 画家 ] 博斯、勃鲁盖尔、第艾理·布特、丢勒，那是形象的沉默世界。在此，疯狂乃是在纯粹视象空间之中发挥它的威力。幻想和威胁、梦境中的纯粹表象和世界秘密的命运——在此，疯狂握有一股原初的揭露力量"[②]；而在另外一方面，"透过布兰德、伊拉斯谟斯和人文主义一整套传统中，疯狂进入了话语论述的世界。在这个世界里，疯狂变得细致、变得微妙，但它也被解除武装。"[③]在图像与论述的存有学间距中，福柯不断扩大着他对于论述秩序的批判，企图在文化代码和话语论述之间打开一个中间的空白地带，我们可以看到绘画和图像在这个中间区域所占有的特殊位置。

换句话说，绘画和图像的存有学，在福柯的历史存有学或批判存有学的论述中，始终带有一抹模糊晦暗的色彩，用福柯自己的话来说，如果语言与图画的关系是无限定的，如果绘画带来的是一项远离语言的体验，那么种种的图像与绘画在福柯

---

① Foucault, *Histoire de la folie à l'âge classique*, pp. 33–34.《古典时代疯狂史》，页 28。

② Foucault, *Histoire de la folie à l'âge classique*, p. 45.《古典时代疯狂史》，页 41。

③ Foucault, *Histoire de la folie à l'âge classique*, p. 46.《古典时代疯狂史》，页 42。

的语言论述当中又如何可能有效地被谈论呢？换句话说，如果我们无法直指"疯狂体验"，福柯如何可能说，"疯狂"在"纯粹的视象空间中"发挥它的威力呢？即便图像和绘画被福柯的语言所谈论，它们又如何可能透过"沉默的疯狂体验"的问题化模式来研究呢？在种种哲学的态度中，我们又如何可能批判我们自己对于图像的感知与阅读，或者进行某些实验，来超越面对图像的当下所受到的种种可能的限制呢？在这个切分点上，至少我们看到了两个福柯，一个企图将"疯狂体验"在"视象空间"中的表达间距化为零距离，而倾向于一种关于主体生命体验的问题领域，就我们在本文"两种间距存有学"这一节所阐述的脉络来看，这是个介于"美学之轴"与"伦理之轴"之间的行为主体自我表达的问题领域；另一个福柯，则关心图像与论述的间距，较倾向知识主体的真理体验的"知识之轴"问题领域。

从1961年《古典时代疯狂史》关于视觉与图像存有的这个分歧点开始，我们可以看到，1963年的《临床医学的诞生》，如同本文之前对于"见与知"这一章的分析，显然是通过"知识之轴"的角度，来看待临床医学经验脉络中的视觉与图像问题；而即使是1968年直接涉及现代绘画视觉经验的文章《这不是一支烟斗》（Ceci n'est pas une pipe），虽然讨论到造形表现和语言表现之间的区别，讨论了图文共同空间的被推翻，讨论到绘画所给出的视觉世界与相似的可见世界之间等价关系的截断，同时也讨论到马格利特在图文之间所突显的空白（espace blanc）、空隙（interstice）、空间缺位（absence d'espace）或是书写符与绘画线条之"共同场所的抹除"（effacement du "lieu commun") ①，但无论如何，《这不是一支烟斗》中的现代绘画视觉经验对福柯来说，基本上并不涉及主体的自我表达问题，也就是说，完全不涉及梅洛－庞蒂意义下的现代绘画"美学之轴"的问题，也不涉及伦理主体的真理体验问题，而单纯指向作为知识主体视觉经验的真理体验问题场域。

1975 年出版的《规训与惩罚》，显然是往"权力之轴"迈进之作，这本书原来的法文书名《监视与惩罚》（*Surveiller et punir*），也显示了权力技术与视觉经验的关系，福柯说："由于使用了征服技术和剥削方法，一种关于光线和可见者的暧昧艺术（un art obscur de la lumière et du visible）便悄悄地酝酿了一种关于人的新知识。"② 从外在的肉体惩罚到监视站、从层层监视到考核审查，再从全景敞视主义（panoptisme）转换到整个社会的监狱织构（tissu carcéral de la société），可以确保对肉体的实际捕获与持续观察，这些监狱结构随着医学、心理学、教育、公共救济和社会工作的普及化，形变为越来越细致而多样的监视评估权力。作为这种监狱机制诞生的代表——全景敞视建筑，它的主要后果就是一种从可见迈向不可见的权力技术运作：在被囚禁者的身上造成一种有意识和持续的可见状态，从而确保权力自动发挥不完全可见的作用。换句话说，"可见性成为一种陷阱。"③ 被囚禁者为一种权力局势所制约，他们本身同时也成为这种权力局势的承载体。在这种建筑结构或根本来

---

① Foucault, *Dits et écrits I*, p. 670.

② Michel Foucault, *Surveiller et punir*, Gallimard, 1975, p. 173.

③ Foucault, *Surveiller et punir*, p.202.

说是一种视觉空间结构中，被囚禁者一方面因为知道自己受到
观察，所以他会觉得自己有些部分并没有被监视者观察到；另
一方面，被囚禁者其实并不需要受到那么多的观察，所以这样
的观察似乎又有些过多。在这里，边沁提出了一个"权力之轴"
的视觉原则："权力应该是可见的（visible），但又是无法确证
的（invérifiable）。"[①] 换句话说，在监狱当中应该让被囚禁者不
断地看到窥视着他的中心瞭望塔，同时，被囚禁者也应该在任
何时候都不知道中心瞭望塔里面有没有人在窥视着他。这显然
是将视觉经验置放于"我们如何自我构成为行使权力或屈从权
力的主体"的"权力之轴"来考虑。

　　无论如何，福柯在晚期进入"是否人还要做大量的努力，
是否人离目标还远着呢，是否人能够或不能在行为中表现认识
到的真理原则"[②] 这个"真理体验中的伦理主体"自我修养问题
领域之前，视觉经验本身只有在《古典时代疯狂史》的某些环
节上，稍稍贴近过主体自身的经验或行为与真理的关系，也就
是疯狂者的经验透过某些图像表达时所具有的晦涩真理性。这
也正是本文的主要论点所在：如果我们从"伦理之轴"的角度
来看待现代绘画当中所呈现出的现代画家"美学之轴"的体验，
或许我们可以说，福柯在《主体诠释学》讲稿中第一讲第一个
小时所提出来的"哲学"（philosophie）与"精神性"（spiritualité）

---

① Foucault, *Surveiller et punir*, p.203.

② Michel Foucault, *L'herméneutique du sujet: Cours au Collège de France 1981-1982*, Paris: Seuil, 2001, p. 463. 中译本米歇尔·福柯：《主体解释学》，佘碧平译，上海：上海人民出版社，2005年，页502-503。

的理念区分之间，恰好指出了现代画家的独特体验。

换句话说，以现代画家的体验为例，它并不是透过名为"哲学"的思维方式，来探究是什么条件允许或限制了主体达到真理，现代绘画也不是主体为了达到语言性的真理而用来塑造自己的探究、工夫与体验。[①] 但我们不能说现代绘画的经验当中没有认识视觉对象的工夫。就此而言，这个现代绘画的"美学之轴"问题，似乎必然会牵涉到通过主体对自己存在体验方式的转化与改变，而同时扭转主体的行为方式与视觉认识方式，于是，现代绘画不再只是一个认识的问题，对于现代绘画的认识论批判工作，是否必然要求转变为一种视觉体验的自我技术、自我修养实践，成为审美主体真理体验的一种特定转化工夫？

相形之下，梅洛-庞蒂在《眼与心》当中一再提及"整个绘画理论就是一门形而上学"或存有学，而"绘画的整部现代历史，也具有一种形而上学的意味"，他的主张所指向的绘画的存有学意涵，在此相对于"身体主体"或"话语论述"的存有学地位，得到了一个反转思考的切分点：换句话说，梅洛-庞蒂是否从头到尾都没有将"伦理主体""审美主体"与"知识主体"三个轴线分而论之呢？也就是说，梅洛-庞蒂对于现代画家的视觉体验，是否从一开始就隐含着一个真理体验整体论述？这种真理体验，一方面涉及福柯所谓的"知识之轴"，也就是画家作为知识主体的构成条件，另一方面涉及福柯所谓的"伦理之轴"，也就是画家作为行为主体的构成条件。无论如何，这种真理体验涉及了梅洛-庞蒂1964年出版的遗稿《可见与不可见》

---

① 福柯对这两个理念的说明，见 *L'herméneutique du sujet*, pp. 16–18.

的工作笔记中所谓的"人体的'精神'面"（un côté spirituel）体验，因为"知觉就是间距（perception comme écart）"的体验[1]，因此，看似在讨论"心理学"的《知觉现象学》其实是"存有学"的讨论[2]，

> 间距（écart）在其初度的概略中形成了意味，它并不是我不舒服地感受到的"非"（non），也不是我给自己一个突如其来的目标后所形成的一种匮乏，而是一种自然的否定性，一种原初的体制，永远已经在那儿了——[3]

这里最好的例子，或许就是每一种感官皆成就一个"世界"，每一种感官皆与其他感官形成绝对不可沟通的状态，一种自然的否定性，它造成了一种间距体验。但是，这种间距体验的成形，却需要其他感官的不可沟通感，才反显出特定感官体验的独特性与特有结构。在其结构中，其他感官所成就的世界，会得到某种转换值或皱折，但这种转换过的体验，又反过来扩增这种感官的内在间距与复杂性。譬如，本来所见的黄色，在被看成是灯光线的颜色之后，它就不再只是一种色彩，而开始产生了存有学的作用：它开始指向某种存有者的存在状态与意味，灯火。

若我们回到梅洛－庞蒂在1945年所发表的《塞尚的疑惑》，重新看待梅洛－庞蒂透过视觉经验的现象学所讨论的作为视觉认识主体的塞尚体验的构成，以及这篇文章后半部，透过精

---

[1] Merleau–Ponty, *Le visible et l'invisible*, Gallimard, 1964, pp. 219-220.

[2] Merleau–Ponty, *Le visible et l'invisible*, p. 228.

[3] Merleau–Ponty, *Le visible et l'invisible*, p. 266.

神分析理论来讨论作为审美主体的自我塑造其行为的塞尚体验的构成，或许我们可以读到现代绘画主体系谱的一个案例分析。当然，对系谱学的分析而言，一个案例是不够的。但如果从这个角度去重新解读梅洛-庞蒂的遗作《眼与心》，我们可以看到，至少，《眼与心》所要指向的主体体验场域的确是真理问题中被福柯所忽略掉的一个空隙，在这个视觉经验的真理场域中，存有学的重点并不是批判，而是为既有的视觉间距补遗、从事填补视觉经验与图像之间距的努力，这种努力的成果又反过来造成视觉经验中更多样的视象皱折。

在图像与论述的存有学间距之上，梅洛-庞蒂与福柯的存有学关怀导出了两种不同的存有学型态。两种存有学在风格上的差距，若集中到现代绘画主体的真理体验上来看，整个问题化的重点似乎也就理所当然地重新指向了贝阿特丽丝质问于福柯的存有学阴影：福柯的历史存有学究竟能够对于所谓的"本质存有学"或"图像存有学"——如果梅洛-庞蒂晚期的存有学可以算得上是一个例子的话——提出有效的批判吗？或者，我们还能说梅洛-庞蒂的存有学是一种本质性的存有学吗？我们能否说，福柯眼中的图像存有学，是一种偏向论述秩序的图像存有学，而梅洛-庞蒂眼中的图像存有学，则是一种不可能的存有学企图：一种纯属图像秩序自身的图像存有学？

本文以为，这要看我们如何阅读《塞尚的疑惑》这篇文章。[①]在这篇文章中，梅洛-庞蒂将塞尚以后的现代绘画活动视为历史存有（historical being）活动的微观模型。乍见之下，这不

---

① Merleau–Ponty, *Sens et non-sens*, Nagel, 1966, pp. 15–44.

过是一种本质性的存有学论述。但是，如果我们考虑到，现代绘画图像风格的出现与快速流变，与福柯眼中的现代知识型论述处于一种不对称关系，亦即，现代知识型的系谱学分析，并不适用于现代绘画的图像运动，那么，梅洛－庞蒂未尝不是注意到了现代绘画经验本身的断裂、流变与裂变性质，或现代绘画流派与流派间交错运动之跳跃性格，与画家主体的知觉体验或生命体验之间，具有相当直接的关联要素，这种因为追求视觉真理体验而进行其认识与行为上的自我关注与自我存在实验，让我们不禁想起福柯晚期所关注的希腊化罗马时期哲学家的思考风格与生命样态的流变与实践，或《论何谓启蒙？》一文中所强调，发明我们自己与进行生命实验的存有学。也就是说，在现代绘画所开展出来的视觉体验与图像创作风格的运动中，每个画家或每个流派皆可能打开一种独特的图像符号史，而不只是在所谓的“现代知识型”下集体性的主体知识经验、权力经验或道德规范经验。现代绘画经验是一种不断打开视觉与图像经验之微差（écart infime）的主体体验，也是绘画主体不断企图把自己的视觉认识、图像修养工夫与存在方式努力调整至合一的真理体验主体，这可以说是在一条福柯所未曾考虑的“美学之轴”上，朝向视觉真理的自我实验与考验过程。

在此过程中，《塞尚的疑惑》首先告诉我们，现代绘画的历史存有状态是以视觉体验存有的方式来活动，而不是一些既定原因的机械性结果，塞尚的绘事不仅示范了现象学观看之能事，将点、线、面与量感综合转换到色彩的界面上来表达，还特别将色彩这个界面独立出来，离析与表达整个视觉经验的世界——对画家来说，这也就是他面对整个世界与存有的方式。
这让我们注意到福柯在《主体诠释学》1982 年 2 月 24 日讲稿
中提到马可·奥勒留（Marc Aurèle）在《沉思录》（Pensées）
中的精神知识的形象（figure du savoir spirituel）。亦即所谓
的"向内部看。任何东西，包括它的性质和价值都不应该放
掉。"① 福柯提到，这与主体将全部注意力贯注于事物上，进行
一种精细彻底的凝视（regard）有关。这也就是马可·奥勒留
所提到的 parastêmata 工夫。对于马可·奥勒留来说，这是一
种精神上的训练，它首先要界定和描写在精神中出现的对象之
形象，这里有非常明显的视觉经验工夫的意涵；其次，要穿透
这些表象流，进一步确定这些表象的性质和价值，这是一种界
定和描述的工夫，换句话说，也就是要有意识地关注表象流的
自发流变与让人不自觉的流变，最后，透过这种类近现象学式
的关注，来规定这些表象的客观内容，包括对于对象的各种特
征和名称，通过这种凝视，同时分析地和综合地看待每个事物，
并且通过训练，让灵魂在此过程中不为所动，保持宁静，符合
神的理性。② 在这里，精神训练的凝视者，企图通过这种凝视
方式让自己的灵魂在当下的历史中，达成一种私密主体的超越。
这与现代画家塞尚在视觉体验上的困惑寻求有所呼应，只不过，
现代画家所使用的表达语言，并不是私底下给朋友和学生的书
信或是沉思录，而是绘画，一种沉默中的沉默，将原本沉默的
视觉体验再次折叠为沉默的图像，以此双重沉默的存有手势进

---

① Foucault, *L'herméneutique du sujet*, p. 278.

② Foucault, *L'herméneutique du sujet*, pp. 281-284 .

驻于历史当中。

其次，梅洛－庞蒂在《塞尚的疑惑》中透过意向分析检讨塞尚的生命史，却发觉这种意向分析的结果反而导致其意向模糊不明，因为，最后的明证只有他破碎的话语以及较为完整的图像脉络。从图像的脉络来看，这段艰辛的生命体验之成功表达了一种强烈的图像或看的意志，然而，就语言论述来看，这种观看与凝视事物的意志的意义，是纷呈而非单线的。由于在塞尚作品的表达和他的谈话中表现了一股强烈的视觉与图像的追索企图，才使得这些纷杂的意义得以糅合为一个整体，使得塞尚这样一位历史存有者所留下的事件、痕迹、脾气、行事风格有了创作上塑造自我转化体验的意义。因此，当历史的存有并不是透过话语意义的存有来显现，而是以图像的存有姿态来显现，创作主体的精神状态就不能够以精神医学或精神分析的固有认识论模式来诠释。梅洛－庞蒂在此检讨了弗洛伊德对于达·芬奇的精神分析论述之阴暗面。这是因为历史存有的意义表达活动呈现为本即多重决定下的多重样貌。

在论述之外，作为一位现代绘画图像的创造者，塞尚必然先站在传统视觉体验的另一端，开始训练自己成为一个在视觉经验上说真话——或更好说是"画真画"的视觉真理主体，然而，要透过视觉接口的中介"像一个人第一次说话时那样说话"[1]，而且，由于不是在话语论述的接口上工作，这时候，只有表情姿态、身体语言和言说是不够的，必须首先有新颖的绘画语言，

---

[1] Merleau–Ponty, *Sens et non–sens*, p. 32. "l'artiste lance son oeuvre comme un homme a lancé la première parole..."

然而这种新颖的绘画语言，作为历史上第一度出现的视觉体验，就必然成为一种偏离正常视觉体验、与常态视觉体验有所间距的"误差"（erreur）体验，画家也不知道它是否与发一声喊有何不同。这是作为视觉真理主体的现代画家塞尚，其视觉体验上之所以有挥之不去的"疑惑"的根本理由。

## 五、一种误差的生命体验

在福柯1984年发表的最后一篇文章《生命：经验与科学》（La vie: L'expérience et la science）——也就是经过修改的《正常与病理》"英文版引言"当中，似乎承认康吉莱姆（或他自己？）所采取的这一条进路并不只是处理概念、理性、知识史或理性史，而是"生命理念"（la notion de vie），而正是在"生命的理念"这个交叉点上，法国科学史与法国现象学形成了问题领域的奇特交错：

> 虽然现象学尽其可能将身体、性欲特质、死亡、感知的世界引入分析的领域，但我思（cogito）仍旧在其中盘踞着中心地位，科学的理性、生命科学的特性都不能影响我思的奠基角色。然而，与这种关于意义、关于主体、关于生活经验的哲学相对立，康吉莱姆提出一种关于差错、关于生命体的概念哲学，形成了另外一种探索生命理念的方法。（C'est à cette philosophie du sens, du sujet et du vécu que G. Canguilhem a opposé une philosophie de l'erreur, du concept du vivant, comme une autre manière

d'approcher la notion de vie.）①

在这里，晚期福柯用"生命"（vie）的理念来区分两种进路：现象学的进路强调的是"生活体验"（vécu）的主体式还原，而科学史的进路则强调"生命体（或当下生命）"（vivant）的概念历史系谱。笔者相信，福柯正是在"生命"这个理念上与现象学分道扬镳，与梅洛－庞蒂的思想区分开来的。他认为现象学总体来说不外于研究"生活体验"，从中探求一切认识活动的根源，以及一种根源在隐退中复返、运用"人及其复本"填实此中"间距"微差的存有学。而他所高举的法国科学史传统，则注重"生命体（或当下生命）"（vivant），企图通过关于生命的知识与这些知识所涉及的诸般概念，重新找到"生命中的概念"（concept dans la vie）②之历史限度。从这个角度来说，人生活在按照概念构造的环境中，使用概念、运用概念已成为人类的生活方式的一部分，形构概念让人类的生命可以动起来，这是人类生命的重要特性之一，使用讯息。

不同于现象学的另外一面在于，福柯继承了康吉莱姆从生命科学的研究中所得到的教训，认为"说到极端，生命就是可能发生差错的状态"（A la limite, la vie—de là son caractère radical—c'est ce qui est capable d'erreur）③。而就生命的特质即在于其可能或能够发生差错来说，所有的当下生命体——包括

---

① Foucault, *Dits et écrits II*, 1595. 这篇加了新标题独立发表的修正文中，多了"comme une autre manière d'approcher la notion de vie"这句补语，为原引言所无。参见 *Dits et écrits II*, p. 442.

② *Dits et écrits II*, pp. 1592–1593.

③ *Dits et écrits II*, p. 1593.

人类的生命——乃是永远无法完全到位的当下生命体，它注定会出错。如果把这个"差错"命题进一步应用到人类作为一种运用概念而生活的生命体，那么人类历史和人类的思想就难保没有当下的差错。就此历史性的限制而言，福柯引用尼采的真理观，认为"真理只不过是最深刻的谎言"，而对于康吉莱姆来说，就整个生命演变的过程来看，"真理只是最近的差错"。[1]这也就是说，真假对错的区别以及随之而来的真理价值判断，变现了一种最奇特的生活方式，在这种生活方式的基础上，人类发明了一种生命。

然而，既然这种生命的基础在于其可能出差错，人类主体于是不仅无法作为历史性的根源，反而是可能出错的概念历史与知识历史构成了主体的当下认识活动。不过，我们并没有看到福柯透过康吉莱姆的生命理念与差错式的间距真理观来否定"主体问题"之为哲学问题，只不过，福柯在此极其敏锐地将"主体问题"加以折叠、加以悬搁，只对主体问题提出了一道强力询问："对于某种可能出错的生命的认识"是否比一般的真理问题与主体问题更为根本？

从这个角度来说，福柯的哲学提问似乎一面倒地、不对称地成为一种德雷福斯与拉比诺所说的"结束所有现象学的现象学"[2]，而走向一种论述实践的理论，换句话说，福柯不仅把现

---

[1] *Dits et écrits II*, p. 1594.

[2] Hubert L. Dreyfus and Paul Rabinow, *Michel Foucault: Beyond Structuralism and Hermeneutics*, Chicago: The University of Chicago Press, p. 44.

象学悬搁"意指"的观点加以吸纳，同时更进一步悬搁任何自认为掌握了超越任何脉络的真理言说，包括任何自称为真理的"意符"，包括想要还原出意义、主体和真理本源的现象学语言，换句话说，如果生命的特质就在于它可能出错，而人类生命的特质就在于它可能出错的认识活动与概念言说，那么，对于福柯来说，梅洛－庞蒂对于严肃言语行动的哲学态度就未免过于天真，而欠缺了福柯所谨慎行之的"双重还原"：通过对"真理"这个概念本身保持历史批判思维，来提供对言说事件进行纯粹描述的可能性。从福柯的观点来说，就是这样一种双重的还原方法，使得梅洛－庞蒂《知觉现象学》对于身体的讨论显得过于空泛、粗疏，而对自身所使用的现象学语言符号欠缺一种概念史、真理史的批判还原。

　　但如果这就是全部的故事，这两路思想的不对称关系就显得过于平面化，让我们看不见福柯思想脉络中的另外一个梅洛－庞蒂主题：视觉体验。针对梅洛－庞蒂关于视觉与图像之诞生的现代绘画体验讨论来说，福柯从《词与物》一直到《生命：体验与科学》中对于现象学或梅洛－庞蒂的批判，反而隐然呈现出一种大论述的姿态，无法自外于梅洛－庞蒂以现代绘画体验为基础的视觉存有学。①

　　笔者的主张是，若以视觉体验与图像的存有学来看，福柯对梅洛－庞蒂的批判犯了一个错误：图像的历史性从来就与论

━━━━━━━━━━━━━━

　　① 类似的批评亦见 Gary Gutting, *Michel Foucault's Archaeology of Scientific Reason*, New York: Cambridge University Press, 1989, pp. 222-223.

述的历史性不同，当福柯在《古典时代疯狂史》之后，将视觉与图像问题单向地视为知识表象或权力技术问题时，他忽略了视觉体验与图像工夫亦可能作为一种自我技术、自我存在的美学，在他晚期著作中强调的"伦理之轴"问题中，视觉体验与图像分析的真理体验并不是没有线索。如果依此线索，现代绘画中的视觉与图像体验方式可以视为一种现代绘画独有的自我修养工夫的话，那么，依据此"美学之轴"与"伦理之轴"的交会与相互渗透，福柯与梅洛－庞蒂的存有学论争就有了重新评估的空隙与空间。我们可以据此认为，一种强调概念话语之历史流变为主的论述批判存有学，不必然与一种强调视觉图像之历史流变的图像裂变存有学矛盾，因为，作为真理主体精神修养的可能资源，两者皆可能在其"说真话"与"画真画"的真理意志中成为主体流变、转化自我的工夫路径。

我们将在下一章，透过福柯的"双引号"（guillemts, quotation marks）思维方法[1]，进一步阐述上述的"双重还原"，对"经验"本身的历史有限性与流变可能性所指向的"部署式思维"：征引既有结构之部署、指出历史的跳接与流变、为当下创造新变种的自由空间。

---

[1] Rudi Visker, *Michel Foucault: Genealogy as Critique*, translated by Chris Turner, London: Verso, 1995, pp. 74–105.

# 第五章
## 梦影像与释梦学

### ——福柯系谱学对"经验"的双引号思考*

梦的世界并不是幻想的内在花园。如果梦者在做梦时遇见了他自己的世界,这是因为他能够在那儿认识到他自己命运的事实:他在那儿发现了他的存在与他的自由的原初运动,不论是一种有所成就的状态或是异化的状态。①

——福柯《梦与存在导论》

### 一、间距:梦影像与意义间的断裂

"经验"(expérience)的意义如何发生?又如何构成?我

---

* 本文修改自笔者所发表的论文《福柯论释梦学:关注自我的伦理技术》,台湾"中研院"民族学研究所主办,第三届"台湾本土心理治疗学术研讨会",2006年4月。

① Michel Foucault, "Dream, Imagination and Existence: An Introduction to Ludwig Binswanger's *Dream and Existence*", in *Dream and Existnce*, ed. by Keith Hoeller, New Jersey: Humanities Press, 1993, p. 54. "Introduction", in *Dits et écrits I: 1954–1975*, Paris: Gallimard(Quarto), 2001, p. 121.

们将依据这个基本命题来思考"梦经验"的意义发生和构成。如果我们的"梦经验"包含了许多历史积淀，或既有的诠释在其中，我们还会有任何"现象学式"的纯粹"梦经验"吗？现象学的"先验"，难道不是福柯所批判的"经验之复本"吗？为了纾解这个人文科学考古学上的难题，笔者在上一章曾引用"双重还原"的概念来阐释福柯的立场。他认为要还原"经验"，必须对陈述"经验"的话语进行历史性的考古批判——包括对现象学的话语亦当如此，并进而对概念史、真理史从事系谱学的引用与诊断，这时候，"经验"的崭新、多元面貌才有可能重新出现。笔者在这一章将用"双引号"(guillemts, quotation marks)的方法学概念，透过晚期福柯对"释梦学"诠释"梦经验"的方法操作，扩大上一章"双重还原"的方法论与存有学意涵，将"双重引用"的"双引号"思考方法置放到思考纯粹"梦经验"的必要过程中来。笔者认为，这种思考方法与对"经验"的看法，与福柯晚期的"部署"(而非"知识型")式的思考法密切相关。

首先，笔者在上一章曾经针对现代绘画的"经验"提出这样的问题：塞尚、梵高、克利、马格利特这些画家所实践的西方现代绘画经验，究竟该归属于知识之轴、权力之轴，还是伦理之轴？对于这些画家的作品及其所强调的独特视觉经验，究竟要被放在三个问题之中的哪一个问题化领域中呢？抑或在它们之外，还潜藏了一条"美学之轴"？换句话说，若我们另立此一审美经验轴线，我们面对的问题内涵是："我们如何自我构成为审美的判断或创作主体？"而这样的判断与创作主体除了以批判的方式面对我们所受的美学历史限制之外，最主要的任务其实是"审美实验"，也就是福柯自己所说的："实验逾越各种历史限制的可能性"。

更进一步说，从图像与论述的间距与断裂来看，福柯在
1954 年为宾斯汪格（Binswanger）所作的《梦与存在导论》一
文中，指出弗洛伊德的精神分析在面对做梦经验进行诠释工作
时，也存在着类似审美判断中"影像与意义"间的断裂问题。
福柯说：

> 透过《释梦》，梦进入了人文意义的场域。在梦经验
> （expérience）中，行为的意义似乎模糊了。就醒觉意识沉
> 入黑暗、忽隐忽现而言，梦似乎松脱，最后又统合了意义
> 的纽结。梦过去曾被视为意识之无意义状态（non-sens）。
> 我们看到弗洛伊德如何把这个命题转向，让梦成为无意识
> 的意义（sens）。从梦的无意义状态转向揭露其潜在意义，
> 整体的诠释工作席卷而入，成为强调的重点。更重要的是
> 无意识被设定为实现状态，成为心灵的切片和潜内容。更
> 有甚者：它进展到忽视了另一个问题面向的程度，也就是
> 它其实也质疑了意义（signification）与影像（image）的关系，
> 这是我们此处的关怀所在。[1]

换句话说，如果梦的意义与梦的影像事实之间乃是断裂关
系，或至少存在着重大的裂隙，那么弗洛伊德无异在操作一种
由"欲望"（Désir）的古典形上学出发，进而延伸出的一套"意
义神学"（théologie des significations）[2]，其中的欲望形上学真

---

[1] Foucault, "Dream, Imagination and Existence", p. 34. *Dits et écrits I*,
p. 97.

[2] Foucault, "Dream, Imagination and Existence", p. 35. *Dits et écrits I*,

理已预设了它自己对梦的想象造形进行心理意义的细部阐释，并得以对梦进行完整的意义形构。也就是说，这些诠释话语其实只能先预设一套严格的句法规则缔造种种梦型态上的造形，才可能进行梦的无意识意义分析。但是，从知识论角度来看，弗洛伊德并不能预先认出梦经验的语言结构，这种意义结构只能从梦经验中抽取、演绎而来，但整个释梦行为本身却不得不预设梦经验——像任何一种表达行为一般——有一套潜存的意义结构，因此，释梦的语言就与梦的影像经验形成一种吊诡关系：

> 梦的诠释自然变成了一种方法，它被设计来发现一种特殊语言中的字词意义，但这种语言的文法我们却并不了解：它变成一种考古学家面对一种已失传语言时使用的交叉参照方法，一种透过概率的认定方法，就像在破译某些密码，一种像最传统占卜艺术中找寻意义上之弥合的方法。①

就此而言，弗洛伊德对"梦影像"的结构，已默认了其为"欲望句法"的表现，将"影像与意义"间的间距裂隙视为透明无碍，梦影像于是成为压抑作用下的影像语言，或者是欲望为达满足而退行至原始图像状态的语言，就如同史瑞伯的案例被弗洛伊德解读成"父亲形象"透过太阳神、"阿里曼影像"（Ahriman image）的符号象征联结，成为神奇的妄想症谵妄语意架构：由"我不爱他"，转为"我恨他"；由"我爱的不是他"，转为"我爱的是她，因为她爱我"；由"并不是我爱这个男人"，转换为"是

---

p. 98.

① Foucault, "Dream, Imagination and Existence", pp. 35–36. *Dits et écrits I*, p. 99.

她爱他"；经过这一系列的主格与受格的语意学变换，最后总结为："我爱她"；最后再经过一系列的矛盾折射，变成："我并不爱任何人，我只爱我自己。"福柯认为，在这一系列的句法运作过程中，"意义的心理学被轻易转向语言的心理学，而影像的心理学则被膨胀为幻想的心理学。"① 于是，梦的影像被化约为早年经验的欲望语意折射，梦影像的物质状态所具有的多元意义，被形构为乱伦欲望的梦、婴儿退行的梦或回转到自动状态的梦，影像与意义的"差距"（distance）② 消失于无形，欲望变得可见，但是，就此间距的无法抹除并不断成为一个精神分析释梦"起点的不确定状态"③ 而言，"精神分析从来无法成功地让影像说话。"（La psychanalyse n'est jamais parvenue à faire parler les images.）④

在这里，我们发现"图像与论述"间的断裂问题，似乎已超越了美学上的实验范围，弗洛伊德对梦影像的诠释取向，已进入了一种福柯所谓的"想象人类学"与人的"存在结构"的诠释实践问题。同样的，福柯透过胡塞尔《逻辑研究》中对"符号"（sign）与"征象"（indices）之间距的讨论，提出现象学的解

---

① Foucault, "Dream, Imagination and Existence", p. 37. *Dits et écrits I*, p. 101.

② Foucault, "Dream, Imagination and Existence", p. 37. *Dits et écrits I*, p. 101.

③ Foucault, "Dream, Imagination and Existence", p. 36. *Dits et écrits I*, p. 99.

④ Foucault, "Dream, Imagination and Existence", p. 38. *Dits et écrits I*, p. 101.

决方法与精神分析同样将梦经验的"真理"导向与"外在脉络"脱钩，而只透过"内在性"的模式来掌握"表达行为"（梦亦属此非语言表达行为之一种）的意涵，于是，意义心理学成为中心，认知的问题成为真理问题的核心，心理病理学于是成为病理意义认知的问题，医病关系在此强调意义认知的人类学模式下，使伦理的行为被转换为客观认识的意义交换关系。

依照这种 19 世纪所发展出来的现代知识型认识模式，不论是关注自我或关切他人，在技术上只涉及认知意义的建立，对于梦的经验内涵，对于梦经验与语言使用上的断裂现象，只能该透过语言统摄的认知模式来建立梦经验的客观意义，但是，显然被语言接口化约掉的多向度的梦影像经验，以及赫拉克利图（Heraclitus）的断裂原则："我们醒时共享世界，每个睡眠者却处于他独有的世界。"① 却在语言化的过程中被遗忘。

在这里，如果我们回到上一章"美学之轴"与"伦理之轴"的交错说明，我们了解到古代道德的主体的存在意志专注于追寻一种存在的伦理（une éthique de l'existence），致力让自己的生命本身变成某种亲身的艺术作品（une oeuvre d'art personnelle），变成他的生命状态，这样一来，释梦学便有可能成为存在美学的艺术创作部署，成为主体转化其自身的诠释活动。本章的目的在于完成上一章另一个未完成的论题：如果这个存在美学的"自我技术"问题就是福柯所谓的"伦理之轴"的基本美学意涵的话，那么，《梦与存在导论》的后半部，与《性

---

① Foucault, "Dream, Imagination and Existence", p. 50. *Dits et écrits I*, p. 118.

史》第三卷《关注自我》（*Le souci de soi*）第一章"梦见他的种种快感"（Rêver de ses plaisirs）所选择的文本——公元二世纪占梦术士者阿尔泰米朵尔（Artémidore）的《梦想要诀》（*La Clef des songes*），就同时成为另一种"美学之轴"的梦影像工作接口。梦经验在此释梦学脉络中被放入"双引号"来面对，一方面作为纯粹的梦影像经验，另一方面又作为用于主体转化的系谱学思考脉络中，成为主体自由取用的"影像与论述"交缠之经验。这种"双引号"思维将"主体问题"和语言论述的意义置入历史系谱的存而不论中。本章的目的，也就是要从福柯关于释梦方法的系谱学考察中，运用其对"经验"的双引号思维，思考现代心理学释梦学知识的历史性限制与其中的自我技术、存在美学与伦理问题，并提供另一种在地心理学方法论或人类学思考的可能。[①]

就此，我们注意到了晚期福柯所提出的"自我技术""存在美学"与"经验"概念，并依此来思考释梦学中的主体系谱问题。

## 二、自我技术与西方主体的系谱考察

首先，我们必须澄清晚期福柯的"自我技术"（les techniques de soi）概念。"自我技术"这个概念可以从福柯对于西方古代思想中"自我关注"（le souci de soi）这个议题的脉络谈起。福柯在《主体诠释学》1982 年 1 月 6 日第一个小时

---

① Foucault, "Dream, Imagination and Existence", p. 32. *Dits et écrits I*, p. 94.

的讲稿中，界定了"自我关注"从西方古代哲学开始所具有的特定意涵。[①]"自我关注"这个议题的提出，被福柯视为思想史上的一次事件，它牵涉到现代主体存在方式的诸多决定因素，换句话说，从苏格拉底敦促年轻人关心自己开始，从古代哲学到希腊化和罗马思想中，"自我关注"这个议题得到了极大的扩展，并且构成了基督宗教精神修养的准备阶段，"自我关注"后来变成了基督教禁欲主义的基本形式，最后，经过笛卡儿与康德哲学的转折，"自我关注"所带有的主体性议题被进一步哲学化，失去了它对"精神"的要求，变成一种与自然科学客观主义平行的主体性哲学。

福柯首先举出"自我关注"这个概念的三种内涵[②]：首先，"自我关注"牵涉到一种态度，一种关于自身、关于他人、关于世界的态度，也就是如何构想事物，如何构想立身处世、行为举止以及与他人交往方式的相关论题；其次，"自我关注"牵涉到注意力的转向，也就是将注意的焦点由外向内转，由外部、他人和世界转向"自己"的存在，这时候，无可避免地要涉及自我治理、自我省察，对我们的思考、感觉和生活进行沉思与训练；第三，"自我关注"不仅仅是注意力的转向，还牵涉到自我控制、自我改变与自我净化的相关实践，在这些实践当中，有些是涉及知识和哲学层面的，譬如聆听、沉思的技术，有些是涉及道

---

[①] Michel Foucault, *L'herméneutique du sujet: Cours au Collège de France 1981-1982*, Seuil, 2001, pp. 3-26. 中译本米歇尔·福柯：《主体解释学》，佘碧平译，上海：上海人民出版社，2005 年，页 3-29。

[②] Foucault, *L'herméneutique du sujet*, pp. 12-13.《主体解释学》，页 12-13。

德伦理与精神修养层面的，譬如记忆过去的技术、良心省察的技术，或者根据表象对精神的影响来检查表象的技术。从这三个重点来看，"自我技术"不仅涉及知识、权力、伦理关系的处理，也涉及自我如何面对自我在思想、感觉、关系、生死流变中，主体性与真理的间距（écart）。

就此而言，《主体诠释学》不外是在考察西方文化史中各种存在方式、存在态度，以及相关的各种反思方式，也就是让"自我关注"成为极端重要现象的各种相关"自我技术"的实践，这些实践可以说是主体性的历史，也可以说是主体性的实践史。福柯对于这个议题的关注，有其当下的批判意涵。他特别提到，经过笛卡儿主体哲学的转折，"自我关注"的精神性意涵被贬低，而被化约为"认识你自己"，这时候的主体，已经成为一个必须要被认识的客体，成为客观知识的来源，于是，现代哲学通过这种方式把主体简单地视为意识形式，所谓的真理以及真理的来源，就等于认识你自己的意识形式，这种主体性哲学的"自我技术"，排除了"自我关注"原本的丰富意涵，至少，尼采思想后来所提醒的"身体作为一种更广阔的理性"，在笛卡儿哲学的转折点上，已经事先被贬低了。

面对现代哲学对于主体性的窄化，福柯进一步区分了"哲学"（philosophie）与"精神性"（spiritualité）。[①] 他认为"哲学"是一种思维方式，追问着是什么条件允许主体达到真理，"哲学"试图规定"主体获得真理的各种条件和局限。"另一方

---

① Foucault, *L'herméneutique du sujet*, pp. 16-18.《主体解释学》，页 16-17。

面，所谓的"精神性"，也就是"主体为了获得真理而用来塑造自己的各种探究、实践、修养工夫与体验。"这种"精神性"在西方历史的脉络上有三个特点：首先，真理不是透过一次简单的认识活动而给予主体，为了达到真理，主体必须改变自己、转换自己，与自己当下的状态有所不同，真理是透过主体存在的剧烈变动为代价才给予主体；其次，主体在通向真理的过程中有各种转变的形式，有一种形式是透过主体的上升与超越，脱离他原本的实际处境，这也就是基督宗教式的"爱的运动"，另一种方式则是透过修养工夫，也就是自己对自己的一种透工（perlaboration），自己对自己的重新调整，透过长期的修养工夫让主体达到改变；第三，这里所谓的"真理"并不是一种固定的内涵，可以在主体转变之后客观地给予主体，这里所谓的"真理"（vérité）反而是让主体达到清澈澄净的状态，让主体的灵魂得到安宁，"真理"乃是让主体完成其自身、完成主体的存在或改变主体存在状态的一条道路。福柯认为，整个西方古代思想在面对"如何达到真理"这个议题的时候，其哲学问题与精神性实践从来没有分开过。

如果从系谱学的角度来看，福柯在 1980 年 11 月 17 日所做的演讲《主体性与真理》①一文中，明显指出，他在爬梳上述现代哲学窄化主体性的历史过程时，所关心的论题其实是：现代主体的系谱学。

这篇演讲明确指出了《主体诠释学》有其当下的批判意旨。

---

① Michel Foucault, "Subjectivity and Truth", in *Religion and Culture*, ed. by Jeremy R. Carrette, New York: Routledge, 1999, pp. 158–169.

对福柯来说，在第二次世界大战之前，甚至一直延伸到二次大战之后，法国哲学与整个欧洲哲学都被主体哲学所笼罩，在这里福柯指的特别是以萨特和梅洛－庞蒂思想为主的法国现象学。现象学哲学认定自己的最高目标就是作为所有知识的基础，所有从进行意义活动的主体所延伸而来的所有意义的原理。对于意义活动主体这方面的问题给予重视，这种影响当然是来自于胡塞尔的冲击，他所写的《笛卡儿沉思》与《欧洲科学危机和超越现象学》在法国广为流传。但是，对福柯来说，主体所占据的关键地位更具有政治上的意义，特别是与当时体制上的脉络息息相关。因为，从笛卡儿的哲学开始，对于法国的大学来说，体制内的哲学只能够以笛卡儿的方式来推进。另外一方面，由于战争、屠杀、暴虐所造成的荒谬感，在那个时候似乎要依靠个别的主体来为他自己的存在抉择给出意义，因而突显出个别主体在哲学思考上的优位。这样一种思考上以超越主体为中心的"自我技术"，对福柯来说，充满了问题。

到了战后，哲学上的主体的强调，不再是不证自明的。存在现象学一直被隐藏的两个理论吊诡已经无法再被规避。第一个就是现象学意识哲学没有办法建立知识的哲学，特别是关于科学知识及其批判；第二个问题就是这种关于意义的哲学的政治问题，从社会结构的观点来说，存在现象学没有办法把关于意义的系统结构与意义作用的形构机制加以说明清楚。虽然马克思主义或新马克思主义宣称他们足以超越存在现象学的限制，但福柯仍然对新马克思主义所蕴含的人文主义的论述不满，福柯认为，新马克思主义想要用"真实的人"的要求来取代抽象的主体，这种乌托邦主义或末世论，当然会把政治内部的现实掩盖起来。

福柯的哲学企图，就是想要透过关于主体的系谱学来跳出主体哲学的格局，透过研究不同历史阶段主体的形构，引导我们思考一直到今天形成对于"自我"的现代概念有什么样的系谱。

从这个脉络来说，福柯将这个计划用两种方式来推行。首先，在《主体诠释学》之前，福柯已经处理了现代的理论体制，关乎主体问题的理论体制。福柯在《词与物》①这本书当中分析了各种主体的学说，说话主体、生命主体、劳动主体。另外，他也处理了属于实践方面的知识与理解，这些实践是在一些制度中形成，如医院、疯人院、监狱。在这些体制当中某些主体变成知识的对象，同时也成为被宰制的对象，譬如《临床医学的诞生》一书中所描述的医学集体主体。而到了《主体诠释学》这个阶段，福柯希望进一步研究一些知识与理解的形式，主体能够透过这些"自我技术"的形式来创造他自身。

经过《性经验史》第一卷写作之后长期的沉默与自我批判，福柯依据哈贝马斯（J. Habermas）所做的提示，从人类社会当中区分出三种主要的技术类型。首先是"生产的技术"：这些技术可以让我们生产、转化、操纵事物；其次是"意义符号的技术"：这些技术可以让我们运用符号系统；最后是"宰制的技术"：这些技术可以让我们决定个体的行为、把某些意志强加在他们身上、让他们屈从于某些目的或目标。

福柯在研究自然科学史的时候，认为科学史不仅仅是生产的技术或者是语意符号的技术，相对于涉入其间的主体来说，

---

① Michel Foucault, *Les mot et les choses*, Gallimard, 1966.

科学史本身还蕴含着相当重要的宰制技术。的确，从主体的系谱学来看，宰制的技术是其中最重要的一环。但是，福柯透过分析"性经验"与"性特质"，越来越觉察到在所有的社会当中，还有另外一种技术：这些技术可以让个体通过关注自己的方式，启动某些特定的运作，运作他们的身体、他们的灵魂、他们的思考、他们自己的行为，透过这种方式来转化他们自身、修正他们自己，并且达到某种完美、幸福、纯洁、具有超自然力量等状态。福柯把这样一种类型的技术称之为"自我技术"或"自我技术学"。

福柯认为，如果我们想要分析西方文明当中主体的系谱学，我们必须不仅仅把生产、符号、宰制技术考虑进来，同时也要把"自我技术"考虑进来。特别是必须把宰制技术与自我技术两种类型技术间的互动考虑进来。的确，宰制技术让个体间得以相互宰制，但归根结底，任何宰制却必须仰赖个体对于他自己的行为来得到运作。反过来说，透过两种技术的互动，自我技术被整合到种种强制或宰制的结构当中去。福柯认为他在研究疯人院、监狱等议题的时候，过度强调了宰制的技术。"所谓的规训在这一类的体制当中虽然很重要，但是规训在我们的社会当中只是治理人群的艺术当中的其中一个面向。"[1] 特别是在面对性压抑与性解放的吊诡现象时，福柯无法把权力的施行看作是纯粹的暴力或者是严苛的高压强制。就此而言，福柯在1980 年代《性经验史》第二卷转而注意到性的相关权力，其实是展现在相当复杂的关系里面：这些关系涉及了一整套的理性

---

[1] Foucault, *Religion and Culture*, pp. 162–163.

技术，而这些技术的通用，多少是由于高压强制的技术学与自我技术学之间做了微妙的整合所造成的。换句话说，主体本身自我内化各种欲望的技术，必须纳入治理问题的考虑当中，特别是在性经验的场域，其出发点无法规避"自我技术"的运作。

于是，福柯回到古代思想去寻绎"自我技术"的系谱。他指出希腊哲学学派的主要目标不只是阐释理论、进行理论上的教学，而是对于个体的转化。希腊哲学的目标是给予个体一种质量，这能够让他比别人活得不一样、活得更好、更为幸福快乐。在这个目标当中，相对于现代主体性哲学、人文科学、生命科学与经济学的理论设定，"自我检查"与"告白"这类基督教与现代自我治理的技术只占了一个相当有限的位置，也就是说，"说出关于自我的真理"的义务，其实不是古代哲学与精神性关注的焦点。

这当中有两个理由。第一个理由就是，希腊与希腊化罗马哲学训练的目标，是让个体配备某些一定数量的戒律，能够让他在所有的环境中引导自己的行为，而不至于让他失去"自为主宰"的状态、精神上的平静状态、身体与灵魂上的纯洁状态。从这样一种原理，延伸出来关于"师父话语"的重要性。师父的话语，必须要去说、去解释、去说服；他必须要给予徒弟一种普遍的关于他的生活的规范，所以，"自我技术"的口语化、语言化，是发生在师父这一边，而不是发生在徒弟这一边，徒弟的工作是实践与自我转化。这与中世纪基督宗教和现代精神医学中主从关系的设定大不相同。

为何在古老的良心指导中，"告白"的义务并没有那么重要，还有另外一个理由。因为，与师父的联结关系在那个时候是偶

然的，也就是暂时性的。它是两个意志之间的关系，并不蕴含
一种全盘和决定性的服从。一个人征询或者接受师父或是朋友
的建议，为的是要持续面对考验，如失去亲人、被放逐或者命
运的逆转等等。更进一步说，一个人在某些时候把自己放在师
父的指导之下，为的是能够有一天能够有自主的行为，进而不
再需要任何的建议。古老的指导关系，倾向于让被指导者走向
自主。在这些条件之下，我们可以了解，用一种现代科学或精
神医学式的定论与穷尽的论述深度，来全盘探索自己，并没有
完全的必要。我们没有必要把关于自己所有的事情说出来，透
露一个人最私密的秘密，等于让师父能够对一个人施加完整的
权力，这并不是师徒关系的核心。换句话说，在全能的指导者
的眼光下，把自己做一种全盘而持续的呈现，把主体本身纯粹
当作一种客体来考察，在古代哲学与精神性传统的指导技术中，
并不成为其根本的特征。

　　就此而言，福柯认为上述自我技术的"精神性"探求与相
关的师徒关系，并没有完全消失在笛卡儿与康德哲学的主体转
向之后。譬如，斯宾诺莎就追问："为了能够达到真理，我应该
凭什么和如何改变我自己的主体存在呢？"即使到了19世纪的
哲学，在黑格尔、谢林、叔本华、尼采，以及20世纪的晚期胡
塞尔、海德格尔，都认为认识活动与精神性的要求不可分而论
之，认识真理的方法与主体存在的改变必然有所联系，换句话
说，哲学思考的内部仍然有一股压力，促使人们思考"精神性"
的结构问题。到了马克思主义和精神分析，"究竟什么是主体的
真实存在"这个议题与"如何改变主体"这个议题仍然紧密关联。
对福柯来说，这两个问题之所以紧紧相依，就是因为它们带有

精神性的特点，不可能被摒除在知识之轴、权力之轴、伦理之轴所交错而成的根本问题——"主体性与真理"的问题丛结之外。不论是阶级问题、党派问题，还是加入群体、加入学派、学习特殊技法、培养精神分析师，都牵涉到为了达成真理而必须面对培养主体、转化主体的技术条件。

## 三、释梦、自我技术与关切他人

更具体地来说，福柯在《主体诠释学》当中提到了许多自我技术的问题，这些修养的技术牵涉到通向真理的特殊知识。[①]譬如在古希腊与希腊化时代和整个罗马世界所流行的灵魂净化仪式、聚精会神的技术、自我退隐的技术、忍耐实践、睡前的良心省察，另外还有许多自我考验的技术，譬如早起后做长时间消耗体力的运动，增进食欲，然后在面对豪华餐桌上面丰盛的菜肴进行沉思，最后却唤来奴仆把这些诱人的食物吃掉，自己则反过来吃仆人的简单食物。简单地说，这种自我关注与"生活的艺术"几乎涵盖着同样的领域，换句话说，自我关注与自我技术的实践变成了一种"生命技艺"（tekhnê tou biou）[②]的实

---

① 特别是 1 月 13 日、1 月 27 日、2 月 10 日、2 月 24 日，以及 3 月份全部的讲稿，这些技术分布极广泛，从个人的修养工夫到学派团体的修行法门，从学生到老师的工夫，从身体层面、饮食、爱情、人际关系、家庭、政治到良心检查、告白、书信、语言与真理的技术，可以说详细讨论了伦理主体与真理主体自我工夫的可能路径。

② Foucault, *L'herméneutique du sujet*, pp.171-172, 248-249.《主体解释学》，页 191-192、273-274。

践，同时也在希腊化的世界里变成了哲学的基本定义。

这个古老的哲学定义，包含了对于自身、对于文化世界、对于其他人的生活方式的批判活动，它不只是培养某种自我技术的能力，更是要改正已经存在的过错的自我技术问题，所以自我技术的修养实践如同是在进行某种自我的医疗照顾或门诊，它需要他人（other）的存在，或者是为了工夫实践而聚集起来的实践团体，甚至是一个哲学学派。老师在这里的位置非常明显，但由于工夫实践者必须把自己塑造为主体，因此虽然有老师的介入，但老师并不是控制主体回忆的人，而是个人与他的主体塑造之间的关系中介，换句话说，老师成了真理的中介，而不是真理本身的显现。这些自我技术的"精神性"探求，以及与他人关系的考虑，可以作为我们理解福柯讨论古代释梦学的观点参考架构。

在上述自我技术与主体系谱的脉络下，首先，我们要回到关于"梦经验"究竟是一种什么样的经验，来重新思考释梦的技术问题。福柯在《性经验史》第二卷《快感的使用》①一开始就对"性特质"（sexualité）打上了双引号（guillemets）。这个双引号对于"梦经验"来说也具有方法论上同等的重要性。福柯认为，性经验史既不是一种行为史，也不是一种现象史，所以重点并不是在对于性特质的各种形式、演进脉络与传播的历史说明。同时，各种科学、宗教与哲学对于性特质的观念也不是分析的重点，因为，一般人正是通过这些观念才在特

---

① Michel Foucault, *Histoire de la sexualité II: L'usage des plaisirs*, Paris: Gallimard, 1984.《性经验史》，佘碧平译，上海：上海人民出版社，2002 年。

定文化中形构成为性特质的主体。相对于对"梦经验"的讨论与批判，福柯在这里对性特质经验所使用的方法同样是回到其历史脉络与限制中。就像福柯在《梦与存在导论》中讨论精神分析的释梦学与生理心理学、实验心理学之间的关系，他认为性特质经验的建立，与不同知识领域的发展、各种文化（如宗教、法律、教育、医学）制度规则规范的建立、个体们赋予自己的行为之意义感受（如责任、快乐、情感、感觉、梦想）和生存价值所产生的变化都有关系。简单地说，要讨论性特质，等于是要说清楚某种"经验"（expérience）在现代西方社会是怎么样构成的，众多个体是怎么样发觉自己是"性特质"的经验主体的。

> 这种经验是向各种迥然不同的知识领域开放的，而且它的表现也有一套规则和约束。因此，如果我们把经验理解成文化中知识领域（domains de savoir）、规范型态（types de normativité）和主体性形式（formes de subjectivité）之间的相互关系（corrélation），那么我们的计划就是研究性特质作为经验的历史（histoire de la sexualité comme expérience）。[①]

在这里，回到《梦与存在导论》中"影像与意义"断裂的脉络来看，我们看到了福柯对于"经验"所给予的双引号所具有的两个层次意含。首先是作为影像状态的"经验"，某种不可言说的经验自身，它是向各种迥然不同的知识领域开放的，而具有各种形式的规则和限制，在这个层次上，经验

---

① Foucault, *L'usage des plaisirs*, p. 10.《性经验史》，页124。

似乎与知识和权力是不同平面上的一种孤独存在，限制在个体的"表达行为"感受中，它虽然孤立于个体的个别生活中，却具有一种静默的、物质性的、无可名状的超越性；另外一方面，又有一种"经验"是"知识领域、规范型态和主体性形式"相混合之下的"相互关系"，这个作为知识、权力与主体性形式的"相互关系"的"经验"是一种混成结构，这种经验则是处于"主体性形式"与知识和权力交缠挂搭之后的主体状态，也就是福柯所谓具有特定历史文化处境的性特质主体，或梦经验主体。这样一种相互关系，同时是客观的知识与权力和主观的自我意识两方面的交缠物，因此，这种文化脉络下的混成"经验"，就其知识权力的内涵来说，如同我们在上一章所述，无疑也排除了用现象学方法了解的可能。那么，我们要如何理解这种在各种历史文化脉络中不断运动变化的"主体性形式"呢？

对照我们之前讨论的福柯"知识之轴、权力之轴、伦理之轴"三大轴线的思考轴线，显然，这里的"主体性形式"涉及福柯对于"伦理之轴"的根本构想，福柯说：

> 我们还可以设想另一些道德，他们把对各种主体化形式与自我实践的探究作为自身强大而有活力的要素。在这种情况下，行为规范与规则的体系可能还未发展起来。如果与希望个体在与自身的关系中、在他不同的活动、思想和情感中把自己塑造成道德主体的要求相比，那么相对来说，严格地遵守行为规范可能是不重要的。因此，这些道德强调的是各种与自我发生关系的方式，人们为之设想的各种方法与技术，为使自我成为认知对象而做出的各种努

力，已经使得个体得以改变自己存在方式的各种实践。[1]

这些道德是以伦理为导向的道德，而所谓的"主体性形式"也就是面对"伦理实体规定"（détermination de la substance éthique）[2] 时，自我与自我发生关系的方式，这些方式在不同的文化中形成了各种方法与技术，使得自我不仅仅能够认识自我，同时还能够透过实践工夫来改变自己的存在方式，进而影响、塑造、改变或屈从于主体所面对的伦理实体规定，这也就是所谓的主体化的过程。从康德的伦理学来说，道德必须是从普遍的、不计行为后果的道德规范来进行道德思考与道德实践。在福柯的分析中，他同意这一点，而并不认为参考普遍的"道德规范"（code moral）或当下文化的"行为道德"（moralité des comportements）而去计算实际的行为后果，可以算得上道德。换句话说，道德的重点并不是行为与道德规范的一致，而是行为主体的意向当中具有法则性，同时发挥其主体的自由，跳脱由外在环境或后果考虑所决定的状态。但福柯所重视的希腊罗马时期的文化，似乎并没有太多的道德规范与禁令，他认为对希腊罗马人来说道德的重点并不在于与法则的内在关系，而在于行为主体不仅仅自己决定、自己表达其意愿，更重要的是在此过程中主体对于整个伦理实体的规定也表现了一种更大脉络的自由：透过他的行为表现他所选择的生存方式，表现其"存在艺术"（arts d'existence）、其"自我技术"

---

[1] Foucault, *L'usage des plaisirs*, p. 42.《性经验史》，页 144。

[2] Foucault, *L'usage des plaisirs*, p. 37.《性经验史》，页 141。

（techniques de soi）。[1]

从对于梦经验的界定到释梦方法的系谱学考虑，从自我技术到存在美学，我们注意到了《梦与存在导论》的后半部与《性经验史》第三卷《关注自我》[2]第一章之间的关联。《梦见他的种种快感》这一章讨论了梦经验当中的性活动，以及对于这些性梦的诠释方法与规则。福柯选择了公元二世纪占梦术士者阿尔泰米朵尔（Artémidore）的文本《梦想要诀》（La Clef des songes）作为中心，讨论了这种自我技术在当时的文化脉络中所涉及的知识领域、规范类型与主体性形式。福柯之所以特别选择这个文本，他强调是因为这本著作代表了当时流行的思考方式，在释梦操作中也罗列了各种不同形式的性活动，却没有对这些性活动给予直接明确的道德判断，而提出的是非常接近古典时代性快感的道德经验所遵循的种种判断图式，不拘一格，换句话说，这种占梦术分析——不同于精神分析——的知识论基础是"相似律"（loi de ressemblance）[3]与"同构性原则"（principe d'isomorphisme）[4]，但是它的关注焦点在于，诠释性梦是作为伦理上的生存技术与自我技术的一部分[5]，这与弗洛伊德精神分析把关注焦点放在对于欲望主体的认识与转化之上，有所不同。

---

[1] Foucault, *L'usage des plaisirs*, p. 18.《性经验史》，页 129。

[2] Michel Foucault, *Histoire de la sexualité III: Le souci de soi*, Paris: Gallimard, 1984.《性经验史》，佘碧平译，上海：上海人民出版社，2002 年。

[3] Foucault, *Le souci de soi*, p. 24.《性经验史》，页 358。

[4] Foucault, *Le souci de soi*, p. 44.《性经验史》，页 372。

[5] Foucault, *Le souci de soi*, p. 12.《性经验史》，页 350。

## 四、外边化、系谱化的自我技术：双引号诠释法

首先，与实验心理学、精神分析和现象学的内面化思维相反，《梦想要诀》对福柯来说指向一种外边化的自我技术思维。福柯强调阿尔泰米朵尔这本著作是一本日常释梦实践指南，同时在理论上也详细讨论了释梦程序的有效性。与弗洛伊德不同的是，阿尔泰米朵尔的释梦学接续着古老的民间传统，让睡眠中的影像活动变成现实的表征或是未来的讯息，既然这种讯息对日常的理性生活可以给予忠告和建议，那么，与其不得不寻求专业的占梦术士，不如创造一种方法让自己可以解释自己的梦；而既然人们无时无刻不得不面对未来即将发生的事件，那么不如透过释梦、占梦来为这些无法预期的事件做好准备，以减轻痛苦。[①] 在这里，释梦的技术是作为文化生活的一部分，不分男女老幼、贫富贵贱，既然每个人都有这种最贴近自身经验的"神谕"，那么要成为在地人，就要采用这种在地的心理学或人类学传统技术，也就是努力去解释我们自己的梦经验。从这种角度来看，梦经验并不仅仅成为某种心理病理诊断的依据，而是作为关注自我的人与其当下和未来间距当中的连通器，作为某种面临变故、自我转化的桥接经验。

但福柯强调阿尔泰米朵尔写作这本书有其特殊个人的目的，也有其一般性的伦理意涵，有其与传统文化治疗衔接的部分，也有跳脱文化治疗的意图。一方面阿尔泰米朵尔是为了吸引他儿子注意这一门存在艺术而写，希望他儿子将来能够成为

---

① Foucault, *Le souci de soi*, pp. 12–13.《性经验史》，页 350–351.

一位优秀的释梦者，同时也是写给当时一般普通的男人。这个男人有其家庭与事业，或许还有奴仆。他关心自己的健康，也担心周遭他人的生死，他的事业是否成功，他未来的贫富贵贱，他小孩的终身大事，以及他在城邦中所扮演的角色。换句话说，阿尔泰米朵尔这本书关注的是一个普通男人的自我关注形式，以及如何透过梦经验的诠释为这种普通人的自我关注给予自我生命塑造的机会。所谓的传统文化治疗，也就是透过宗教奇迹、神谕命令的形式来进行治疗，阿尔泰米朵尔对这方面敬而远之，他关注的还是一个理性的人、一个普通的男人的日常忧虑形式，以及这种日常忧虑的转化可能。[①]

其次，阿尔泰米朵尔的诠释核心，在于对梦经验的"整体意涵"进行一种"双引号式"的诠释，也就是不断引用既有讲法，同时又对这些讲法加以批判的诠释法。从诠释方法的角度来说，阿尔泰米朵尔的《梦想要诀》在指引读者如何进行释梦工作时，他关注的是能够让梦正确说出自身意义的技术，而不是把梦当作预言或奇迹，所以他同样注意到每一个被分析的梦中符号（能指），都有其相关物，但是种种的符号相关物（所指）又不完全是固定的，因为，在破译梦中细节的同时，还必须考虑整个梦的整体意涵，换句话说，个别梦中符号的相关意义必须透过整体意涵的掌握才能够厘清。然而这种"整体意涵"要由谁来决定呢？这里有一个双引号思考的空隙。一方面，从阿尔泰米朵尔整个释梦方法的运作上，我们可以看到这种整体意涵是由操作这本生活指南的主体自己来决定，换句话说，这里的释梦或

---

① Foucault, *Le souci de soi*, pp. 14-15.《性经验史》，页 351-352。

占梦活动是一种自我与自我的关系，自我在自我的经验上工作，由自己向梦经验提设问题，并试图透过这种工夫过程，转化其经验内涵，让自我在当下与未来具有更高程度的精神自由，选择其生活形式。但是，从另外一方面来说，这种整体意涵又必须透过反思的研究和方法上的辩证才能获得。[①] 怎么说呢？阿尔泰米朵尔在提出种种整体意涵的可能性时，首先透过的是一种批判的方法，反驳种种对于占梦术的怀疑论调，说服不相信这种技术的人，然后仔细地阅读先前的占梦术文本。福柯说：

> 阿尔泰米朵尔不仅博览群书，还详细考察地中海世界各大城市及解梦人和预言家的藏书。"对于我来说，它不仅是我获得的占梦书籍，我用它来进行重要的占梦研究，而且，尽管在公共场合谋生的占卜者受到严重的贬斥，人们对他们表情严肃、猛皱眉头，说他们是江湖郎中、骗子和小丑，我却不把这种贬斥当一回事，花了许多年的时间与他们交往，耐心倾听古老的梦和它们的结局。在希腊诸城邦和泛埃及，在亚细亚和意大利，在地中海最重要的、人口最稠密的岛屿上，实际上没有别的好方法来研究这门学科。"[②]

这段文字让我们回想到晚期福柯所提出的批判存有学主张、系谱学方法，以及他对于"经验"这个概念的双引号思考。福柯特别强调，阿尔泰米朵尔对于种种释梦学文本的内容阅读、对于种种释梦经验的田野采集，都是他所谓"经验"的一部分，

---

[①] Foucault, *Le souci de soi*, p. 16. 《性经验史》，页353。

[②] Foucault, *Le souci de soi*, p. 16. 《性经验史》，页353。

换句话说，这些经验就是当时所及的一切知识领域与规范型态，他必须以自己的实践"经验"为线索，与这些材料进行比较和对照，让自己的释梦经验与相关的知识领域和规范型态混成为一种更具有结构性的释梦"经验"，在这种状况下，他所写的日常释梦指南所具有的整体意涵就不是简单推测的结论，也不是一种抽离当下文化生活脉络的抽象实证性，而是参考了当时历史条件——话语条件、劳动条件与生命形式——所形成的一种自我技术。

第三点，从关切他人的角度来说，《梦想要诀》当中的释梦技术是在提供一种系谱学的自我技术，一种"引用他人之自我技术的自我技术"，而非任何确切的道德规范。福柯强调，这本书并不是要从性梦中找出规范性行为的严格道德或要求，而是尽可能地揭露当时理解性行为的流行方式和一般人所接受的性态度，所以，它提供了当时各种相关的性梦与释梦的论争，同时只提出各个方面的解释步骤和分析方法，而完全不涉及对各种性行为的价值判断和道德内容界定。这显然与一种哲学的工夫或态度有关。所以，不论是关于梦的经验是关于婚姻、通奸、嫖妓、向奴隶求爱、仆人手淫、与父亲或母亲的性行为、与自己的儿子或女儿的性关系、口交、与诸神的关系、与各种性物的关系、与尸体的关系、与两个女人之间的关系，也就是说，不管是符合法律、违反法律还是违反自然的性梦，重点是在于做梦的主体创作了他的梦的影像，梦影像是他的存在可藉以转化的自由创作，通过这些梦的影像，预示着他身上将要发生的好事或坏事，吉利或不吉利，换句话说，这些梦中的性行为，在这本著作当中完全不涉及道德价值与合法性的问题，也不涉及主体内面性的欲望结构的潜在话语规则，当然也就不属于现代心理病理学所寄予关切的客观心理学知识内容，它们纯粹是存在美学自我技术的影像工作接口。福柯强调：

> 我们无需在这本著作中探寻一种应该做什么和不该做什么的法则；而是探索它所揭示的一种主体的伦理，这种伦理在阿尔泰米朵尔的时代仍然流行。①

另外一方面，透过释梦的原则，福柯也强调阿尔泰米朵尔强调做梦主体状态的重要性，换句话说，释梦的基本动力来自于主体自我关注、自我转化的驱力。福柯在这一方面所做的强调，显然针对现代知识型所设定的"欲望主体"有所不满，而欲透过希腊罗马时代的"工夫主体"，突显出主体系谱学上的差异状态。福柯在《梦与存在导论》中提到："如果意识在睡觉时睡着了，那么存在便在梦中苏醒过来。"( Si, dans le sommeil, la conscience s'endort, dans le rêve, l'existence s'éveille. )② 这里所谓的"存在"如果不仅仅因为内面的心理状态有所不同而不同，还包括了福柯所强调的外边的历史条件限制之不同而不同，那么，阿尔泰米朵尔在《梦想要诀》一书中强调了做梦主体的不同存在状态，与其在内外边之间所形成的"相互关系（或关联状态）"( corrélation )有关。换句话说，只有一个没有"经验"的人，才会将其欲望和厌恶赤裸裸地展现在他们的梦中。对于一个占梦术士或者聪明的灵魂，本身就会拒绝向自己展现他陷

---

① Foucault, *Le souci de soi*, p. 27.《性经验史》，页 360。

② Foucault, "Dream, Imagination and Existence", p. 54. *Dits et écrits I*, p. 122.

入其中的欲望状态，所以做梦者不会简单地看到他想要得到的女人或欲望对象，而是转换为某种代表欲望对象的梦中影像，譬如：一匹马、一艘船等等。另外一方面，作为有德性的灵魂的存在状态是不做梦的，他们不会产生关于自身状态的梦经验，他们只会产生梦想，只会梦想到一些关于定理的事件，而他们也只认识清晰的定理性梦想。而一般人在这方面，除了对于其自身状态的梦经验之外，对于可能的外在事件状态就只能产生寓意式的梦经验，需要通过释梦工作来加以诠释，而不像定理性的梦想那样清晰明了。

在这里，福柯强调阿尔泰米朵尔把梦的影像当作"能指"，他的工作并不是从"所指"的角度去进行梦的诠释，换句话说，诸如乱伦欲望、同性欲望、自我性欲这些精神分析释梦工作所设定的"所指"，并藉以规定欲望主体无意识潜在内容意义的基本概念和理论框架，"所指"因此被固定了下来。而在阿尔泰米朵尔的主体诠释学当中，并不存在这种固定"所指"的工作，梦经验本身被当作表现行为和影像自身来处理，他们在能指与能指之间运作，而这些影像内容与梦经验的表现行为所涉及的性行为，并不从其实质的"所指"意义去解读，所以这种运作逻辑，并不涉及做梦者作为性行为的能动者对其性行为进行任何实质价值判断，而是将性行为的影像视作梦中的影像经验，作为影像的能指与表达来加以解读。这时候，释梦的工作就是从主体的梦经验走向主体自身的修养技术——"从主体走向主体"（du sujet au sujet）[1]也就是对于此梦经验在其整体存在意

---

① Foucault, *Le souci de soi*, p. 39.《性经验史》，页 368。

涵的背景上所可能提供的存在方式调整契机，作为其存在美学的材料。

## 五、结论：自我转化的释梦工夫

最后，让我们回到《论何谓启蒙？》一文中，福柯认为康德启蒙计划的确切特色是"成熟"（maturité），是"在于有能力运用我们自己的理性，而不依赖他人的权威在我们需要用理性的地方引导我们"，这是批判的首要前提。此外，福柯强调成熟的成就不是发生在自为依据或一劳永逸的基础上，而是一个"持续的过程"，是"一种任务和义务"，更有甚者，既然我们对我们的"不成熟状态"有责任，"就必须认定我们只能够在我们自己改变自己的状况下，逃离这种状态。""敢于认识"（Sapere aude）。[1] 当然，福柯劝诫我们投身于成熟、自我教化的工作并不止于此。福柯超越康德，指向艺术家波德莱尔（C. Baudelaire），特别推荐我们"敢于权变"，有勇气"发明我们自身"，就是要鼓舞我们运用自己的理性，决定我们要如何生活，同时也为我们自己的价值标准合法化，这些价值标准是我们在成熟实践自己的自主性时，必然会感受到而必须面对的。[2]

当阿尔泰米朵尔将占梦术视为某种像波德莱尔所说的玩家主义（dandysme）的自我技术，透过其苦心研究的日常占梦指南，

---

① Foucault, *Dits et écrits II*, p. 1384.

② 参见本书附录《审美现代性之争：哈贝马斯与福柯论波德莱尔》，亦收录于《中外文学》，第 30 卷第 11 期，2002 年 4 月，页 32-61。

把自我视为一种复杂且辛苦经营的对象时，这种关切他人或关注自我的整体技术对象，便不只是外在社会或内在心性，而是一种特定的话语技艺实践，一种独特存在方式的追求手段，一种自持的存在美学工夫——"把他的身体、他的行为、他的感受与激情、他的存在，做成艺术品。"① 对于福柯来说，诠释波德莱尔案例时，突显了他将"美学之轴"或"伦理之轴"视为现代性（modernité）的主导因素，而所有的价值批判，在美学判断"自成一格"（tautégorie）② 的要求下，均无法脱离历史当下的置身处境、身体感受、情感等真实身体行动因素，无法诉诸"超越历史偶然条件的启蒙理性"，而其深沉的基本动力则来自于"对美好生活的选择"。就像波德莱尔的辛苦自我锻造，成为十九世纪中叶巴黎都城中第一批现代性文人作家一样，这种特定的话语技艺实践、独特存在方式的追求，相较于现代心理学对于欲望主体的自我关注迅速转化为一种客观性的知识探求，转化为一种关切他人的形式，如同拉康所言，在我和他人的一切关系中，甚至在最善意慷慨的帮助中，必然产生攻击。

　　福柯关注的焦点，显然在现代心理学对于欲望主体所建立的知识体系与正常化规范要求之外，除了对于这种现代知识型在伦理意涵上"关切他人"的人类学倾向给予批判之外，其关注参照的焦点，亦明显转移至希腊罗马"自我关注"与"自我

---

　　① Foucault, *Dits et écrits II*, pp. 1389–1390.

　　② Jean-François Lyotard, *Leçons sur l'Analytique du sublime*, Galilée, 1991, pp. 21–29. 利奥塔在讨论康德第三批判时，运用"自成一格"（tautégorie）这个概念来阐述审美对象依感觉（sensation）而自我发现、自我建立、自我证明的相关感性范畴作用。

技术"的真理与伦理关系调整技术上。就此而言，将阿尔泰米朵尔的《梦想要诀》置放于《性经验史》第三卷《关注自我》的卷首第一章，福柯透过"自我关注"的问题化场域，呼应了自己在三十年前在《梦与存在导论》中对于现代心理学、哲学或广义的人类学释梦工作的批判时，所隐藏的主体诠释学与美学伦理学意涵——一种让存在苏醒、任其襄助自我转化的自由工夫过程。至此，让我们回眸青年福柯在《梦与存在导论》指出梦经验与释梦所具有的伦理意涵，作为本文的总结：

> 梦经验无法与其伦理内容分而论之。不是因为它可以透露隐秘的倾向、不被允许的欲望，也不是因为它可以释放成群的本能，也不是因为它能够，像康德的上帝，"直探我们的心房"；而是因为它以其本然意义恢复了自由的运动，显示它如何建立自己或与自己异化，它如何在世界中形构自身为彻底的责任，或者是它如何忘了自己、抛弃自己，投入因果关系的红尘中。[①]

就此而言，释梦学若不曾经过"双引号"式的历史批判思考，梦影像势必难以得到转化伦理主体的自由力量，成为主体化的创造"部署"，于是我们发现，福柯在此所关注的自由运动之关键，乃是一种具有"历史"与"当下"两方面意涵的释梦思维。

---

① Foucault, "Dream, Imagination and Existence", p. 52. *Dits et écrits I*, pp. 119–120.

# 第六章
# 从文化肌肤到文化治疗

——梅洛-庞蒂与德勒兹论媒体影像经验<sup>*</sup>


## 一、电影知觉与新心理学

德勒兹（G. Deleuze）在《电影 I ：运动—影像》这本书中，探索如何超越传统心理学对于影像（Image）与运动（Mouvement）之间二元区分之道时，他认为柏格森（H. Bergson）和胡塞尔（E. Husserl）是两个重要的人物，让我们得以发现一条思考电影的可能理论路径。[①]但他随即否认现

＊ 本文修改翻译自笔者所发表的论文《From Cultural Skin to Cultural Therapeutics: Body, Alterity and Media Image Experience》，《中山人文学报》，20（Summer，2005）：47-62。原宣读于 2004 年第一届东亚现象学会议（PEACE, Phenomenology for East-Asian Circle），于香港中文大学举办。在此感谢台湾科学及技术委员会赞助笔者的研究计划"时间、空间与欲望：媒体感知的现象学"（计划编号：NSC 93-2420-H-110-001），这篇论文是这个计划的部分研究成果。

① Gilles Deleuze, *Cinéma I: L'Image–Mouvement*, Paris: Les Editions de minuit, 1983, pp. 83-84. *Cinema 1: The Movement–Image*, translated

象学真的能够提供一种有效的观点来面对运动影像与电影之间的紧密关系。德勒兹说，胡塞尔在他的理论著作中从来没有提到过电影。[①] 而萨特（J.-P. Sartre）在他的《想象物》（*L'imaginaire*）这本书中讨论各式各样的影像时，也没有提到电影影像。但是梅洛-庞蒂在比较电影影像特写镜头的知觉与有焦点的自然视知觉时，认为前者并没有视域和深度，而后者则带有视域和深度时，显露出对电影的关切。[②] 依据德勒兹对于梅洛-庞蒂在《知觉现象学》中比较视知觉与电影时所作的说明认为，现象学的关怀主要聚焦于在世知觉（perception-au-monde）主体自然知觉的意向结构。知觉主体感知到物质条件中的运动状态，并且透过置身处境的知觉意向意识形成现象场域中的完形。因此，当我们去看电影的时候，电影必然将我们带

---

by Hugh Tomlinson and Barbara Habberjam. Minneapolis: University of Minnesota Press, 1986, pp. 56–57.

① 依据最近的文献显示，实际上并非完全如此，胡塞尔提及过电影，但的确没有任何深入的讨论。参见 E. Husserl, *Phantasy, Image Consciousness and Memory (1898–1925)*, translated by John Barnett Brough, Dordrecht: Springer, 2005, pp. 584, 588.

② 梅洛-庞蒂说："在电影里，当镜头对准一个对象，把它拉近，我们看到一个特写镜头时，我们能回想起这个烟灰缸或一位人物的手，但我们实际上不能认出它。因为屏幕没有界域。相反，在视觉中，当我把目光移向局部景象时，这部分景象就变得生动而凸显出来，而其他物体则退到边缘，被悬置起来，然而它们依然在那里。" Maurice Merleau-Ponty, *Phénoménologie de la perception*, Paris: Gallimard, 1945, p. 82. *Phenomenology of Perception*, translated by Colin Smith, New Jersey: Humanities Press, 1962, p. 68.

离世界的视域和方位性的置身处境。于是，媒体影像的经验变成了"第二意向性"或者次级知觉，而不同于自然现象场域中的直接知觉。

然而，德勒兹在论证反对电影现象学的可能性之时，错失掉了现象学某些重要的论点，至少，他错失了梅洛－庞蒂的论点。1945 年春天，梅洛－庞蒂在高等电影研究学院做了一场演讲，题名为《电影与新心理学》①。就这场演讲和它最后呈现在《现代》杂志上的完整论述而言，虽然我们不难发现胡塞尔《观念 I》与《观念 II》影响的痕迹，但梅洛－庞蒂的确展现了他对于胡塞尔现象学的特异阅读。他舍弃了纯粹意向分析，而宁取存在分析（l'analyse existentialle）之路。②德勒兹在诠释梅洛－庞蒂的电影现象学时，依据的其实是阿尔伯·拉铁（Albert Lattay）受现象学启发而作的《电影的逻辑》（Logique du cinéma）③，但实际上梅洛－庞蒂的作法与拉铁相反，他对于电影经验的现

---

① Maurice Merleau-Ponty, "Le cinéma et la nouvelle psychologie", *Sens et non-sens*, Paris: Nagel, 1966, pp. 85-106. "The Film and the New Psychology", translated by Hubert L. Dreyfus & Patricia Allen Dreyfus, *Sense and non-sense*, Evanston: Northwestern University Press, 1964, pp. 48-59.

② Maurice Merleau-Ponty, *Phénoménologie de la perception*, Paris: Gallimard, 1945, p. 158. 他的存在分析方法又受到宾斯旺格（Binswanger）的此在分析（Dasein-analysis）的影响。参见 James Schmidt, *Merleau-Ponty: Between Phenomenology and Structuralism*, London: Macmillan, 1985, p. 109.

③ 转引自 Deleuze, *Cinéma I*, p. 85, *Cinema 1*, pp. 57, 226.

象学描述呈现了一种更为整合的电影现象学观点，同时也刻画出一种电影置身处境（situatedness）的完形，这种完形是由影像的时间性、声音的韵律和相关组件的意义作为整体而形构出来的。透过电影经验，梅洛－庞蒂证明了身／心、心智／世界、心智／影像、身体／影像和世界／影像表现上的可交转性（reversibilité），这种思考与德勒兹实际上对电影的主张有异曲同工之妙。梅洛－庞蒂说："电影直接呈现给我们那种特殊的在世存有方式，那种面对事物与他人的方式，我们可以看到手势与眼神的符号语言，这种符号语言界定了我们所认识的每一个人。"[1] 电影经验是一种科技接口的置身处境，在这种置身处境中符号语言完全转变为被展现在外边的屏幕上，然而其"视觉质"（visualia）仍然指涉、呼应着某些内边或全新的心理经验，这就是梅洛－庞蒂在演讲中所谓的"新心理学"。

笔者在本章首先要指出，这种"新心理学"虽然隐藏在梅洛－庞蒂的电影现象学当中所论及的科技中介置身处境里面，其实却是一条重要的线索，让我们可以对于梅洛－庞蒂的新存有学当中的他者问题进行主题化的再一次研究。第二，笔者要论证的是，德勒兹在认为现象学以为的媒体影像经验相较于自然视知觉经验来说只是一种衍生或次级的经验，这种说法是错误的。不过与此同时，德勒兹也的确发现"意向性"这个理念不足以支撑一门电影哲学。第三，通过德勒兹的批判，笔者认为这样一种所谓的"次级意向性"的新心理学，蕴含了一种麦克鲁汉（M. McLuhan）意义下的"文化肌肤"（cultural skin）

---

[1] Merleau-Ponty, "The Film and the New Psychology", p. 58.

中的科技心理学，这种科技心理学在当代日常媒体电影经验和可能的文化治疗学之间，如果要得到落实，必须以一种崭新的他者（异样）存有学（ontologie de l'altérité）作为基础。在此，我们会运用唐·伊德（Don Ihde）和罗勃·罗曼尼辛（Robert Romanyshyn）关于媒体影像经验的现象学分析作为线索，来证明这种他者存有学指向了科技条件下的可交转性和裂隙间距（écart）。

## 二、电影现象学和新存有学：科技中介的置身处境

在 1945 年发表的《电影与新心理学》一文中，梅洛－庞蒂采用了完形心理学[①]的观点来描述电影影像经验的三重意向结构：视觉时间完形（ocular-temporal gestalt）、视听时间韵律

①　Lester Embree, "Merleau-Ponty's Examination of Gestalt Psychology", in John Sallis, ed., *Merleau-Ponty: Perception, Structure, Language*, New Jersey: Humanities Press, 1981, p. 90. 实际上，梅洛－庞蒂不是不知道胡塞尔反对完形心理学，然而胡塞尔几乎反对当时所有的心理学，包括以他的现象学思想为参考的完形心理学。然而，梅洛－庞蒂在他 1952 年的索邦（Sorbonne）讲课纲要 "Les sciences de l'homme et la phènomènologie" 第一部分中，也不断企图透过解释胡塞尔与心理学——或特别是完形心理学的关系，来突显自己的现象学立场。见 Maurice Merleau-Ponty, "Les sciences de l'homme et la phénoménologie", in *Merleau-Ponty à la Sorbonne: résumé de cours 1949–1952*, Grenoble: Cynara, 1988, pp. 397–414. 或 "Phenomenology and the Sciences of Man", in *The Primacy of Perception*, Evanston: Northwestern University Press, 1964, pp. 43–59.

（sonorous-ocular-temporal rhythm）与接口他者想象（interfacial imaginary-other）。梅洛－庞蒂透过讨论电影视觉经验的完形知觉结构，进一步发展了《行为的结构》（*La structure du comportement*）这本书当中所强调的知觉、想象和身体，同时描绘出物理、生物与心理三个层次在现象学式的奠基作用（Fundierung）[①]中所形成的诠释循环。

首先，知觉完形乃是生活世界中知觉作用的基本方式，因为它包含了时间向度。时间向度是一个特异点，是它使得电影知觉隶属于完形知觉而非分析知觉。梅洛－庞蒂认为，分析知觉与存在的完形时间有别：

> 分析知觉是一种晚近而异于常态的态度，是学者进行观察或哲学家进行反思时所采用的态度，用以获得孤立要素的绝对价值。对于［完形］形态的知觉，更广泛地来说就是对于结构、群集或配置［完形］形态的理解，应该被

---

① "理性之于事实的关系……正如反思之于未反思、思想之于语言或思想之于知觉，是种双向关系，现象学称之为奠基（Fundierung）：奠基者或源生者（fondant）——如时间、前反思者、事实、语言、知觉——称其为基源，意味着被源生者（fondé）是被呈现为源生者的确定或明白形态，亦即被源生者无法反过头来吸并（résorber）源生者；但是，以经验论式的意味来说，源生者并不是首出的，被源生者不是单单衍生出来的，毕竟源生者是经过被源生者才得以明白彰显出来。" Maurice Merleau-Ponty, *Phénoménologie de la perception*, p. 451. *Phenomenology of Perception*, translated by Colin Smith, London: Routledge & Kegan Paul, 1962, p. 394.

视为吾人自发地看的方式。[①]

在电影经验脉络中的知觉，"将只是一种时间型态，而非空间型态。"[②] 它自发地透过一种视觉时间流而群集起来。这种时间流，充满了影像团块的组装，朝向相续群集的不断重新组装，在不均质、强度不等的团块相继配置中，形成完形的绵延经验。反过来说，如果我们采用分析知觉的方式来看电影，一部电影可能只是均质影像碎片的数理总和。当我们坐在电影院里面，某种魔法般的"光膜物质"（lighting material）呈现于我们的凝视中，究竟是什么将一部电影构成为我们的电影视知觉经验？科幻片《第五元素》（*The Fifth Element*）[③] 的女主角企图逃脱警察的捕捉，从高楼纵身一跃，一个悬空身体，在慢速俯瞰镜头下，跳进未来都会空中繁忙的交通车流里，这个场景正是电影时间的一个漂浮时间被放大的转折点。针对这个场景，只要稍稍改变蒙太奇（选择不同的镜头速度或观点、编排秩序与长度）或剪接方式（对场景或数组的选择、编排秩序与长度）无疑将同时改变这个场景的意义。电影当中的影像蒙太奇与剪接时间，存在着一种视觉时间完形，作为物理层次上的奠基作用，才可能延展为更高层次的动作感知体验。

---

① Merleau-Ponty, "The Film and the New Psychology", p. 49.

② Merleau-Ponty, "The Film and the New Psychology", p. 49.

③ 戛纳影展 50 周年开幕影片，Gaumont 公司出品，Luc Besson 导演、运镜、编剧，Bruce Willis、Milla Jovovich 主演，1997 年上映的科幻电影。场景设定在公元 23 世纪，星际间已有频繁交通旅游及战争的动乱时代，叙述一名纽约出租车司机——那时的出租车是在空中飞行的，莫名其妙成了发现第五元素、拯救地球的英雄。

其次，在视觉时间完形作为积淀的基础上，运动影像与配音的搭接必须在电影经验中形成视听时间韵律。在《波坦金战舰》的运动影像配置中所形成的"军舰反叛-广场屠杀-皇宫暴动"辩证合成中，使得传统现象学的意向性论题成为问题，这种辩证式的韵律，形成一种吊诡的崭新知觉时间体验。依据《行为的结构》的说法，电影经验是奠基于生物层次和不同感官之间的完形具现。但是，这种类型的奠基作用和体现，与自然的知觉作用相去甚远。这是一种科技性的体现和技术中介的置身处境。在有声电影当中，譬如侯孝贤的《悲情城市》，如果没有复杂的视听配置在电影体验的时间流当中不断重新阐述自身，观众不可能主动弄明白形象当中所具有的复杂脉络意义。这并不是意识当中的意向性，而是身体置身处境当中与域外的意向性。但是在这里，笔者甚至怀疑我们可以运用"运作意向性"（operative intentionality）[①]这个理念来形容这样一种视听体验。在推进这个论题之前，我们必须对于"运作意向性"这个理念稍作澄清。

当我们坐在暗黑的电影院当中，除了眼球运动和被动地听，我们并没有主动运作身体的任何一部分。譬如，我们在看库布里克（Stanley Kubrick）1968年出品的经典科幻片《2001太空漫游》（*2001: A Space Odyssey*），当理查德·施特劳斯《查

---

① "我们在主动的意向性或显题的意向性底层，发现另外一种意向性，它是前一种意向性之所以可能的条件：也就是运作的意向性，它在任何设定或任何判断之前就已经在运作，它是'感性世界的逻辑'，'深藏在人类灵魂深处的艺术'，这种意向性，跟艺术一样，只能透过它的成果来认识它。"Merleau-Ponty, *Phenomenology of Perception*, p. 429.

拉图斯特拉如是说》的旋律响起，一根兽骨被抛向空中，然后以慢动作坠落，下一个镜头出人意料地变成一艘宇宙飞船以相同的慢动作在外层空间回旋。我们能够立刻弄明白发生了什么事，以及这些影像和节奏意味着什么吗？当然，这是没有办法立即明白的事。但在这些蒙太奇和影像、声音的聚合体当中，我们仍然感觉到某种张力十足的模糊联结韵律。我们是以自然的身体知觉感受到这些暧昧而有高度张力的运动影像吗？并不是。电影中兽骨坠落的速度，与音乐混搭的方式，都并不自然，反而显现了一种透过科技发光介质而展现的人造速度。我们不仅无法在我们的自然知觉回忆中找出这样一种体验，反而是要透过电影视听时间节奏的接口，极端被动地来形构出这种异类体验。这是电影技巧与剪接叙事的效果，只存在于科技体现当中，换句话说，它是由技术所中介出来的具身体验。梅洛－庞蒂说：

> 诗歌的艺术本质并不是对事物进行教导性的描述，也不是在展示观念，而是创造一种语言机器，让读者能够顺利地进入到某种诗意状态中。同样的，电影当然会有一个故事，通常也会有一个观念……但是电影的功能并不是要创造这些我们已经熟知的事实或观念。康德的说法甚有深意，在知识的领域中，想象力为知性服务，然而在艺术的领域中，知性为想象力服务。换句话说，观念或普通事实的存在只是为创造者提供一个机会，在其中寻找可以触动人的象征符号，寻找出他们可见可听的创意组合。电影的意义被体现为它的韵律节奏，就像是一种表情手势的意义可以立即在某种姿势当中被阅读出来：除了它本身之外，

电影并不意味任何其他事情。[①]

让观众进入到电影院的置身处境中，电影必须运用科技体现的方法来创造一种视听时间与视听创意组合的机器。是这样一种运动的声响和影像所形成的完形结构，在电影院的情境中，构成了界面知觉场域的历时与共时向度。但是，当观众把这一层薄薄的流动发光物质看作可以触及的象征符号时，这种电影院的媒体中介体验，是以直接当下而自发的状态运作于观众的想象力中。用麦克鲁汉（M. McLuhan）的话来说，当媒体科技扮演"感官生活的外延与推进器，任何媒体就同时影响了各种感官的整体场域"[②]，媒体影像经验于是变成了我们的文化生活。麦克鲁汉进一步说，当"存在主义为种种结构与整体社会涉入提供了一门哲学"[③]，电子时代透过科技与身体的共构，譬如电视经验与电影经验，使得人类披覆着所有其他的人类，如同"文化肌肤"（cultural skin）[④]。

至此，我们可以稍事停留，以澄清梅洛-庞蒂与德勒兹之

---

[①] Merleau–Ponty, "The Film and the New Psychology", p. 57.

[②] Marshall McLuhan, *Understanding Media: The Extensions of Man*. Cambridge: MIT Press, 1994, p. 45.

[③] McLuhan, *Understanding Media*, p. 47.

[④] 在响应麦克鲁汉对于电子时代的文化肌肤观念时，德瑞克·德·柯克霍夫（Derrick de Kerckhove）强调电子科技效果的"科技心理学"（techno–psychology）与"心理科技学"（psychotechnologies）向度。本文的标题"文化肌肤"源起于此。参见 Derrick de Kerckhove, *The Skin of Culture: Investigating the New Electronic Reality*, Toronto: Somerville House, 1995.

间讨论电影的差异之处，并试图藉此找到麦克鲁汉"文化肌肤"这个理念的哲学基础。在面对电影哲学的议题时，梅洛－庞蒂跳过了媒体影像经验中科技与身体共构的问题，强调电影院置身处境的形成，甚至将它等同于艺术的创造。然而，德勒兹另辟蹊径，透过柏格森对于时间与影像的哲学思考，在《电影 I》与《电影 II》两本书中阐述了他的电影哲学及其目标。德勒兹的基本目标在于透过电影材料中的观念来发展哲学概念，这是电影手法与哲学思想的交叉剪接，"单单与电影相关，单单与电影的既定类型相关，单单与某一出特定电影和其他适用于电影的概念相关，但只能透过哲学的方式来形成。"① 在《电影 I：运动－影像》的开篇，德勒兹即指出电影不是柏格森所误解的幻象，而现象学在此的知觉质性区分是有助于我们理解电影知觉的性质的："在认定自然知觉与电影知觉在质性上有所差异这方面，现象学是对的"。而另一方面，德勒兹则将电影视为他者，是一个时间、空间与运动的复杂哲学状态，以阐明电影的各种歧异表现？或许，梅洛－庞蒂在《电影与新心理学》当中的第三个论点可以为我们提供关于这个论题的新线索。从电影经验脉络中的他者（Autre）问题这个角度来看，这些新线索会对我们的思考有所帮助。

第三点，就如同"除了它本身之外，电影并不意味任何其他事情"这句话表明：电影经验中透过接口的某些他者想象，向我们提示了指向他者性（Alterity）的一种新心理学类型。梅

---

① Deleuze, *Negotiations*, translated by Martin Joughin. New York: Columbia University Press, 1995, p. 58.

洛-庞蒂认为，传统心理学将知觉过程误解为认知上的综合，这种做法忽略了感官上的动态共作与情绪本质的形成过程中所落实的完形结构。当传统心理学隐然的区分行为和情绪，分别视为外在观察的对象和内在反思的对象时，它就弱化成为一种没有他者的独我论心理学。我们必须运用我们自己的内在体验作为基础来认出他人的内在情绪，因此，我们无论如何只能够间接地了解他人。

这种心理学相信身体的表达是由内在意识及其表象所衍生出来的，而心理事件与情绪的真相，必然要透过内省意识或是生理心理学的积极研究分析才能彰显出来。"新心理学同时带来了感知他人的新概念。"①梅洛-庞蒂说：

> 由于情绪并不是心灵的、内在的事实，而是我们与他者和世界关系的一种变样，透过我们的身体态度而得到表现，我们不能说，对于外在观察者来讲只有一些爱和愤怒的征兆被给出，而我们只能透过诠释这些征兆来间接地理解他人：我们必须说，他人是作为行为而直接向我们展现。②

关于"感知他人"，上面这个段落究竟显示了什么新概念？在这里至少显示了两个层次关于"他人"概念的新存有学。第一个层次在于梅洛-庞蒂非常明显地强调了"他人作为行为而直接向我们展现"，这是在自然知觉和面对面的关系中的他人。德勒兹的批评显然正是针对这个基于身体与他者相遇的面对面关系层次而来，而德勒兹特别把这个层次的问题定位为他所谓

① Merleau–Ponty, "The Film and the New Psychology", p. 52.

② Merleau–Ponty, "The Film and the New Psychology", p. 53.

的电影现象学。但更为重要的或许是第二个层次，发生在媒体影像知觉经验中。当我们坐在暗黑的电影院中，注视着银幕上的发光物质，我们所面对的声音和影像乃是他者或世界。我们采取一种被动的身体态度去面对声音和影像当中运动的"介一面"（inter-faces）。就此而言，我们与他者和世界的关系变成了一种视听时间流的接口关系，或是一种技术中介的关系。我们可以把这种关系称之为透过接口的他者想象关系。在运动影像中所有透过接口的他者想象，包括他人与世界的想象，都由它们原先在世存有的原始样态产生扭转与变异，变成为视觉存有者（visual beings）。譬如布列松（Robert Bresson）的《扒手》（*Pickpocket*，1959）中的手部扒窃碎化时空动作特写，就带来一种日常生活之暗处的强烈陌异感。然后在这些碎化影音时间性之外再叠加上旁白解说式的语言，开始透过运动影像，对于"他者"的生活有所指涉。是这样的视觉接口作为肉身的存有学间距，才使得"除了它本身之外，电影并不意味任何其他事情"中的他者成为可能，换句话说，电影透过视觉接口述说着它自己的话语和语言。如同梅洛－庞蒂所言，"任何的绘画理论都是一门形上学"，而现代绘画史企图找到它自己的存有面向，而放弃了传统呈现幻觉表象的事业，我们也可以模拟地说，"电影除了它本身之外并不意味任何其他事情"，所指的是，在绘画之外，还有一种隐藏在电影视觉经验时间性当中的新视觉存有学，一种特属视觉层面的存有，可以将前所未见的任意瞬间或任意空间创造成为强度的影像符征。[①]

---

[①] Merleau–Ponty, *Sense and non–sense*, pp. 171, 175, 178.

电影时间性的语言从来不是由自然所形成，它必须透过电影创作手法与电影视觉经验本身加以精炼、不断地改进，以感觉来修正感觉。在运动影像的接口视觉中，我们的身体透过接口的影像想象将它的知觉重新脉络化。就他人与世界在影像中接口化的程度而言，运动影像乃是他者，它透过视听差异化的科技体现作用，将身体与世界间距中所产生的身体知觉加以阻断、加以重新脉络化。德国导演穆瑙（Friedrich Murnau）的电影《浮士德》（*Faust*，1926），以表现主义式的光影气态蒙太奇，形成强烈的情绪氛围，就是一例。视觉接口打开了运动影像的一个新的存有学向度。这个向度对自然的身体知觉而言乃是他者。事实上，科技的接口和媒体总是让身体产生出自身的他样状态。当发光物质成为一种新的视觉存有方式时，科技媒介也提供了生活身体的存有他异。[1] 这样一种视觉存有，使得它们自身成为"视觉质"（visualia），而作为存有学肉身的不可见间距裂隙的成果。但是，当这些运动影像形成其自身特有的另类语言规则而对我们产生指涉意义时，接口式的存有者首先必须与在世的某些知觉存有者之间能够相互转换或重叠，或者所谓的皱褶作用。小津安二郎电影中创造的"榻榻米景框"与和式家居空间的文化身体对应，就是一种皱褶作用。

就此而言，德勒兹提供了较为具体的讨论，他认为电影框架、电影镜头、蒙太奇和六种运动影像作为上述另类语言规则的构成要素。透过蒙太奇，运动影像提供了时间的间接影像，成为一种开放的整体与"物质自身"，并且与自然知觉体验有所

---

[1] Merleau–Ponty, *Sense and non–sense*, p.187.

重叠和交缠。更进一步说，除了视听流中运作的视征（opsigne）与声征（sonsigne）之外，德勒兹在对于电影时间性或时间影像方面，提出了电影影像体验中六种不同的符征范畴：回忆征（mnemosigns）、做梦征（onirosigns）、晶体征（hyalosigns）、时序征（chronosigns）、意征（noosigns）、阅征（lectosigns）。[①]它们展现了时间性的"异样"状态，经常与自然的知觉经验穿插、皱折在一起，让自然知觉转换为液态、气态、结晶态，这使得任何种类的知觉体验都可能在我们的电影经验当中彼此相互蒸发转换。譬如《悲情城市》中的阅读相片影像、阅读书信影像、日记式的旁白影像、听唱片的影像、书写文字的影像、拍摄相片的影像，反复指向个体记忆、家族记忆与集体记忆的符征。但我们在此无法详细阐述这些另类的符征分类规则，因为本章的目的并不是用来阐述德勒兹式的电影符征分类学，而是要透过梅洛－庞蒂哲学的角度讨论电影的存有学基础。就这篇文章的目的而言，我们发现梅洛－庞蒂从早期《知觉现象学》中的身体主体、意向性理论观点，渐渐转向晚期《可见与不可见》当中交缠与可交转性的存有学思考。

　　目前为止，我们已经看到了视觉场域的配置形构明显有了上述作为枢纽的可交转性或皱折之运作，这存在于直接的自然知觉与间接的"第二意向性"的人造知觉之间。换句话说，不

---

①　Gilles Deleuze, *Cinéma 2: L'Image–Temps*, Paris: Les Editions de minuit, 1985. *Cinema 2: The Time Image*, translated by Hugh Tomlinson & Robert Galeta, Minneapolis: University of Minnesota Press, 1989. 这些概念特别参见第 1 章与第 10 章。这里的翻译采用黄建宏译，《电影 II：时间—影像》，台北：远流，2003 年，第 1 章与第 10 章的译法。

同的接口创造了不同的"直接"视觉体验。视觉总是会透过不同的接口体现来找到它自己的异样存有状态，然而，这种体现绝不可能在某些直接可转换的效果发生之前就能够被预期到，它必须透过电影史上的大师的创造性手法才能生成。而电影影像体验乃是这种视觉存有学的典型现象：视觉存有者本身是透过其不可见的异样（Alterity）配置而得以彰显，这种不可见的异样存在，存在于影像的可交转性与间距的场域流变中，向影像之域外的感知、文化与思想世界敞开，而并不存在于其可见的视觉质内部。齐加·维多夫（Dziga Vertov）《持摄影机的人》（*The Man with a Movie Camera*，1929）中的城市生活与地景叙事，特别是对摄影机的操作、放映与存在本身，提供了"电影眼"无所不在的敞开式影像视域。

## 三、科技体现：从文化肌肤到文化治疗

跟随着梅洛－庞蒂对于电影观众视听时间性的这种技术体现机制的描述，我们从电影的运动影像阐述出一种新的视觉存有学，并且召唤对于德勒兹批判电影现象学之可能的再评价。

经过仔细阅读梅洛－庞蒂1945年的论文《电影与新心理学》，我们发现德勒兹显然犯了一个以偏概全的错误，他认为现象学只能把媒体影像经验视为一种次级经验或衍生经验，从而高举自然的视知觉经验。这种对于电影现象学的诠释，显然来自于他在《电影Ⅰ：运动－影像》第四章脚注2中所引用同在1945年出版的《知觉现象学》的一个段落。不过，他也的确发现"意向性"这个理念不足以建立一门电影现象学。梅洛－庞

蒂早期在说明身体主体理论时强调的是"运作意向性"这个理念，但是，在我们的电影视听时间经验当中，德勒兹所批判的"第二意向性"说法可以说是把矛头指向"运作意向性"这个理念，因为，基于"新心理学"所发展出来的完形哲学，的确没有办法说明媒体影像经验乃是一种极端被动的影像视听自组状态，这种状态本身与身体运动的运作经验大异其趣，如同后来的电影现象学学者珍妮弗·芭克（Jennifer Barker）在《触觉之眼》（*The Tactile Eye*）一书中所述，它不仅必须把影片、摄影机、放映机与电影院的漆黑场域置入思考，甚至是在芭克之后，将当代扩延电影的新场域中的电影组装与观影经验置入思考。进一步说，就如同我们已经试着阐述过梅洛－庞蒂论文当中所隐含的他者（或异样）存有学，在视觉和电影影像中的确隐含了一种存有学，但这种存有学，甚至与梅洛－庞蒂晚期受现代绘画史所启发的新存有学亦属迥然不同的存有学。

接下来，我们要采取梅洛－庞蒂在论文中所未曾碰触的另外一条路径，也就是"相应于技术方法的思考模式"[①]的探问，或者是相应于麦克鲁汉所谓电子时代的"文化肌肤"这个暧昧理念的科技体现问题。这一条透过科技体现的思考道路或许可以提供另一种现象学心理学与存有学的道路，让我们有机会澄清上文脉络中同一与他者（异样）的议题。

关于个体之间最简单、最纯粹的沟通关系，就是所谓"面对面的关系"（face-to-face）。就像列维纳斯所谓的最原初的伦理关系与社会缘起："当我们面对他人的脸，与他对话，没有间

---

[①] Merleau-Ponty, "The Film and the New Psychology", p. 59.

断，也不相互妨碍。"①两个个体之间的单纯对话，似乎为这样一种沟通情境提供了最佳的例子。然而，即便在这样简单而单纯的对话情境中，仍然会出现一些复杂的情况，跟说话者本身的状况有关，却属于不可见的、自我遮蔽的状态，也就是说对话者有时候自己都不可能意识到的遮蔽因素。进一步说，当两个个体坐在桌子两端，进行面对面的"直接沟通"时，如果有第三种透过接口的因素在两者之间出现，也就是说两者必须透过媒体来沟通，将为沟通情境带来什么样的改变？事实上，列维纳斯已经指出，面对面的关系从来就不是没有距离的直接贴近关系，而总是不同身体间一种有间距的贴近（proximity）②。但由于列维纳斯的伦理与他者形上学缺乏了身体的认识论，让我们必须转向身体现象学，以便寻求媒体沟通关系当中的认识论基础。但这一次，由于我们在上面已经引用了德勒兹的电影哲学来对质，所以在这里已经无须再一次诉诸梅洛-庞蒂的知觉现象学与视觉存有学。我们必须寻找另外一条路径来建立认识论的基础，因为我们了解，在媒体影像经验的内部已经存在许多人造皱折，它们需要不一样的身体论述来加以说明，而非梅洛-庞蒂早期的身体主体理论。

唐·伊德（Don Ihde）在他的《科技中的身体》（*Bodies in Technology*）这本书中所做的研究，提出了体现经验当中所具

① Emmanuel Lévinas, *Ethics and Infinity: Conversations with Philippe Nemo*, translated by Richard A. Cohen. Pittsburgh: Duquesne University Press, 1985.

② Emmanuel Lévinas, *The Lévinas Reader*, ed. by Sean Hand, Oxford: Blackwell, pp. 82–83.

有的种种身体意涵。①他把第一人称的身体自身，也就是吾人运动知觉与情绪的在世存有称为"1号身体"（body one）。但是，我们也具有社会和文化意涵的身体，我们也具有这种人类学意涵的身体。对大部分在西方文化成长的人来说，身体运作经验中并不包含有"气"的相关体验，然而对许多生长在亚洲文化传统的人来说，从一般的运动保健、武术医术的身体运作中，都包含有某种"气"的周身流行体验。这些身体的经验并不全然是生物性的，而是文化所建构，然而，它们披覆在我们身上，而成为我们的身体经验。伊德把这样一种身体意涵的披覆称之为"2号身体"（body two）。但是还有一个向度跨越了"1号身体"与"2号身体"，那就是科技体现的向度。它是一种人造科技所体现的时间性，我们在上一节中已经讨论过这种运动音像所包含的时间性。例如，我们今天会透过因特网通向全球的网站，延伸出我们沟通的"在场"，就此而言我们拥有一种被转化了的"现在"经验，我们可以轻而易举透过计算机伺服引擎，在网络上搜寻各种不同媒体中的沟通对话和讯息，悠游于网络虚拟的数字空间中。这是一种去身体（disembodiment）的科技体现经验，在数字空间中去掉了1号身体和2号身体。透过网络媒介所形成的沟通，究竟具有什么样的时间性与影像经验呢？而其他的电子媒体，譬如已经改变了我们的体现与身体感的电视、手机、VCD和DVD，已经透过"把外爆转化为内爆"②而披覆

---

① Don Ihde, *Bodies in Technology*, London: University of Minnesota Press, 2002, p. xi.

② McLuhan, *Understanding Media*, p. 35.

在我们身体感受上的文化肌肤，又当如何看待呢？这正是为什么我们必须重新思考在视听媒体体验中更为复杂而延伸的身体感，作为科技体现的向度，因为其复杂性已远远超过电影脉络中的身体感。

我们可以依据伊德的说法，把这一层科技中介的在世存有称之为"3号身体"。但是从现象学的角度来说，这个"3号身体"的论题其实不算太新，如果我们记得海德格尔（M. Heidegger）讨论用铁锤钉钉子，或者梅洛-庞蒂描述戴着一顶羽毛很长的帽子感受着漫步经过的人群通道，这些例子都是在指出透过工具和人造条件而经验到世界某物的体现关系。① 当我们用锤子钉钉子的时候，我们欲望着以一种穿透（transparency）的方式，透过我们的手和身体，体现于铁锤上，而在铁锤中介的钉钉子时间流经验中进入出神状态。用伊德的话来说，这种铁锤中介的钉钉子时间流体验有两个面向。一方面，媒介可以转化我们的真实存在成为另外一种接口化的物质条件，也就是说，铁锤将我们的力量转化为具有焦点指向的力量，把钉子钉下去，这就如同媒体经验中，电话将我们的声音转化为跨空间的电子声音。于是，媒体放大或加强了常态事物状态的可能性。我们可以称此为媒体的放大作用（magnification）。② 然而，媒体同时也会化约或截断日常整合的身体经验的某些厚度。譬如，当我们跟家人和朋友沟通时，即使有熟悉和亲密的关系基础，即使

---

① Ihde, *Technology and the Lifeworld: From Garden to Earth*, Bloomington: Indiana University Press, 1990, Chapter 3.

② McLuhan, *Understanding Media*, pp.45, 64.

打电话似乎具有一种直接性，而写信可以指向一种抽象性，但是，与面对面的经验比较起来，这些沟通方式似乎总是少了某种东西。我们可以把媒体的这个向度称之为化约作用（reduction）。[1]

让我们从电影经验转向另外一种媒体经验。在电话中介的声音传递时间流经验中，真实的对话时空条件被媒体本身的存在所转化。电话的对话体现了某种非真实的时空流动，意指着一种"声音上近距离的直接性"[2]。这样一种距离并非地理意义上的距离，也不是日常空间经验中的距离，而是一种单单透过媒体所中介出来的电子化距离。这样一种科技体现告诉我们，沟通情境中的科技条件并非中立的。但是就如同伊德提醒我们的，在沟通情境中，我们永远欲望着更好的通讯质量、希望媒介本身更加的透明，直到它的存在成为一种不可见的状态，也就是说，我们梦想着媒体中介的沟通状态能够如同面对面情境当中一般的无科技中介。[3]这样一种吊诡，让我们突然明了，所谓以人为中心或是以科技为中心的论战，从欲望的观点来看其实并不存在，我们的欲望总是希望将日常的体现（1号身体）、文化的体现（2号身体）与科技的体现（3号身体）完全弥合在一起。

罗勃·罗曼尼辛（Robert Romanyshyn）跨越了科技身体弥合体验的门槛，这位现象学心理学家提醒我们："甚至可以说，科技的世界乃是身体的发现，或许更有意义的是，对于身体转

---

① Don Ihde, *Existential Technics*, Albany: State University of New York Press, 1983, p. 51.

② Don Ihde, *Existential Technics*, p. 61.

③ Don Ihde, *Existential Technics*, p. 51.

化的各种可能性，在此被运作出来。"[①] 我们在梅洛-庞蒂与伊德提供了理解媒体经验的某些现象学思考之后，本文的问题已不再是关于媒体如何透过身体经验运作经验而产生效能，而毋宁说是文化世界如何透过媒体经验进驻到人的心理生活当中。罗曼尼辛在他的书《科技作为症状与梦》的序言当中说：

> 科技并不只是一系列的事件，在世界里兀自发生。相反地，它是人类世间想象的启动与落实。透过建造科技世界，我们创造了我们自己，透过构成科技世界的种种事件，我们启动与活出我们的感性和疑虑的经验，活出我们对于服从与控制的幻想，活出我们探索与摧毁的影像，活出我们希望的梦，也活出让我们失望的梦魇。[②]

当我们以这种方式了解电影、电话和电视，我们主要的媒体生活体验就不再是那么关乎外在的视听时间流或完形流，而进一步地与我们投射到我们身体之外的集体想象和梦想有关。詹明信曾经在他的《后现代主义：晚期资本主义的文化逻辑》一书中指出，"后现代文化本身有一个意义非常深远的症状"[③]，在此症状中，

> 像焦虑、疏离（以及在"呐喊"里酝酿的经验）等等概念，亦不再适合于指陈后现代世界的种种感受。伟大的沃霍尔式人物——不论是玛丽莲·梦露或是伊迪塞奇威

---

① Robert Romanyshyn, *Technology as Symptom & Dream*, New York: Routledge, 1989, p. 11.

② Romanyshyn, *Technology as Symptom & Dream*, p. 10.

③ Fredric Jameson, *Postmodernism, or, the Cultural Logic of Late Capitalism*, Durham: Duke University Press, 1991, p. 12.

克——都标志了 60 年代末期对生命感到耗尽与自我毁灭的状态，那个年代的人沉醉于毒品药物和精神分裂的体验中，这种体验与弗洛伊德式及所提出的精神官能症或歇斯底里症极为不同，也跟现代主义高峰时期所流行的种种典型忧郁体验：如彻底的孤独、极端的寂寞、沉沦、苦恼与颓废，以及个人的反叛、梵高式的狂放等更是不可同日而语。踏入后现代状况后，文化病理全面转变，可以用一句话来概括说明：主体的疏离异化已经由主体的分裂瓦解所取代。[①]

由上述引文所指出的"文化病理"告诉我们，詹明信对后现代主义的理论思考就是要描绘出一种文化治疗学。这样一种文化治疗学，或者用詹明信自己的话来说是"我们当代科技"的治疗学，针对的并不是崇高现代性的文化，而"毋宁说是计算机，它的外壳完全没有象征或视觉力量，甚至是各种媒体本身的外框，就像电视这样的家庭电器，它根本无所勾连，只是在产生内爆（implosion），在它的内部带着它平庸俗滥的影像表面。"[②] 这并不是一种针对过去的文化症状所进行的治疗学，而是面对过去如何以症状的方式呈现在当下的媒体经验当中。

## 四、视觉的历史性：读写意识与电视梦幻

至此，我们可以进一步进入罗曼尼辛对于科技媒体经验的现象学进路内部。首先，他把科技媒体经验看作影子、症状与梦。

---

① Jameson, *Postmodernism, or, the Cultural Logic of Late Capitalism*, p. 14.

② Jameson, *Postmodernism, or, the Cultural Logic of Late Capitalism*, p. 37.

罗曼尼辛以电影经验作为例子，他认为电影是我们的文化日梦，我们的文化在每一部电影当中发明、梦想着转化我们身体的新方法，表现了身体的无意识关注、恐惧与创造的力量。当我们透过媒体加入这种科技的文化日梦中，我们同时也加入了科技的阴影、缄默与症状中。但是从治疗的角度来说，症状不仅仅是消极的"事物"，它还具有它自己的积极治疗意涵，就如同梦精神分析学实践中分析师与受分析者之间的移情现象一般。就此而言，"一种症状就等于是一种忽略或遗忘某种事物的方式，同时也是一种保留或重新记得它的方式……一种症状也是一种不仅仅在述说某些事情错了，同时也是一种说出某些事情如何能够以对的方式来达成……症状就是一种生病的征兆，同时也是一种回家的路标。"[1] 经过了对罗曼尼辛科技媒体经验现象学进路的澄清之后，我们了解到这种经验可视为影子、症状与梦幻，接下来我们便可以进一步特别针对电影与电视经验作为影子、症状与梦幻来讨论其内涵。

与詹明信对后现代文化状况的观点相呼应，依罗曼尼辛之见，"电视是书籍的文化无意识。它是书籍意识另外一边，属于阴影的一边，而书籍意识则与现代性的缘起相符应。"[2] 罗曼尼辛在他的论文中指出，现代性的特质就是口语视觉的自我中心主义。而所谓的"电视乃是书籍的阴影"意味的是一系列的口

---

[1] Romanyshyn, *Technology as Symptom & Dream*, p. 13.

[2] Robert Romanyshyn, "The Despotic Eye and Its Shadow: Media Image in the Age of Literacy", *Modernity and the Hegemony of Vision*, ed. by David Michael Levin, Berkeley: University of California Press, 1993, p. 340.

语视觉自我意识或书籍意识的症状："线性的理性、脉络化的融贯、叙说上的连续性、有焦点的集中、无限的进步、个人隐私、生产效率、片面的理解与中立的客观性。"[①]詹明信与罗曼尼辛两者都透过科技条件引入视觉的历史性来思考，他们提醒了我们媒体经验的现象学"意向"分析的匮乏之处，也就是梅洛－庞蒂对于电影观众视听时间性的完形分析有所不足。我们突然发现了可见性的系谱学向度。电视和电影经验可以成为一种后现代的"凝视"（regard）方式，也就是拉康意味下的"凝视"而非"眼睛"，它粉碎了口语视觉自我中心主义的完形模式，透过口语或阅读经验的影像意识之情绪状态，这种凝视重新界定了现代性的视觉中心主义。

依据罗曼尼辛在现代性与后现代之间所做的区分，书籍意识和电视身体两种状态间，后者有如下的明显特质：（1）电视意识的眼睛通常是藉由身体来提醒；（2）电视身体特别倾向于口说性的身体，它具有情绪感染、参与其中、梦幻般与性感的特质，而并非理性、有距离、清醒和具有逻辑性的；（3）电视身体意识并非口说视觉自我，而是作为精神分析意义下做梦状态的去中心化自我，这种自我在做梦中去中心化，走出自我的私密和分隔状态，而进入一种与他人融合为一的状态；（4）我们可以将电视看成一种新版本的文化治疗空间，这个地方的梦幻和症状不仅仅关乎资本主义的利润，还关联到文化治疗的媒体。[②]

就此而言，媒体影像经验作为心理身体和梦幻身体经验的

---

① Romanyshyn, "The Despotic Eye and Its Shadow", p. 340.

② Romanyshyn, "The Despotic Eye and Its Shadow", pp. 341–342.

线索，无异提供了口说性的后读写（post-literate）方式，让我们可以重新考虑并且丰富梅洛－庞蒂关于视觉的新存有学，以面对德勒兹电影哲学的批判，以及德勒兹强调运动影像作为回忆征、做梦征等等的存在。[①] 换句话说，透过媒体影像经验作为日常文化生活经验，肉身存有学或许应该重新考虑可见性的系谱学和精神分析中的身体经验，以便能够将媒体影像经验视为他者的体验。至此，肉身存有学在能够被看成一种他者或异样的存有学，而对于电影和电视的发光物质进行读写性的阅读意识，在今天这个电子影像媒体沟通的时代，或许能够提供动态的平衡以及一种可能的文化治疗学。

现在让我们停下来，做一些简短的结论，以刻画出一门崭新的异样存有学，试着建构一门文化治疗学的基础。

首先，如同梅洛－庞蒂所说，除了本身之外，电影和电视并不意味其他任何事情。它们述说着自己的语言。然而，这种语言却在媒体中介的在世存有层次上有所指涉，也就是3号身体的科技体现层次上有所指涉。它们的语言与真实世界有距离，而总是可以作为非真实、想象界的语言来感知。因此，我们可以下结论说，电影和电视对观众所说的是他者的语言，同时为观众披覆上一层文化肌肤。观众被动地穿戴上这一层文化肌肤，学习了电影的视觉语言。就某种意义来说，当我们走进电影院，是电影在"看"我们、向我们诉说，在我们身上建设各种文化肌肤，而并不是我们在"看"电影。电影是大写的他者（Autre）；

---

① Deleuze, "From Recollection to Dreams", Chapter 3 of *Cinema 2: The Time Image*, pp. 44–67.

它不时为观众激发出想象上的距离。这样一种想象界的距离提供了理论基础，可以作为早期梅洛－庞蒂现象学的身体主体论述转换为心理学的梦幻身体、记忆身体和欲望身体的通道，这样一种转换，不可能自外于我们身体的物质条件和文化条件。就是这种想象界的距离，创造了存有学的可交转性，也就是晚期梅洛－庞蒂所主张的"肉"（Flesh）之存有学。

　　其次，我们可以追问：我们为何需要一门文化治疗学？电影和电视不只是一种想象界的非真实，不同于后现代文化日常的真实；就时间的结构来说，电影和电视也是自我皱折着、交缠着、重复着、再生产着后现代生活的想象梦幻。它们已经改变了后现代文化的日常真实。我们可以在媒介影像当中，一遍又一遍地重新体验到另一种时空结构，就像我们可能在症状式的梦幻当中所体验到的重复（repetition）一样，但是它又同时将自身无限延伸到其他种类的媒体体现中。如果文化治疗学总是需要聆听来自他人的声音，或者来自我们自身当中他者的声音，那么电影和电视就可以在他们的想象界的非真实里，提供所有可想象种类的文化置身处境、可知觉文化症状和梦幻。而既然大部分在电影和电视中的文化症状和梦幻都是透过科技体现可重复、可复制和可感知，那么，我们就可以从电影和电视经验所引发的症状和梦幻来进行发现和诠释，以此来塑造一门文化治疗学。为了要诠释这些文化症状和梦幻，我们显然需要文字读写意识和书本阅读意识，而并不是媒体影像经验的无意识。这就是说，我们必须将读写意识应用到媒介影像经验的文本中，就像是治疗师必须仔细地阅读患者的梦症状和话语文字。但由于本文所关切的是文化治疗学的一般基础以及它与媒体影像经验的关系，我们在此无法详细阐述这门治疗学在个体心理治疗和精神分析实践上的完整意涵。但是必须提醒读者，这里的问题场域完全不同于詹明信的问题脉络，他认为："在后现代阶段的破碎主体性中，文化病理学的动力转换所具有的特质在于，主体的异化疏离正在被主体的分裂破碎所取代。"[①] 本文的目标单纯集中在媒体影像经验的现象学与现象学心理学所阐述的问题脉络中，同时说明它们在文化治疗学上的意涵。笔者对于"无意识主体性"的问题、个体心理治疗和精神分析的实践问题亦非常感兴趣，但是要在这方面做进一步的讨论，恐怕需要另辟篇幅。

第三，既然电影和电视说的是他者的语言，说的是媒体中介经验中的他人和其他世界的语言，它们所突显的想象界非真实，就让我们的自我处于一种另类自我状态，在去中心化的过程中，释放出现象学意义下的自由变样。透过这样一种去身体化的体现，才有可能在心理学与自我学的意义上进行自由想象的过程中，建立一门文化治疗学。由于它们彼此的交织特性、可转换状态、可重复、可复制和非真实的时空结构，使得电影和电视从自然知觉状态产生歧出，并在自身的复本上运作，同时它更进一步颠倒过来，将自然知觉改变、修正为想象知觉。就此而言，电影和电视的历史性已经显示出作为他者（异样）存有学的例证，这也就是晚期梅洛－庞蒂思想中所命名的"肉"的例证。"肉"所说的语言是他者的语言，并且也针对他者而说，

---

① Jameson, *Postmodernism, or, the Cultural Logic of Late Capitalism*, p. 14.

它的运作原则就是可交转性和裂隙间距，在当代场景中，"肉"成为一种后现代的破碎经验叙说，介于口头视觉自我意识和情绪参与梦幻性感身体意识之间。罗曼尼辛所提示的这两种意识状态，必然与伊德所提示的三种层次身体经验产生辩证的交缠关系。简单地说，口语视觉自我意识、书本阅读意识或读写意识都置身处境与现代性的核心之处，它们需要基本上述说着他者、情绪、梦幻语言的媒体影像经验作为基础。媒体影像经验可以扮演超越自我学沉思的现象学"搁置"运作媒体。它总能够透过它的可感觉框架、镜头、场景作为重复的材料，将观众导引出他们原本的自身状态。反过来说，情绪、参与、梦幻与性感身体意识和所谓的媒体影像无意识则需要读写意识，能够在媒体影像经验中"透工"出潜在的文化症状与梦幻意涵，以便寻找另类的感觉、思考和说话方式，另外一种生活。

# 附录
# 审美现代性之争

## ——哈贝马斯与福柯论波德莱尔[*]

## 一、何谓审美现代性?

在现代和后现代的争论中,论者对于审美现代性的理解,往往涉及其论述自身的理论要害。[①]

---

[*] 本文原发表于《中外文学》,第 30 卷,第 11 期,2002 年 4 月,页 32-61。

[①] 台湾哲学界对于这方面哲学论争的分析,可见蔡铮云:《现代与后现代争论的厘清——利奥塔与哈贝马斯争论的基源分析》,收于氏著《从现象学到后现代》,第三章,台北:唐山,1995 年,页 87-115。另外,就"审美现代性"乃是"文化现代性"的一部分的用法(韦伯、哈贝马斯的用法)来看,钱永祥在《台湾社会研究季刊》"现代性及其批判"专题所做的讨论,至少也揭示出"文化现代性"不等于"社会现代性"和"科学现代性",它是一种思潮(譬如他讨论的自由主义)、一种态度和文化价值的选择与实践。参见钱永祥:《现代性业已耗尽了批判意义吗?——汪晖论现代性读后有感》,《台湾社会研究季刊》,37 期,2000 年 3 月,页 75-90。2001 年 4 月 20 日,"中研院"欧美研究所举办了一场"欧洲社会理论:现代与后现代"圆桌讨论会,从年轻一代学者的 14 篇会议论文来看,"现代与后

现代性、启蒙和理性的辩护者，经常将审美现代性视为后现代性的源头。譬如哈贝马斯（J. Habermas）就认为，审美现代性的出现，改变了时间意识。它透过前卫之姿，探索不确定

现代" 的相关哲学争论仍在持续之中。关于审美现代性或文化现代性的哲学争议脉络，可参见 Matei Calinescu, *Five Faces of Modernity: Modernism, Avant-Garde, Decadence, Kitsch, Postmodernism*, Durham: Duke University Press, 1987. Allan Megill, *Prophets of Extremity: Nietzsche, Heidegger, Foucault, Derrida*, London: University of California Press, 1985. Gianni Vattimo, *The End of Modernity: Nihilism and Hermeneutics in Post-modern Culture*, translated by Jon R. Snyder, Cambridge: Polity Press, 1988. Peter Dews, *Logics of Disintegration: Post-Structuralist Thought and the Claims of Critical Theory*, London: Verso, 1987. Robert B. Pippin, *Modernism as a Philosophical Problem*, Oxford: Basil Blackwell, 1991. 从文化研究或社会学角度的讨论，可参见 Daniel Bell, *The Cultural Contradictions of Capitalism*, London: Basic Books, 1976. Hal Foster, ed., *The Anti-Aesthetic: Essays on Postmodern Culture*, Washington: Bay Press, 1983. Marshall Berman, *All That Is Solid Melts into Air: The Experience of Modernity*, esp. III. "Baudelaire: Modernism in the Streets", New York: Simon and Schuster, 1982. Anthony Giddens, *The Consequences of Modernity*, Cambridge: Polity Press, 1990. Anthony Giddens, *Modernity and Self-Identity*, Cambridge: Polity Press, 1991. Andreas Huyssen, "Mapping the Postmodern", in *New German Critique*, 33 (1984). 詹明信：《晚期资本主义的文化逻辑：詹明信批评理论文选》，张旭东编，香港：牛津大学出版社，1996 年。刘小枫：《现代性社会理论绪论：现代性与现代中国》，香港：牛津大学出版社，1996 年。这些著作中，从个人感觉经验的变化，到品味、自我认同的塑造，文化逻辑与资本主义俱进的状况，一直到艺术文学与哲学思想的嬗变与交互影响，都涉及了本文所谓的 "现代和后现代的争论"。

的未来，反对深锁于学院与博物馆中被客观化、中性化的历史，同时侧重当下无常、难以捉摸、短暂、流动的时间观，表现了颓废、野蛮、狂野、与原始感通的无政府历史感，借着反叛一切、为艺术而艺术的口号，批判现代世界中理性的工具化。在此，审美现代性似乎扮演了理性批判的一种感性表达。

但哈贝马斯也认为，由于审美现代性聚焦于艺术家的自我体验、创作媒介与技巧实验，反而让艺术脱离了社会，成为专业化的艺术，于是，表面上的浪荡不羁或不厌精细追求品味，实际上，却随着资本主义的发达，渐渐成为消费循环的一环。虽然，整个现代艺术史上，种种前卫艺术运动企图透过审美批判与社会批判，重新接合艺术与社会的关系，但终究无力回天，反而启迪了后现代戏论之说。现代性、启蒙和理性的辩护者认为，后现代之所以以相对主义与脉络主义为尚，乃审美现代性逾越了批判理性的界限，走向非理性的结果，这类非理性的审美表达，无助于日常生活中的理性得到文化养分，只会加深社会分工、让艺术更专业化、让文化更趋向破碎难解。①

面对现代性、启蒙和理性的辩护者，后现代主义者却认为，现代性已是一个过去的时代，道德上，现代性已经走到了耗尽

---

① Daniel Bell, *The Cultural Contradictions of Capitalism*, London: Basic Books, 1976. 贝尔从宗教复兴解决现代文化破碎危机的角度，代表了反对后现代的其中一种立场。但哈贝马斯对此立场并不表示同情，而视之为 "老保守主义者"。参见 Jürgen Habermas, "Modernity—An Incomplete Project", in Hal Foster, ed., *The Anti–Aesthetic: Essays on Postmodern Culture*, translated by Seyla Ben–Habib, Washington: Bay Press, 1983, pp. 3–15.

的地步，专制启蒙主义的理性对权力的滥用，不再能够为其未来号召希望和信心。然而，这种宣告现代性已告过时的作法，却产生了反讽效果。因为，从上述审美现代性的特质而言，现代性的自我理解一直充满了前卫精神对未来的承诺，其承诺的实现，就是愿意牺牲当下，宣告当下已然过时，一切希望要放在未来。因此，审美现代性究竟属于后现代主义如利奥塔（J-F. Lyotard）、瓦帝摩（G. Vattimo）拒斥为过时之列，还是已然化为后现代的源头滥觞，此中不无暧昧之处。①

后现代思想家的一个关键特色，便是当问题涉及审美与社会的关系时，他们总是怀疑批判理性或启蒙理性能否面对复杂的现代社会，而不造成灾难："即便我们认为社会是一个体系，但对社会的完全控制也是不可能的，因为这必然要求对其最初状态予以严格的定义，而这样的定义又是不可能实际做出的。"②

---

① 事实上，利奥塔和瓦帝摩都不是用历史时期来区分"现代／后现代"，而是依据一种认识／文化／审美态度与观点上的转变，来论证为什么"后现代"已蕴藏在"现代"的"初始状态"之中。参见 Jean-François Lyotard, *The Postmodern Condition: Report on Knowledge*, translated by Geoff Benningyon and Brian Massumi, Minneapolis: University of Minnesota Press, 1984. 原文为 *La condition postmoderne: rapport sur le savoir*, Paris: Minuit, 1979. 特别参考其英译本附录《答问：什么是后现代主义？》。亦见 Gianni Vattimo, *The End of Modernity: Nihilism and Hermeneutics in Post-modern Culture*, translated by Jon R. Snyder, Cambridge: Polity Press, 1988. 他在"Introduction"中指出，后现代主义的"后"（post-）乃是一种根植在现代思想家与尼采、海德格尔思想中的"态度"。蔡铮云在其《从现象学到后现代》一书的第三、五章，对此暧昧关系有详细的分析。

② Lyotard, *The Postmodern Condition*, p. 56. 从社会哲学的角度，

利奥塔认为，批判理性的界限，尤其在试图界定社会整体时，显露其捉襟见肘之窘境，因此，面对社会运作，重点不在于哈贝马斯强调的，透过理性舆论的批判来构建社会基础，而是运用审美实验与眼光，创造和包容不同的感受、见解与表达，这种突显差异、褒扬另类的做法，又让人再度怀疑后现代主义在拒绝现代性、启蒙和理性之余，是否藉由审美现代性的反叛实验与多重视角，推展其戏论与吊诡言说？

然而，就在上述的描述过程中，后现代在把现代性贬为"一种过时的心态"的时候，或许已不知不觉将之视为一个历史时期，以致错失了现代性意义的时间意涵，未能细察现代性与"当前"的关系。哈贝马斯和福柯两位哲学家就抱持这样的观点。他们一致为现代性与"当前"（le present）的深密关系辩护，但是，他们两人的现代性观点却大相径庭。换言之，与后现代对质的"现代性"本身，其实是一个有待厘清的概念。我们要问：现代性的意义，究竟是一个历史时期（époque），一个规范计划（projet），还是一种时代流风（ethos）？连带的一组问题是，审美现代性的意义，究竟是艺术史的一个时期，一种风格技法，还是某种艺术的姿态？

现代性对未来的期许、承诺，并不是源自 20 世纪初艺术的现代主义（modernisme），而是发轫于启蒙运动（les

---

分析"现代化"与"现代性"的差异与启蒙理性的渊源，亦见蔡铮云：《从现象学到后现代》，第四章"现代性的两个面向"；赵刚：《如今批判还可能吗？——与汪晖商榷一个批判的现代主义计划及其问题》，《台湾社会研究季刊》，第 37 期，2000 年。

Lumières）的现代性源头，特别是启蒙运动的"进步"（progrés）理念。就历史观而言，这种理念，总认为"未来"具有比"当前"的要求更优先的地位。法国哲学家就认为，当下的努力，其可靠判准在于未来。德国启蒙哲学家如康德（I. Kant）强调，未来乃是自由的领域，因为它不受限于当下的限制。但是，这种默认了未来必定进步的逻辑，如果用来反问"现代性"自身："现代性"的当前状态，是否亦将在未来的进步中被淘汰？难道"现代性"本身没有当下的局限吗？如果"现代性"亦有其历史局限，它如何面对自身这些偶然、无法长存的限制？

从审美现代性的角度，哈贝马斯和福柯提出了立场相左的答案，而且，在哈贝马斯 1980 年的《现代性：一个未完成的计划》[①]与福柯 1984 年的《论何谓启蒙？》[②]两篇文章中，以波

---

① 此文出处见本书第 245 页脚注 1。但原出处及名称为"Modernity versus Postmodernity", in *New German Critique* 22, 1981, pp. 3–14. 篇名的差异，是因为哈贝马斯原来在 1980 年接受法兰克福市"阿多诺奖"、1981 年纽约大学人文学院詹姆士讲座的两场演讲中，是以"Modernity—An Incomplete Project"为题做的演说，但后来刊登在 *New German Critique* 时修改了名字。同时，对比利奥塔在 1979 年发表的 *La condition postmoderne: rapport sur le savoir* 来看，尤其在其英译本附录的《答问：什么是后现代主义？》对哈贝马斯的点名讽刺，以及哈贝马斯 1980 年演说中对后现代主义的批判，虽然未直接提及利奥塔，但显然亦将其归类为法国哲学界的"年轻保守主义者"。

② Michel Foucault, "What Is Enlightenment?", in *The Foucault Reader*, Paul Rabinow, ed., New York: Pantheon Books, 1984, pp. 32–50. 法文版见 Michel Foucault, *Dits et écrits IV*, Paris: Gallimard, 1994, pp. 562–578.

德莱尔（C. Baudelaire）为代表的审美现代性，同时在两篇文章中受到相当篇幅的讨论。因此，以这两篇文章的讨论为主轴，本文将分析两位思想家的"审美现代性"争议，并由此争议突显其"现代性"概念间的歧异。

本文将以三个议题做基本线索，申论哈贝马斯与福柯对审美现代性的看法，并试图对两位哲学家的看法提出反论，以导引出更多层次的思考，这三个议题分别是：（1）审美现代性的时间性、历史性分析；（2）审美自主性与理性批判之间的关系；（3）审美现代性与社会整体的关系。

## 二、审美现代性：启蒙理性计划的审美表现

哈贝马斯认为，审美现代性（aesthetic modernity）在 19 世纪中叶首次出现，波德莱尔的作品已明显呈现其精神和典范，我们可以看到其中的几个特点：

（1）关注"当前"的时间意识，使它勇于创新，也使它与"当前"的社会现实决裂。这种现代性以"新"来鉴定作品的现代感，它的特质，乃是种种态度，而这些态度间的共同焦点即：已历经变革的时间意识（a changed consciousness of time）。这种变革对于"当前"的态度，不仅仅是表达外在的社会流动、历史时间的跃进、日常生活时间的不连续，也颂扬瞬息万变、难以捉摸、动态的时间性，因而有批判潜能，将矛头指向"当前"处境中虚假的历史限制；对于"过去"的态度，审美现代性反对客观学术、博物馆式的过去历史，以英雄之姿将"当前"与已式微的某些历史极端世代联结起来，自比为蛮荒、狂野、原

始时代，充满了摧毁历史连续性的无政府企图，反叛具有规范（normative）作用的传统，同时，以对一切规范的反叛、亵渎所造成的惊世骇俗经验为生，却又不断想置身于其无谓后果之外。哈贝马斯举本雅明（Walter Benjamin）的时间观为例，称之为"后历史主义"的现代历史观，将"当前"视为错综复杂、碎片式地呈现救赎的时刻。①

哈贝马斯接着引述贝尔（D. Bell），上述审美现代性的时间心态如今已被判定"过时"，它历经达达主义、超写实主义到60年代以后被宣告失败，但是，哈贝马斯并不认为审美现代性的前卫运动乃是后现代的前奏，也不同意主张宗教复兴的"新保守主义"（neoconservatism）者的诠释，把审美现代性——或者以反主流文化起家的文化现代主义（cultural modernism）——视为现代文化与现代社会分裂的罪魁祸首。②

（2）审美现代性原是现代性计划（the project of modernity）的一部分，却由于自主发展，以致与社会道德、认知领域脱节。哈贝马斯认为，问题的重点不是"过不过时"，而是现代性不能单单理解为一个历史时期，现代性毋宁说是一个规范计划（normative project），它落实了理性化、民主化与解放的确切目标。他认为，这个现代性计划的根苗就在启蒙运动（Enlightenment）中："启蒙主义哲学家在18世纪提出的现代性计划，主要是按相关领域的内在逻辑，阐扬并发展客观科学、普遍道德与法律、自主的艺术。同时，他们的计划企图找出

---

① Habermas, "Modernity—An Incomplete Project", pp. 5-6.

② Habermas, "Modernity—An Incomplete Project", pp. 6-8.

上述各领域中的认知潜力。启蒙哲学家希望运用专业文化的成果来丰富日常生活——换言之，来丰富日常社会生活的理性组织。"① 哈贝马斯强调，现代性虽可以以经验意义的方式理解为现代化（modernization）的社会过程，这个过程涉及了工业化、科层化、世俗化、都市化以及专业化，它也可以以规范意义理解为未完成的解放计划。而如果要以此规范的方式来理解现代性，必须要保留理性的规制概念（regulative concept），以区分解放型（emancipatory）的现代化与高压型（coercive）的现代化，才能够透过它们对人类自由的重要性，进而掌握其道德上的立足点。② 以审美现代性而言，其面对历史与时间的心态，不仅有反叛一切规范、以亵渎传统取乐的现代主义文化，也有批判教条、创新感知表达的现代主义文化。

哈贝马斯认为，现代性是一个未完成的解放计划，审美现代性乃是此计划分化为三个相对独立领域中的一环，他必须拒绝后现代或新保守主义者宣称现代性若不是在历史上已过时了，便是道德上已不足为训了。他特别是要反驳后现代对现代性计划之规范主张的"倒转"③，后现代认为现代性的解放承诺，从启蒙运动开展以来，产生了高压的后果。哈贝马斯以两个批判来回应后现代对现代性的批判：后现代把启蒙运动的概念同质化了，而且，后现代一旦拒绝把"理性"当作价值判断的根源，

---

① Habermas, "Modernity—An Incomplete Project", p. 9.

② Jürgen Habermas, *The Philosophical Discourse of Modernity*, translated by Frederick Lawrence, Cambridge, MA: MIT Press, 1987, pp. 315–316.

③ Lyotard, *The Postmodern Condition: Report on Knowledge*, p. 79.

根本无法产生对现代的价值判断。哈贝马斯特别强调了理性的规制概念，可以将解放型的现代化与高压型的现代化区分开来，也让他能够区分开沟通理性（communicative reason）与工具理性（instrumental reason）的不同用法。高压型的现代化特别发展于支配型政府和市场经济的系统过程，仰赖理性的工具形式，使他们能够维持控管机制；而解放型的现代化，则具体呈现为民主世界，仰赖沟通理性，进入互为主体的理解过程。透过政府和经济上可说明的民主化程度，让沟通型态的理性渐渐取代工具理性。在此区分上，哈贝马斯把启蒙理性的概念加以区分，让他能够解释现代性中的启蒙意向为什么会被扭曲，那是理性不足，而不是理性过度了。[①]

所以，启蒙理性并不是后现代所指控的目空一切，而是由于国家和经济将启蒙理性加以工具化的运用，排除其沟通潜能的后果。其次，从论述的逻辑来看，因为后现代在描述现代性过时的过程，还是要运用它宣告其已死亡的理性本身，换言之，后现代用启蒙的工具，来宣称启蒙已变成了极权主义。如果要让批判保持有效，甚至要拒绝启蒙及其现代性遗产，这种批判都要运用启蒙遗产的要素，因为，至少要有理性的完整判准，让它们能够解释所有理性判准均已腐坏。另一种选择，就是非理性主义（irrationalism），以盲目的主张，来取代理性论证，这种选择会让沟通完全失效。[②]

有趣的是，审美现代性在启蒙计划中所表现出来的理性，

---

① Habermas, *The Philosophical Discourse of Modernity*, p. 310.

② Habermas, *The Philosophical Discourse of Modernity*, pp. 124–27.

似乎既不是工具理性，也不是沟通理性，更不是全然的非理性，当哈贝马斯以启蒙理性为焦点进行思考时，显然他很难调和审美现代性经常要求的"身体"、"自我"、"理性所无法企及的他者"（the Other of Reason）、"无可名状者"，因为，这些范畴都不在"沟通理性"的范围内，因此，哈贝马斯一概称之为"主体中心理性"。①

（3）审美现代性的出发点是生活世界的审美应用，却有专业化而脱离日常生活的危险。哈贝马斯虽然对启蒙理性做了理性的批判，欲以经过批判了的沟通理性来看待审美现代性的本质，我们依旧要追问：在现代性的整体计划之下，审美现代性与启蒙理性或沟通理性的关系，有可能是部分与整体的关系吗？如果是的话，审美现代性中强调的特殊品味如何可能是"理性"，甚至是"批判理性"的？针对第一个问题，哈贝马斯的答案显然是肯定的，波德莱尔的艺术批评，已具体而微地显现了"审美领域的自主动已有刻意计划之势：有才华的艺术家真切表现自身所遭遇的去中心主体性，背离了日常认知和例行行为的局限。"②从作品来看，"色彩、线条、声音、动作不再为再现服务，表现媒介和创作技巧已成为审美对象。"③现代艺术家要为当前无可名状的感性经验，打开一片理性沟通的场域，就此而言，审美现代性乃是沟通理性的一部分，但是，就审美现代性强调

---

① Habermas, *The Philosophical Discourse of Modernity*, pp. 294–326.

② Habermas, "Modernity—An Incomplete Project", in Habermas, *The Philosophical Discourse of Modernity*, p. 10.

③ Habermas, "Modernity—An Incomplete Project", in Habermas, *The Philosophical Discourse of Modernity*, p. 10.

其经验之"去中心"而难以名状而言，它又是"沟通理性"的对立面，强调自身乃"理性之他者"的"主体中心理性"，哈贝马斯认为，无论如何，这种想让"他者"（Autre）的存在现身的欲望、想要思考"非思"（impensé）的努力，虽是早期浪漫主义想"把艺术确立为社会生活中的一个公共体制"失败后的复仇行动，"事实上也是一种理性行为"。①

针对第二个问题，哈贝马斯虽然并未多谈，但显然我们如果引用现代艺术史（在此特别是美术、音乐、舞蹈）中"现代主义"的形式审美原则来理解他的看法，他似乎认为审美现代性特别发展了"纯粹审美判断力领域的内在逻辑"，依据康德在《判断力批判》的说法，这种内在逻辑所发展的品味，在原则上

---

① 哈贝马斯分析尼采、海德格尔、福柯这一系列强调"理性所不及之处"的思想家说："这种自我膨胀的主体性的他者已经不再与总体性相分离了，它基本上表现为被破坏的相互性所产生的复仇力量，表现为被扭曲的沟通关系的致命因果循环，并忍受着社会生活被毁形的总体性以及从内部和外部自然割裂开来的痛苦。排除模式中，这种在社会上分裂的、因而与自然割裂开来的主体理性的复杂结构尤其拒绝区分：'理性的他者是自然、身体、幻想、欲望、情感——或确切言之，理性迄今所不能占用的一切。'因此，为理性的他者占位的，恰恰是一个被分裂、被压抑的主观自然的生命力，是浪漫主义所发现的那些现象——梦、幻想、疯狂、狂欢和极乐，是被分解的主体性的审美、身体中心的体验。毫无疑问，早期浪漫主义仍然想要以新神话的形式把艺术确立为社会生活中的一个公共机构；它想要把由此焕发的激情升华为与宗教的统一力量相等的东西。尼采是一个把这种潜在的激情整个转移到现代社会、历史之彼岸的人。以前卫运动风格强化的审美体验的现代起源，蓄势待发。"Habermas, *The Philosophical Discourse of Modernity*, pp. 306-307.

虽然必然是主观的，而不是客观的，但对于品味的批评却可以，也应该是理性的，这样，我们的品味判断才可能得到扩展和修正。康德在此强调，他提到"理性"的意思并不是要找出主观的审美判断有什么普遍的公式，而是认为我们可以研究知性和想象力在这种判断中的相互关系是什么。[①] 不过，现代艺术史发展的过程却提醒我们，任何"理性"不仅不可能纯粹，它还必然落入具体处境、有相关的语言表达、有制度设计、有历史文化的影响，从而变成了人类意志和欲望的奴仆，而非主人。[②] 因此，艺术不仅不应为工具理性服务，反而更应以嘲讽人类"理性"的界限为职志。

依哈贝马斯来看，古典时期和启蒙哲学家，把理性视为纯粹、超越，甚至是不具形体的中介，具有无远弗届、批判反省的能力，它的运作不受时间和环境限制，而这些迄今被视为理所当然的能力，现在的确被严厉地质疑了。理性并不纯粹、并不超越于时间之外，它反而会变成世界运作的一环，它落入具体处境、有相关的语言表达、有制度设计、有历史文化的影响，从而变成了人类情绪、意志和欲望笼罩之所，特别是被权力意

---

① Immaneul Kant, *Critique of Judgment, Analytic of Aesthetic Judgment*, § 34–35, pp. 285–288, 引用自 Clive Cazeaux, ed., *The Continental Aesthetics Reader*, London: Routledge, 2000, pp. 18–19.

② Thomas McCarthy, "Introduction", in Habermas, *The Philosophical Discourse of Modernity*, p. xvii. 麦卡西强调，哈贝马斯非常同意理性不能不注意其具体历史、置身处境，启蒙理性也的确忽略了历史、社会、身体、语言等先在条件，但哈贝马斯也认为，唯有进一步的启蒙可以改善启蒙带来的问题。

志所笼罩，因此："到了他（波德莱尔）的时代，藉艺术想与社会修好的乌托邦已经走味。起而代之的是它们互为龃龉的关系，艺术变成一面不讨好的批判明镜（critical mirror），彰显了审美和社会之间无以调解的特质。当艺术愈疏离生活，隐入遥不可及的彻底自主性时，现代主义的转化也愈发定型。"① 于是，在哈贝马斯的诠释下，超现实主义（surrealism）做了一切重新拉拢艺术与生活的努力，譬如强调即兴作品，宣称人人皆是艺术家，撤销一切审美标准，结果反而让人感受到其计划理性之严密或不可理解，品味与认知之脱离日常生活，作品之与社会脉络脱节。换言之，审美现代性企图站在"他者"的位置上，对理性社会进行批判和嘲讽，实属徒然。②

哈贝马斯认为超现实主义失败，或审美现代性、文化现代性会功亏一篑，主要是因为，"只有造就认知、道德实践、与审美表现元素间的自由互动，才能诊治物化的日常实践。"③ 依据哈贝马斯的说法，启蒙理想，像理性、真理、正义、美感可以在今天被保留，是因为一个事实：在日常的沟通中，我们不可能避开提出真理要求（true）、规范上的对错（right）、个人的真诚（authentic）、品味的判断，这些真假、好坏、对错的主张带有一些蕴含，它们蕴涵着：必须透过在接近理想沟通情境

---

① Habermas, "Modernity—An Incomplete Project", in Habermas, *The Philosophical Discourse of Modernity*, p. 10.

② Habermas, "Modernity—An Incomplete Project", in Habermas, *The Philosophical Discourse of Modernity*, p. 11.

③ Habermas, "Modernity—An Incomplete Project", in Habermas, *The Philosophical Discourse of Modernity*, pp. 11–12.

的言说中，获致由理性促成的共识，关于真假、好坏、对错的主张才能证明为有效。哈贝马斯认为，尽管后现代主义者强调今日理性的置身处境（situatedness）和不纯粹（impure），但理性的这种情况，一点都不会导致我们接受毁灭性的相对主义（relativism），而是在有效性主张（validity claims）可以持续被批判的脉络变动更新过程中，虽然我们的理性有其置身处境，有遭受各种非理性压力的危险，却仍可以在要求理想沟通情境时，维持其超越脉络的姿态。这便是哈贝马斯学说最核心的知识论观点。

就此而言，哈贝马斯眼中的审美现代性——当代的中产阶级艺术有一些可能的"出口"：一、喜欢艺术的人应自修成为专家，透过审美判断力的理性训练，消除专家、专业与业余间的距离；二、艺术爱好者要像一个积极的消费者，懂得善用艺术，将美感经验与生活问题结合在一起，艺术在此不再有激进的含义，因为专家和业余爱好已难以分别，艺术与社会生活的距离不再遥远。[1]哈贝马斯举了1937年柏林一群年轻工人自己进修欧洲艺术史，进而改造其生活环境的例子，证明了"从生活世界立场出发，成功挪用专业文化"的例子，他认为不论是超现实主义、布莱希特、本雅明的审美世俗启蒙理想，尽展现于斯。总而言之，现代性的计划大功未成，对艺术的感受，只是它的三大方向之一，唯有社会现代化也朝向不同方向发展，生活世界发展出自己的机制，限制其全面自主的经济体系、官僚组织

---

[1]　Habermas, "Modernity—An Incomplete Project", in Habermas, *The Philosophical Discourse of Modernity*, p. 12.

的强制支配，才能完成现代性的计划："细致有节地重新将现代文化和日常生活实践结合起来"。[①]

### 三、波德莱尔：如果有一种自相矛盾的理性……

哈贝马斯将现代性视为一个规范性计划（normative project），将审美现代性与启蒙理性批判联结在一起，而且，他认为唯有这样一种规制的、整体性的理性才能提供整体计划的保证,让审美现代性与现代性整体的发展成为真正的进步。然而，我们在这里提出几个仍然存在的问题，作为本文对哈贝马斯论审美现代性的初步反思：

（1）波德莱尔对于历史时间的态度是矛盾的，他既想掌握"当前"瞬间即逝的经验，又想抽取出其中的永恒诗素，这种矛盾的要求，似乎并不完全是因为其任意而为、不讲求逻辑、诉诸非理性所造成。是否正是在这样矛盾的审美要求中，反而突显了 19 世纪中叶巴黎都城中的这位诗人，从身体经验（吸食鸦片、享乐）、视觉经验（摄影、电影、报纸时事漫画、画展）、心理经验（与自我、情人、同侪、家人、社会大众的紧张关系）、社会政治经验（频繁的革命暴力镇压、政权更替、文学艺术社群正在形成）、到语言经验（诗人、散文诗人、评论家、漫画评论家）的分裂状态，一种难以名状、难以整合的经验过度丰盈、

---

① Habermas, "Modernity—An Incomplete Project", in Habermas, *The Philosophical Discourse of Modernity*, p.13-15.

语言匮乏状态？<sup>①</sup>当然，本文在第 254 页脚注 1、第 255 页脚注
2 两处已表明，哈贝马斯并不是没有注意到这种"理性的他者"
在审美现代性发展上的重要性，但是，他的分析除了视之为"另
一种理性"和从沟通理性的立场加以总体性的批判外，未见他
进一步在内容上对这种经验过程详细分论。<sup>②</sup>

　　果真如此，哈贝马斯对波德莱尔的审美时间性观点的诠释，
不仅过度强调了波德莱尔主观选择这种时间观的英雄主义情怀，
也忽略了精神分析中指出的一种可能：身体经验与语言间的断
裂状态。这种作为当时文人作家"不得不"真实面对的断裂状
态，很可能就是十九世纪，甚至我们"当前"都市社会中审美

---

　　① Marshall Berman, *All That Is Solid Melts into Air: The Experience
of Modernity*, esp. III. "Baudelaire: Modernism in the Streets", NewYork:
Simon and Schuster, 1982. 柏曼在此书中描述的波德莱尔现代性经验，让我
们看到，波德莱尔有很多想法和界定，但彼此相矛盾。最基本的矛盾便是：
他一方面对现代生活赋予抒情牧歌式的赞颂，另一方面又以反牧歌、文化
绝望的态度对现代性加以指责，如果说他有什么观点的话，可能只是：反
对政治或审美上的最后解决，而不断与内在矛盾角力。

　　② 哈贝马斯一以贯之的便是他社会哲学的关注焦点："理性"的社
会前景，所以，即使他提到卡夫卡、波德莱尔、贝克特等提醒我们现代
人茫然、分裂、无聊的创作时，这些文化艺术创作对他来说，也是在跟
我们沟通，理性上我们可能无法面对：我们真正要的是什么？以及最重
要的，我们无法企望什么？但本文正是在质疑这样的关注兴趣，是否忽
略了审美现代性另外一些重要的特性。参见 Peter Dews, ed., *Autonomy
and Solidarity: Interviews with Jürgen Habermas*, London: Verso, 1986,
pp. 171–72.

问题的症结与真相。①换言之,哈贝马斯的审美现代性的时间性、历史性分析中,欠缺了对相应的身体存有与现代社会中身心关系状态的考虑分析。要了解这样一位发达资本主义时代的抒情诗人,要评论这样一位经常要面对"震惊""蒙太奇"等时间经验的视觉与语言评论家,身体、感觉的社会学分析依据,或许是哈贝马斯需要的。②我们可以举波德莱尔的《人造天堂》为例。③

---

① 参见 Eugene W. Holland, *Baudelaire and Schizoanalysis: The Sociopoetics of Modernism*, Cambridge: Cambridge University Press, 1993. 以及詹明信：《晚期资本主义的文化逻辑：詹明信批评理论文选》,张旭东编,香港：牛津大学出版社,1996 年。特别是第 4 章"拉康的想象界与符号界",第 5 章"现实主义、现代主义、后现代主义",第 9 章"后现代主义与消费社会",第 10 章"后现代主义,晚期资本主义的文化逻辑"。

② 刘小枫：《现代性社会理论绪论：现代性与现代中国》,香港：牛津大学出版社, 1996 年。刘小枫对身体、情绪与现代感觉的社会基础的相关分析颇值得参考,尤其是第四章"审美主义与现代性"。虽说哈贝马斯注意到了齐美尔（G. Simmel）的感觉社会学,但他毕竟无法采取"身体优先性"这样的存有学进路去了解审美现代性。不过,话说回来,即便是波德莱尔、齐美尔、本雅明也都没有能够从身体存有学出发,去诠释现代感觉多样性、片断性的存有学基础。这个存有学的考虑,也是本文举出福柯,经过法国身体现象学洗礼的福柯,来与哈贝马斯对话"审美现代性"的初始动机,不过,限于篇幅和时间,使本文无法往这个存有学命题延伸讨论。

③ Charles Baudelaire, *Les Paradis artificiels*, Oeuvres completes I, pp. 375–517, 1358–1402, Paris: Gallimard, 1975. 英译本 *Artificial Paradises*, translated by Stacy Diamond, USA: Citadel Press, 1994. 书本所描述在醉酒、迷鸦片的状态,将其梦幻似的幻觉、麻醉中的狂谵,时而高亢敏锐,时而还化困扰的身体心神变化,做了细致的呈现,这些

如果从沟通理性的观点来看，喝酒、吸食印度大麻和鸦片本身乃一非理性的行为，但艺术家的工作——去描述或呈现吸食印度大麻和鸦片的身心经验，究竟是一种工具理性，还是沟通理性？描述的过程和所使用的语言，又要如何通过程序上的共同讨论，以保证其能够出版或保证其出版时不致被一般公民误解？由谁来参加出版前的审查和讨论？又有什么机制可以保证或判断此书产生的社会效应是正面的还是负面的？或许，哈贝马斯关心的并不是艺术内容与现代社会的关系，而是现代艺术的社会效应，他站在一般现代公民的立场来看审美现代性，而不是站在创作者的立场来看这个问题。

（2）波德莱尔对启蒙计划的态度，就其前后期的文章来看，亦同时包含了迎向"进步"的"群众"潮流 ① 和拒斥"进步"的"群

---

最后终于把波德莱尔带向毁灭之途的瘾物，让他得到这样的结论："酒耗尽了意志，印度大麻则将之毁灭。"然而，对现代人来说，个中的时空经验或许更能提供我们去看待当代文化中时间秩序（如现代人的创伤、上瘾和拜物）的问题症结。

① Berman, *All That Is Solid Melts into Air: The Experience of Modernity*, esp. III. "Baudelaire: Modernism in the Streets", pp. 131-171. 以赞颂"进步"而言，《1846 年的沙龙》序言"致布尔乔亚"，波德莱尔极尽阿谀之能事，推崇布尔乔亚在工商贸易上的智力、意志力、创意。在牧歌世界里，不是为了赚钱，而是为了崇高的理想、未来的愿景，亦即"人类无止境进步的欲望"，艺术当然也不能停滞。1859—1860 年的评论《现代生活的画家》中，现代生活变成一场盛大的流行秀，一片令人眩目的景象、堂皇的外貌、装饰与设计的灿烂胜出，这场华丽盛会的主角是画家 G 和花花公子，文明世界首都的"生活的盛筵"是画家的主题，军事生活、流行生活、爱情生活、华丽的服装、人体模特儿、空洞的脸，波德莱尔写的东西像广告文案，这

众"潮流 ① 两种相互矛盾的反应。从表面上来看，这似乎也是透过审美品位评论的方式，展现了启蒙理性有正反面的表现型态。

---

种书写认为现代性的整个精神冒险化身于最流行、最新潮的机器，以及最模式化的军团（严密控管）中。这些士兵在 1848 年 7 月杀了 25000 名巴黎市民，为 1851 年的拿破仑三世开路，他们令波德莱尔毛骨悚然，也让他再次加入战斗。然而，阅兵，可以轻易俘房最自由的精神。阅兵，在牧歌式现代性中具有关键性的角色：闪亮的重武器装备、俗丽的色彩、平整的队伍、快速而庄重的动作，表现了无血无泪的现代性。巴黎市民所有社会与精神上的不和谐，都被清除到街道之外，波德莱尔狂乱的内在、愤怒和渴望，似乎也完全在此世界之外。

① Berman, *All That Is Solid Melts into Air: The Experience of Modernity*, esp. III. "Baudelaire: Modernism in the Streets", pp. 131–171. 另一面的波德莱尔是这个样子的。1855 年的《现代进步观念运用在纯艺术上》一文中，不仅拒斥现代进步观，也拒绝整个现代生活。美丽变成静态、不变、外在于自我，要求启蒙运动以来的现代主体严格的服从，并给予惩罚，美丽变成一种精神的警察，服务于反革命的教会和国家。波德莱尔忧心物质秩序与精神秩序的不分，在经济景气时尤其猖獗，于是，他在此又把艺术定义成跟物质世界没有任何关联。这种二元论很像康德的二元论，将现象和本体世界分开，但他比康德更进一步，康德还把本体世界的运作置于物质世界的时空架构上，但波德莱尔的艺术家则不知在哪里运作，艺术家变成了现世的物自身（Ding–an–sich）。波德莱尔在 1855 年的这篇文章中指出，现代生活有一种特出、独有之美，与其天生的痛苦和焦虑无法须臾分离，与现代人要付的账单无法分开。在骂现代白痴以为自己会精神进步之前，他突然不再确定现代的进步观是幻象，而非常焦虑于现代的进步可能是真实的，这种进步创造了一种可怖的真实："进步变成一种永恒急需，这种急需又变成让它自身永远处于绝望中。"这种吊诡描述了波德莱尔的审美现代性。

那么，从依据哈贝马斯观点下的审美体制现代化来说，是否波德莱尔拒斥的摄影、电影的媒体成了哗众取宠、混淆审美判断的高压型启蒙理性（工具 、非理性的），他所欢迎的时人时事风土漫画家、画家、文学家就是解放型启蒙理性（民主化、沟通）？哈贝马斯的分析概念工具，在此似乎不够用。因为，另外的评论家可能认为，电影摄影的民主性和沟通性，并不比报纸时事漫画和文学绘画来得低，波德莱尔拒斥前者显然另有审美标准（une position à faire），而不是"理性""民主"或"沟通"。波德莱尔在 1859 年的文章《现代公众和摄影术》②，批评公众追求摄影是对"真"的品位压制了对"美"的品位。他认为真固然重要，但美不应被它窒死，波德莱尔在此不满于公众只要真，忽略了艺术上的美。摄影术乃是艺术的死敌，诗歌和技术的进步成了两个势不两立的对手。为什么真会成为美的对手呢？因为现代生活的真相令人厌恶，完全空洞。这后面存在着古典的艺术观：我喜欢我幻想中的怪兽，而不是那些鸡毛蒜皮的现代事物。更糟的是，现代画家被现代摄影术影响，变成画他所见，而非画他所梦。这成了一种审美现代主义的典型争论，现代人和现代生活是一种滥俗，而现代艺术和作品则上穷碧落下黄泉，使艺术家更具人性，成为现代生活更底蕴的内涵。康定斯基、蒙德里安都创造了更纯粹的作品，来自梦。然而，

---

② 这篇文章收于 "The Salon of 1859", in *Art in Paris*, 1845–1862, Jonathan Mayne, ed. & tran., Oxford: Phaidon, 1965, pp. 149–155. 亦可参见 Berman, *All That Is Solid Melts into Air: The Experience of Modernity*, pp. 139–142.

波德莱尔本人反而远离了这种美学观，他的诗艺是更基于物质现实：日常生活、夜生活，巴黎的咖啡馆、街道、地窖、阁楼。这使他远离了浪漫主义的前行者与二十世纪象征主义的继承者，因为，他所梦想者，乃由他所见者而来。这种远离双边所挑战的复杂创作实践，似乎不是理性的计划能及时说明的。理性对当下永远难以计划，而只能在事后加以追认或加以"批判"。

换言之，审美现代性跟启蒙解放的理性批判计划，并没有必然关系，如果勉强说它有解放潜能的话，我们只能说审美现代性带来了感性、感受、感觉形式上的解放，至于这种解放跟启蒙的现代性计划是否形成部分与整体的关系，不无疑义。更具体地说，如果审美现代性不断批判开发的，是属于身体感知结构上的新范畴，而这种新范畴的认识必然涉及身体感官的崭新使用方式，例如前文中谈到《人造天堂》中描述的吸食鸦片的身体、心理经验，那么，要么哈贝马斯的"启蒙理性"范畴要做修正，容纳进"身体感知"的存有学基础，其分析亦需重新考虑"感觉社会学"和"身体社会学"，以及现代美学与"身体感知沟通"的公共领域开展问题；否则，"启蒙理性"必须承认其无权宣称，审美现代性（尤其在身体经验探索、表达的部分）或文化现代性（感觉消费、身体装饰）是属于现代性计划的一部分。

（3）在《现代性——未完成的计划》一文中，哈贝马斯对审美现代性提出的解决方案，只处理了艺术受众与社会的关系，然而，对于波德莱尔的例子而言，突显的是十九世纪中期的现代艺术家、批评家与社会的关系——这恰好是一个正在"重新制定艺术与社会关系"的美学制体关系。在这种关系里面，需要预设理想的沟通情境或理想的言说情境吗？甚至需要预设启蒙理性的宏图吗？哈贝马斯的进路，非常依赖一套理想化的预设与计划，这跟"理性"本身的复杂置身处境和社会文化的感觉结构的艺术体现，形成一个令人不安的对比。在这里，或许有另一种"当下社会整体"的观点需要考虑。

诚如布尔迪厄（P. Bourdieu）在《艺术的法则》中指出："要从整体上理解波德莱尔生活和作品中的不同表现，以显示艺术家的独立性，而并非仅仅是拒绝。拒绝家庭（从本质上和表面上）、拒绝前程、拒绝社会。所有这一切在波德莱尔之后，已经变成了一个作家存在的要素，这样做很容易造成一种表面现象，即回到圣徒传记的老路上去，圣徒传记的根源就在于幻想，即在一种习癖（habitus）本来从其客观上来看完全吻合的产物中，看出来里面还有另一个有意为之的相应意识。"[1] 这里的"整体"考虑，并不预设启蒙计划或理想沟通情境，而是单纯回到波德莱尔养成的"习癖"与当时巴黎文学、文化场域正在形成的结构、群体、规则。依据布尔迪厄的分析，波德莱尔的生涯，是在呼应正在实现自主性的文学艺术场域，突显的是这个场域自身逻辑中建立秩序的要求（les premier rappels a l'ordre），是在创立一个非此非彼、处于双重否定（la double rupture）的第三种立场：拒绝资产阶级生活（家庭、前程），也拒绝文学产业和报刊杂志的奴役；拒绝为任何文学创作以外的事业服务，无论这个事业有多么高尚伟大，也拒绝来自四面八方的对手为自己创

---

[1]　Pierre Bourdieu, *Les régles de l'art: Genése et structure du champ littéraire*, Paris: Edition du Seuil, pp. 101-102.

造的便利条件；拒绝一切表态和行动、一切官方的认可、特别是一切形式的道德或政治说教，以及与所有社交场合（特别是里面有一席之地的人在说些陈腔滥调）保持距离、冷漠的愿望。[①]

从艺术与社会的关系来说，这正是现代艺术创建其社会位置与社会关系结构的法则，它用脱离日常社会脉络的方式与姿态，让日常社会能够感受到一个独立、自主、可应用的艺术日常世界，只是这个审美现代性创造的艺术日常世界里，有不同于一般社会的运用逻辑罢了。审美现代性用这样的双重否定逻辑，在文学场中爆破创新，来与现代社会的其他相关场域建立关系。有趣的是，在当时，这个双重否定、双重决裂逻辑，注定让波德莱尔以否定姿态面对社会场域，以接纳创作过程、生活过程中的多重矛盾，来建立其文人作家身份，而不是单纯的反叛一切、脱离社会、追求专业化。因此，审美现代性的计划目标，究竟是不是"细致有节地重新将现代文化和日常生活实践结合起来"，是不是朝向启蒙现代性计划的完成，似乎是个多余的总体问题。

## 四、想象现在自己的异样状态

福柯并不认为现代性和启蒙的理性理想是等同的，相反地，他认为现代性有一种面对世界的伦理态度（êthos）、批判态度，他称为"持续批判我们的历史阶段"（permanent critique of

---

① Pierre Bourdieu, *Les régles de l'art: Genése et structure du champ littéraire*, Paris: Edition du Seuil, pp. 103-129.

our historical era）①。在这种诠释中，现代性的本质就是一种持续更新的态度，故现代性没有任何确切的疆界或限制，它只是一种风气，这种风气的源头，是由康德开始，他质问启蒙的情况，拒绝把这种风气等同于任何启蒙所标举的理性规范要求。"我所谓'态度'，是人和当代拉上关系的一种模式；某些人所作的自愿抉择；一种思考和感受的方式，一种标示归属关系，同时又有任务性质的行为、行动方式。"②于是，福柯也同时把后现代拒绝现代性的启蒙遗产、视之为道德上的遗毒的做法，也一并置入问题。"我是在强调一种哲学探问——一种同时把人对现在的关系、人的历史存在模式，以及把自我这个自主主体的构成都化为问题（problematize）的探问——根植于启蒙的程度。另一方面，我试图强调说，把我们与启蒙连接起来的线，并不是对学说教条的忠实，而是一种态度的永远不断再度活跃——一种哲学精神的永远再度活跃：这永远不断的再度活跃，可以称为对我们所处的历史时代持久不断的批判。"③

现代性是一种态度、风气，在启蒙中虽亦有其源头，却不必在启蒙中找到证明，事实上，这种风气超越了其启蒙源头，因为，它那种永远批判的态度，到后来甚至能够把启蒙也置入问题，福柯称之为拒绝"启蒙的勒索"（Enlightenment

---

① Foucault, "What Is Enlightenment?", in Paul Rabinow, ed., *The Foucault Reader*, New York: Pantheon Books, 1984, p. 42.

② Foucault, "What Is Enlightenment?", in Paul Rabinow, ed., *The Foucault Reader*, p. 39.

③ Foucault, "What Is Enlightenment?", in Paul Rabinow, ed., *The Foucault Reader*, p. 42.

blackmail）①。同样的，后现代企图要建立启蒙理性规范计划的道德腐败面貌时，跟哈贝马斯反过来要维护其道德面貌，都重复了启蒙的勒索之计，对两者来说，现代性的地位、启蒙的命运和启蒙对理性规范的辩护，都是联结在一起的。福柯则将现代性与启蒙理性的关系松脱，在间隙中另辟蹊径，致力呈现现代性作为某种"性情气度"。

在此，福柯所讨论波德莱尔的审美现代性，代表了这种风气和态度：

（1）从时间性和历史性的角度来看，这种风骨、态度是人和当代建立关系的一种模式，它虽然重视"当下"、转瞬即逝、周边的偶发现象，却针对此当下之内的永恒成分采取审美行动，这是一种将当下"英雄化"的态度。但福柯像本雅明一样提醒我们，波德莱尔笔下的"漫游者"（flâneur）并不是诗人的自画像，"绝不能把漫游者和看热闹的人混淆起来，必须注意到个中细微差别。……一个漫游者身上还保留着充分的个性，而这在看热闹的人身上就荡然无存了。后者完全沉浸在外部世界中，从而忘记了自己。面对面前的景象，看热闹的人成了一种非人化的生物，成为群众和人群的一部分了。"②

福柯强调，这儿说的"英雄化"，其实是个反讽（ironique），英雄化是采取审美态度，将当下"存而不论"——也就是没有

---

① Foucault, "What Is Enlightenment?", in Paul Rabinow, ed., *The Foucault Reader*, p. 43.

② Victor Fournel, *Ce qu'on voit dans les rues de Paris*, Paris, 1858, p. 263. 转引自 Walter Benjamin, *Charles Baudelaire: A Lyric Poet in the Era of High Capitalism*, translated by Harry Zohn, London: Verso, 1983, p. 69.

任何积极的反应或反抗——的一种决心，审美现代性因为与"当下"采取距离、不融入、另有打算的态度，才形成其审美要素，而波德莱尔用击剑来隐喻这种艺术上的搏斗。画家康斯坦丁·吉斯（Constantin Guys）在人们都已昏然沉睡的时刻，"俯身于桌前，仔细审视一张白纸，就像白天里处理身旁的事务一样专心致志；他……用铅笔、钢笔和刷子向前突刺，把玻璃杯里的水喷向天花板，在衫衣上试钢笔；他……快速紧张地忙于工作，好像害怕他的那些形象会丢下他逃之夭夭；因此，即使在他独自一人的时候，他也是好斗的，他得闪开来自自己的攻击。"[1]换言之，在跟现实的关系里，审美现代性在乎的是去想象现在的另一种可能、另一种样子，它不是当下环境的短暂乐趣，而是"从时尚里抽取历史里的诗素。"[2]

（2）这种持续批判，福柯称之为"界限态度"（limit-attitude），是他的现代性概念与哈贝马斯强调启蒙源头的不同之处。康德呈现了启蒙的企图，透过将限制加于其合法权威之上，要维护理性的普遍凝视，以成就接近哈贝马斯所强调的现代理性社会；然而，福柯透过其"持续批判"的态度，其立意乃超越所有这样的限制，而非保留它们，以成就一种"自我"的创

---

[1]　Charles Baudelaire, *The Painter of Modern Life and Other Essays*, translated by Jonathan Mayne, New York: Da Capo Press, 1986, p. 12.

[2]　Charles Baudelaire, *The Painter of Modern Life and Other Essays*. 这一段呼应了波德莱尔对现代性的有名定义："所谓'现代性'，我指的是转瞬即逝、即兴偶然、意外多变的那一半艺术，另一半艺术则是永恒不变的。"Charles Baudelaire, *The Painter of Modern Life and Other Essays*, p. 13.

意工夫。[①]"所谓批判,的确就是对界限加以分析并省思。但是,如果康德的问题是要知道知识必须放弃逾越什么界限, 那么, 我认为今天的批判问题必须掉头回到积极的一面提问:在普遍、必然义务里, 独特、偶发的东西以及任意限定的产物,有何地位? 简言之, 要点是, 把以'必然界限'为形式的批判, 转化为一种以'可能的逾越'为形式的实践批判。这引起一个明显的后果: 批判, 不再是用来寻找具有普遍价值的形式结构, 而是对于引起我们建构我们自身的事件, 进行历史的研究……"[②]其目的指向某种伦理的内涵:看看我们有没有可能是另外一种样子。对福柯来说, 当下所强加在我们身上的限制, 特别是对自我认同上的限制, 乃是"持续批判"的当然焦点, 换言之, 批判应集焦于超越和取代这些限制的可能性上。目标或许不是发现我们是什么, 而是拒绝我们之所是。在此永恒批判的风气下, 审美现代性可理解为对当下限制的持续代换。然而, 哈贝马斯所要求的社会整体计划, 是否也将永久被搁置于这种自我关照的过程中呢?

就此而言, 别忘了《论何谓启蒙?》中, 福柯认为康德启蒙计划的确切特色是"成熟"(maturity), 是"在有能力运用我们自己的理性, 而不依赖他人的权威在我们需要用理性的地方引导我们", 这是批判的首要前提。此外, 福柯强调成熟的成

---

① 参见黄瑞祺与何乏笔对晚期福柯思想的诠释。2001 年 4 月 20 日, "中研院"欧美研究所举办的一场"欧洲社会理论:现代与后现代"圆桌讨论会会议论文, 页 28。

② Foucault, "What Is Enlightenment?", in Paul Rabinow, ed., *The Foucault Reader*, pp. 45–46.

就不是发生在自为依据或一劳永逸的基础上，而是一个"持续的过程"，是"一种任务和义务"，更有甚者，既然我们对我们的"不成熟状态"有责任，"就必须认定我们只能够在我们自己改变自己的状况下，逃离这种状态。""敢于认识。"[①]当然，福柯劝诫我们投身于成熟、自我教化并不止于此。福柯超越康德，指向波德莱尔，特别推荐我们"敢于权变"，有勇气"发明我们自身"，就是要鼓舞我们运用自己的理性，决定我们要如何生活，同时也为我们自己的价值标准合法化，这些价值标准是我们在成熟实践自己的自主性时，必然会感受到的。

（3）当审美现代性的焦点，像波德莱尔所说的玩家（dandy），把自己视为一种复杂且辛苦经营的一个对象时，这种任务的整体对象，便不只是社会，而是一种品味上不厌精细的态度，一种自持的审美工夫——"把他的身体、他的行为、他的感受与激情、他的存在，做成艺术品。"[②]对于福柯来说，诠释波德莱尔案例时，突显了他将审美视为现代性的主导因素，所有的价值批判，不是来自某种脱离了置身处境、身体感受、情感等不纯粹因素的"超越历史偶然条件的启蒙理性"，而是来自于"对美好生活的选择"，就像波德莱尔的辛苦自我锻造，成为十九世纪中叶巴黎都城中第一批现代性文人作家一样，这已是一种存在美学，焦点已转移至"自我关注"（The Care of Self），这必

---

① Foucault, "What Is Enlightenment?", in Paul Rabinow, ed., *The Foucault Reader*, pp. 34–35.

② Foucault, "What Is Enlightenment?", in Paul Rabinow, ed., *The Foucault Reader*, pp. 41–42.

然是一种反主流社会、自主式地以自我世界为核心的生活方式的缔造，而不单单是艺术作品或评论上的表现。

然而，就哈贝马斯所提出的"整体"角度而言，单单以"自我"为审美焦点，不是显然过于偏狭了吗？不过，正好相反，正因为福柯提出了存在美学（或生存美学），反而使他对作为一种艺术风格的"现代主义"（modernism）态度，与哈贝马斯的批判遥相呼应。福柯在《性经验史》中一再赞扬这种生活整体的审美价值抉择，他在一次访谈中说得更明白："最使我震惊的是这样的事实，即在我们的社会中，艺术已经变成了仅仅与对象相关联的东西，而不是与个人或生活发生关联。艺术成了某种特殊的事物，或是由身为艺术家的专家所从事的工作。然而，难道任何人的生活就不可能成为艺术品了吗？为什么灯盏和房屋就应该是艺术的对象，而我们却不是艺术的对象？"①就此而言，审美现代性是一种自我设定的生命，艺术家的重点可以是自己创造自己的生活艺术，与其他一切社会范畴分开，而随着一群这样的人聚集在一起，就出现了一个社会中的艺术社会，他们共同拥有自成一格的整体生活方式，"在巴尔扎克看来，世界上有三类人，即'劳动者''思考者'和'无所事事的人'，'无所事事的人'过着'风雅的生活'，'艺术家另当别论，他的空闲

---

① Michel Foucault, "On the Genealogy of Ethics: An Overview of Work in Progress", in Paul Rabinow, ed., *The Foucault Reader*, p. 350.《性经验史》中的讨论与说明，可参见 *The Care of Self, The History of Sexuality*, vol. 3, NewYork: Vintage Books, pp. 43-50. 在 "Cultivation of Self" 的标题下，讨论了 "Art of Existence" "Art of Living" 等相关的历史、原则、态度、操作过程。

是一种劳动，他的工作是一种休闲；他可以举止优雅，也可以不修边幅；他随心所欲，或披上耕作者的布衣，或穿上时髦人士的燕尾服；他没有一个定则。规矩是他定的。'"①然而，依福柯的观点来看，现代文化或文化现代性所存在的问题，就在于这种"对美好生活的选择"的例子，只能算得上是主流社会的插曲或边缘性的，而波德莱尔的生活便属于这样的例子。

虽然福柯对现代艺术偏狭的审美主义（aestheticism）有所不满，与哈贝马斯遥相呼应，不过，就提问的方向而言，福柯的持久批判的态度与哈贝马斯现代性未完成的计划中体现的启蒙解放计划，显然产生了距离。启蒙强调的是创造出表达人类自由之社会形式的终极可能，这种观点最好的例子，便是卢梭的理想"联结形式让每个个体在其中，将自己与所有的他人联结在一起，却只听从自己，跟之前的自由毫无二致。"②相对而言，追随启蒙的想望，福柯提醒我们，要追寻在当下限制之外的自由可能，只要逾越了那些限制便可达成，福柯的"批判风气"只希冀一种逾越的伦理，以自身为其终极目标，换言之，不再预立"自由"，作为要达成的目标，自由变成了一种持续以对、日新月异的逾越那些界定当下的限制。只有在这个日新月异的脉络下，界定为"对我们历史阶段的持续批判"的态度，才有意义。因为，我们在此缺乏一种预立的目标，它的达成乃一劳

---

① Bourdieu, *Les régles de l'art: Genése et structure du champ littéraire*, p. 87.

② Jean-Jacques Rousseau, *The Social Contract*, tran. by Maurice Cranston, Harmondsworth: Penguin Books, 1970, book I, chapter vi, p. 60.

永逸，无须再有任何批判；我们也缺乏足够显见的方法，来思考正在发生的一切，因此之故，批判才需要"持久不变"。也正是在这个意义下，福柯才强调康德将启蒙视为一个"下场""出路""出口"。[1]

## 五、结论：发明自我？还是厌弃自我？

从福柯的存在美学来看波德莱尔，并以审美现代性的角度加以诠释，让我们看到，波德莱尔对自己的生活、对于"自我"，抱持着一种刻意辛苦经营的"修持"或"工夫"，他做了"自愿抉择"，"把他的身体、他的行为、他的感受与激情、他的存在，做成艺术品。"对外界的毁誉无动于衷，只求放任自流，好似魏晋风流名士，但是，就魏晋风度（或风骨 êthos）的问题脉络来说，自然与名教之间的冲突，仍旧是各人有其不同的"态度"。例如，阮籍就采取质疑的态度："礼岂为我设邪？"显然他认为自然（自我的修为境界）与名教（社会体制）之间是冲突的；乐广则说："名教中自有乐地，何必乃尔？"这代表他认为两者不相冲突，由自我加以兼容即可。[2]

然而，就波德莱尔的状况来说，似乎不能用理解伊壁鸠鲁（Epikouros）的放任自适来理解其"存在美学"。萨特为此提醒

---

① Foucault, "What Is Enlightenment?", in Paul Rabinow, ed., *The Foucault Reader*, p. 34.

② 牟宗三：《中国哲学十九讲》，台北：台湾学生书局，1995 年，页229。

我们，"他接受了别人的道德观念而且从来不对这些道德观念产生疑问。"① "他没有任何争议就接受他继父的道德观念。"他在1962年左右做出有名的决定，并且以"卫生、行为、方法"为标题记下来……"一种简洁的智慧。梳洗，祈祷，工作……工作必定产生良好的作风，淡泊与贞洁，结果带来健康、财富、连续的和累进的才智以及仁爱。Age quod agis.（做什么就想什么。）"② 依据萨特的描述，这些名词对波德莱尔而言，并没有用来改变他与别人的关系、与自己的关系，并没有让他对变动勇于采取态度，发明自身，它们只是一系列纯属否定性的禁令或自我管束而已。"淡泊：不服用兴奋剂；贞洁：不回到那些善解人意的年轻女人身边去，她们的地址登在他的记事本上；工作：今日之事今日毕；仁爱：不发怒，不发牢骚，不要不关心别人。"③ 换句话说，如果要把波德莱尔的整个生活算进审美现代性的范畴，如果我们把福柯笔下的波德莱尔看作一个对生活进行任意瞬间的风格化的典范，那么，它也可能只是《启蒙辩证法》中所描述的"伪个性"，可能只是在权力与名誉的社会关系中建构出来的风雅派头："伪个性到处流行：从标准的爵士即兴演奏到罕见的电影明星，其遮盖着双眼的鬈发表明了她的创新。个性只不过是普遍权力把偶然的细节牢固地刻印下来，并如此被人接受而已。"④

---

① Jean-Paul Sartre, *Baudelaire*, translated by Martin Turnell, London: W.W. Norton & Company, 1972, p. 41.

② Jean-Paul Sartre, *Baudelaire*, p. 43.

③ Jean-Paul Sartre, *Baudelaire*, p. 43.

④ Theodor W. Adorno & Max Horkheimer, *Dialectic of Enlightenment*,

　　笔者的意思，如同布尔迪厄的"双重决裂"和"正在生成的文学场的规则制定者"所隐含的一种意思，如果我们顾及波德莱尔曾经出人意表地竞选法兰西学院院士这个难以解释的事实，如果萨特所说的，波德莱尔宁可受谴责，却不曾为自己书写（《恶之花》）的内容辩护，不曾向法官解释他不接受警察和检察官的道德之外，反而在法庭上认同主流社会的道德，承认这种道德、听凭别人审判他、不检讨别人对他的书的出版所下的禁令，只顾对他的作品的意义随意扯谎，明明是自己呕心沥血的书，却故意要扯谎说是一本纯艺术的书，是一本模仿、杂耍的书，"我将像江湖牙医一样说谎"①。这难道不是一种彻头彻尾的厌弃自我，把自我当作"他者"来享用吗？如何说得上是"把自我当作一个辛苦艰难经营的对象"呢？又如果其经营只是在文学场的权力位置与特定资本的取得，譬如，特意成为自相矛盾、人人鄙夷的丑闻争议人物以成为规则制定者，那么，其"自我"显然也成为权力学的运作场，显然是萨特存在精神分析下的严重"自虐"与"自我压抑"，而不是"审美"的。

　　对于福柯以存在美学来诠释启蒙和审美现代性，我们将透过萨特的这个存在精神分析（existential psychoanalysis）所引起的种种疑虑，进入我们最后的讨论，并简短比较、评论哈贝马斯和福柯在审美现代性的不同观点：

　　（1）时间性与历史性的问题。就审美现代性的时间观而言，哈贝马斯和福柯对波德莱尔的阐述皆集中在"心态""气质"

---

translated by John Cumming, London: Verso, 1986, p. 154.

　　① Sartre, *Baudelaire*, p. 44.

上，形成了共同点，但延伸到历史观的讨论时，就显现出两人的不同取向。哈贝马斯的历史观非常依赖一套启蒙理性发展的理想化预设，这跟他承认这是一个"后形上学时代"（post-metaphysical era），我们必须接受理性的置身处境和社会文化的体现，形成一个令人不安的对比。哈贝马斯自己明白承认，批判理性本来就有其置身处境（situatedness）和历史社会体现（embodiment），他的历史观却依然隐含一个"无制约的状态"（unconditionality）作为预设，[1] 这种预设，对于位于审美现代性源头的波德莱尔，对于一个特定的文学场正在形成、波德莱尔正在变成规则制定者的社会事实，显得多余。因为，他知道"理想"早已成为巴黎的政客、中产阶级、御用文人的借口，成为空话、废话。[2] 当然，哈贝马斯明白觉察到其启蒙理想导致了"理想与现实关联上的紧张"，也就是理想预设和理性置身处境的认识之间，但他一直强调这种张力，正是批判理性有其冲力和方向的源头。

福柯承认我们无法两全其美，同时兼顾两面，我们在护卫自主的运用理性时，就必须把它留给我们自己决定，看我们自己如何面对当代处境的压制而加以响应，特别是那些他提醒我们可能面临的当代危险之后，就看我们如何去发明自我、创造崭新的历史了。就审美现代性的历史性来说，波德莱尔似乎具

---

① Habermas, *The Philosophical Discourse of Modernity*, p. 322.

② 蔡铮云在讨论"现代到后现代"的哲学论争时，就以讨论关于"空话、废话"的理性存废问题，做了一个非常有趣的开端。参见《从现象学到后现代》，页 13-16。

体展现了一种存在的美学，一种点化个人全面生活为艺术品的现代性气质。然而，我们也必须承认，在强调广义的理性（包含审美判断力）的自主运用即是解放批判、创造历史的核心时，福柯可能留下了太多空间让我们自己斟酌。换言之，我们认为福柯在系谱学的历史观下，虽然有理由不具体提出有效的反叛的规范标准，因为这类规范跟他的批判风格并不兼容，但是，福柯应该给我们某些更明显的东西，是他实际上透过提供我们在运用自主理性时的种种对策时，已经暗中给了我们的"态度""风气""气质""气度""风骨"，实际上，他已经吩咐我们去做了，换言之，透过对波德莱尔存在美学的阐述，我们已经得到了关于面对历史的一种系谱学方案、思考路径，福柯引导我们透过系谱学的研究，去探索存在的"其他"可能。①

（2）自我、他者与启蒙理性计划三者间的关系。哈贝马斯在接受访问时曾提到强调"他者"的思想路径，与非理性态度的勾连："从尼采开始——巴塔耶（Bataille）、德里达（J. Derrida）也一样，'理性的他者'的经验基础，变成了一个只向从波德莱尔到超现实主义这些现代前卫艺术开放的场域，他们站在尼采的立足点，对理性展开批判，视之为狭隘地客体化、工具化的暴力。"②这段话，明显指涉了波德莱尔与非理性（亦即理性所无法认识的他者）的关联，哈贝马斯在这种启

---

① Foucault, "What Is Enlightenment?", in Paul Rabinow, ed., *The Foucault Reader*, pp. 46–50.

② Peter Dews, ed., *Autonomy and Solidarity: Interviews with Jürgen Habermas*, p. 203.

蒙理性的观点上，说明了审美现代性的历史失败问题，在于难以通过理性的沟通，在互为主体的基础上，跨出自我的、专业化的世界，与现代社会的客观科学、道德习俗发展沟通对话，就此而言，哈贝马斯的沟通理性概念核心，乃是主体际性（intersubjectivity），他的学说关心的是，在沟通交流过程中，批判如何建立有效性宣称的主体际性条件，哈贝马斯认为，即便是审美现代性，在透过创作或鉴赏行为提出有效性宣称时，已预设了真理主张、审美理想或规范正确性。这方面，如果哈贝马斯能够降低其理想化的预设的超然姿态，通过不断对社会沟通情境条件的提醒和合理程序的要求，哈贝马斯启蒙理性计划论的批判解放力道，即显得平实可解，沟通——程序正义的社会要求，可以得到理解和保留。

　　然而，就福柯将波德莱尔的审美现代性，转化为其存在美学之后，"自我""他者""启蒙理性"间的关系就变得复杂多了。首先，福柯并未接受启蒙的理想，但却以更彻底的方式扩大启蒙"理性"的范围，形成一"持久批判我们当前历史阶段"的"寻找界限、逾越界限的态度"，换言之，"我们必须把自己当成在历史上受到启蒙一定程度限定的生命来分析，这样的分析，意指一连串尽量精确的历史探讨"，"找出什么成分不是或者不再是身为自主主体的我们不可或缺的构成要素"，[1] 这也就是考古与系谱学的历史批判方法，透过这样的认识论，福柯并没有哈贝马斯未完成的现代性计划理想，他的重点是逾越出既成的

---

[1]　Foucault, "What Is Enlightenment?", in Paul Rabinow, ed., *The Foucault Reader*, p. 43.

自我，"看看我们有没有可能不再是我们此刻的样子"，换言之，透过历史系谱批判的中介,逼显出"自我"中未曾露面的"他者"。

但是，我们若同意福柯晚期所阐述的存在美学，也同意福柯在引用波德莱尔的审美现代性时，实际上关心的毋宁是玩家（dandy）波德莱尔，而不是诗人或评论家波德莱尔的"审美现代性"话，那么，福柯等于是在诠释其现代性论述时，同时将波德莱尔当作这种"发明自我"的审美现代性、存在美学例证。然而，在这个前提下，却出现了一个传记诠释与批判上的问题：如果波德莱尔的生活"自我"，是被他当作一个"他者"来享用，享用其"恶者"的形象，享用别人眼中的"花花公子"、享用其在世间的"痛苦"和"不满足"，这也算是一种"对自我实行复杂且艰难的经营"，"对自我实行禁欲的经营"吗？

答案，对于福柯来说，甚至对波德莱尔来说，显然都是肯定的。在《现代生活的画家》第九段"玩家"，波德莱尔说："玩家心态（dandyism），一种在法律之外的惯例，它有自己严格的法规，他的一切臣民无论其性格多么狂暴独立都恪守不渝。……这些人没有别的任务，只在自己身上培养美的观念，满足激情、感觉以及思想。……首先且最要紧的，是为自己创造一个原创的人格，只有财产的限制会影响这项工作。这是一种对自我的培育（cult），这个自我，在追求过从别人那儿才能得到的幸福之后，仍然能长存下来，甚至在所有的所谓幻象过尽之后，也能够长存下来。其中的乐趣，在于能够教别人吃惊，而其中的骄傲满足感，在于自己从不吃惊。……玩家心态形成于灵性和斯多葛式的克己禁制边缘……玩家心态是一种宗教……玩家心态是衰微时代中英雄主义的最后火花……没有遗漏任何细节：他步履的轻盈，社交时的泰然自若，摆权威时的简单坦率，穿上外套、骑马上路的样子，他的身体态度，总是那么放松，却透露着内在的能量……"[1] 如果我们将波德莱尔这一段描述，视为福柯"存在美学"具体例证的一种系谱学自我分析，并不为过。因为，如果波德莱尔的"自我"是按照这些原则经营出来的话，那么，一种立基于审美现代性的存在美学，的确比我们能够想象的要"复杂且艰难"，而就其生平与各种研究的迹象，也让我们不得不同意波德莱尔的确有刻意经营的痕迹，而本文只举出萨特的诠释来加以讨论。

（3）审美现代性与现代社会和现代科学的关系，是否具有部分与整体的关系。如同萨特在《波德莱尔》一书中所说，"波德莱尔的高贵和他的人性的伟大，大部分来自他对放任自流的憎恶。意志薄弱、放弃努力和精神放松，都是不可原谅的错误。必须给自己套上笼头，好好控制自己，集中精力。他随着艾默生指出：'英雄是一贯精神集中的人'。他赞赏德拉克洛瓦的是：'精确和一种不炫耀的张力，这是全部精神力量向一个既定点集中的习惯结果。'我们现在对波德莱尔已有足够的了解，不难明白上述格言的意义了：在一个决定论的时代，他一生下来就直觉到精神生活不是别人给的，而是自己造成的；他清醒中带着反省，使他能提出并体现自身的理想：在善中和在恶中一样，人处于张力的极点时，才真正是他自己。"[2] 就此而言，福柯所

---

[1]　Baudelaire, *The Painter of Modern Life and Other Essays*, pp. 26–29.

[2]　Sartre, *Baudelaire*, pp. 124–125.

阐释的审美现代性，的确是依据对于自身中的"他者"的研究批判，才得以发扬，只不过，这个"他者"既然包括要控制得宜的"步履、身体、表情、姿态、情绪、能量"——控制好它们对自己和对他人的表现。那么，这些"人"的历史存在中向他人敞开的部分，这些互为主体的构成要件，是否只是哈贝马斯所谓的"非理性"？这正是本文向哈贝马斯提出的质疑之一。再者，即使它们是"非理性"的，又是否必然要加以贬抑？或者，它们最后仍旧必须放入现代性整体计划来看待？

无论如何，如果审美现代性提醒我们，现代人有许多人选择了"把他的身体、他的行为、他的感受与激情、他的存在，做成艺术品。"这种态度在现代文化中的重要性，已不言而喻，同时，这些审美向度并不是启蒙理性所能企及的问题，它涉及了梅洛-庞蒂晚期思想所谈的"肉身存有学"（ontology of Flesh），[1] 而肉身存有学又特别经由塞尚（Paul Cézanne）等现代艺术家的存在态度和作品彰显出来，[2] 那么，最后是否还要预设一个启蒙理性作为这些"他者"的终点，似乎早已经有不同的选择方案了。

重要的是，如果同时能在"感觉、感知、感受、感情"这些层次上产生自我认识、控制，又能够与之保持距离，或进行有意识的调整，似乎已足以突显，哈贝马斯式的"启蒙理性"，

---

[1] Maurice Merleau-Ponty, *Phénoménologie de la perception*, Paris: Gallimard, 1945. *L'oeil et l'esprit*, Paris: Gallimard, 1964. *Le visible et l'invisible*, Paris: Gallimard. 1964.

[2] Merleau-Ponty, "Le doute de cézanne", *Sens et non-sens*, Paris: Nagel, 1966.

作为一种现代性的理想——相对于自我关注的需要——似乎缺乏了肉身存有学或感觉社会学的进一步奠基，所以，就哈贝马斯对审美现代性与启蒙理性计划的"前者为部分 / 后者为整体"判断而言，孰为部分、孰为整体，似乎可以重新再议。至少，我们可以指出，审美现代性在哈贝马斯对"时间""自我""身体""他者"四者间所共同打开的认识空间、审美维度与伦理问题脉络下，并不是启蒙理性计划或沟通理性可以承载说明的。

崇文学术文库·西方哲学

1. 靳希平 吴增定 十九世纪德国非主流哲学——现象学史前史札记
2. 倪梁康 现象学的始基：胡塞尔《逻辑研究》释要（内外编）
3. 陈荣华 海德格尔《存有与时间》阐释
4. 张尧均 隐喻的身体：梅洛 - 庞蒂身体现象学研究（修订版）
5. 龚卓军 身体部署：梅洛 - 庞蒂与现象学之后
6. 游淙祺 胡塞尔的现象学心理学 [待出]
7. 刘国英 法国现象学的踪迹：从萨特到德里达 [待出]

崇文学术文库·中国哲学

1. 马积高 荀学源流
2. 康中乾 魏晋玄学史
3. 蔡仲德 《礼记·乐记》《声无哀乐论》注译与研究
4. 冯耀明 "超越内在"的迷思：从分析哲学观点看当代新儒学
5. 白 奚 稷下学研究：中国古代的思想自由与百家争鸣
6. 马积高 宋明理学与文学
7. 陈志强 晚明王学原恶论 [待出]
8. 郑家栋 现代新儒学概论（修订版）[待出]

唯识学丛书（26种）

禅解儒道丛书（8种）

徐梵澄著译选集（4种）

西方哲学经典影印（24种）

西方科学经典影印（7种）

古典语言丛书（影印版，5种）

---

出品：崇文书局人文学术编辑部·我思
联系：027-87679738，mwh902@163.com

我
思
敢于运用你的理智

崇文学术译丛·西方哲学

1.〔英〕W. T. 斯退士 著，鲍训吾 译：黑格尔哲学
2.〔法〕笛卡尔 著，关文运 译：哲学原理 方法论 [待出]
3.〔英〕休谟 著，周晓亮 译：人类理智研究 [待出]
4.〔英〕休谟 著，周晓亮 译：道德原理研究 [待出]
5.〔美〕迈克尔·哥文 著，周建漳 译：于思之际，何者入思 [待出]
6.〔美〕迈克尔·哥文 著，周建漳 译：真理与存在 [待出]

崇文学术译丛·语言与文字

1.〔法〕梅耶 著，岑麒祥 译：历史语言学中的比较方法
2.〔美〕萨克斯 著，康慨 译：伟大的字母 [待出]
3.〔法〕托里 著，曹莉 译：字母的科学与艺术 [待出]

崇文学术译丛·武内义雄文集（4种）

1. 老子原始　2. 论语之研究　3. 中国思想史　4. 中国学研究法

中国古代哲学典籍丛刊

1.〔明〕王肯堂 证义，倪梁康、许伟 校证：成唯识论证义
2.〔唐〕杨倞 注，〔日〕久保爱 增注，张觉 校证：荀子增注 [待出]
3.〔清〕郭庆藩 撰，黄钊 著：清本《庄子》校训析

萤火丛书

1. 邓晓芒　批判与启蒙